中国社会科学院创新工程学术出版资助项目

社会保障资金运行的法律调整
——以经济与社会的平衡为中心

肖 京 ◎著

中国社会科学出版社

图书在版编目(CIP)数据

社会保障资金运行的法律调整：以经济与社会的平衡为中心／肖京著．—北京：中国社会科学出版社，2014.12（2019.6重印）

ISBN 978-7-5161-5170-9

Ⅰ.①社⋯　Ⅱ.①肖⋯　Ⅲ.①社会保障制度—研究—中国　Ⅳ.①D632.1

中国版本图书馆 CIP 数据核字（2014）第 279694 号

出 版 人	赵剑英
责任编辑	许　琳
责任校对	王佳玉
责任印制	李寡寡

出　　版	中国社会科学出版社
社　　址	北京鼓楼西大街甲 158 号
邮　　编	100720
网　　址	http://www.csspw.cn
发 行 部	010-84083685
门 市 部	010-84029450
经　　销	新华书店及其他书店

印刷装订	北京君升印刷有限公司
版　　次	2014 年 12 月第 1 版
印　　次	2019 年 6 月第 2 次印刷

开　　本	710×1000　1/16
印　　张	13.5
插　　页	2
字　　数	237 千字
定　　价	85.00 元

凡购买中国社会科学出版社图书，如有质量问题请与本社营销中心联系调换
电话：010-84083683
版权所有　侵权必究

目 录

导论 ⋯⋯⋯⋯⋯⋯⋯⋯⋯⋯⋯⋯⋯⋯⋯⋯⋯⋯⋯⋯⋯⋯⋯⋯⋯⋯ (1)
 一　选题背景和缘由 ⋯⋯⋯⋯⋯⋯⋯⋯⋯⋯⋯⋯⋯⋯⋯⋯⋯ (1)
 二　研究意义 ⋯⋯⋯⋯⋯⋯⋯⋯⋯⋯⋯⋯⋯⋯⋯⋯⋯⋯⋯⋯ (3)
 三　相关研究评析 ⋯⋯⋯⋯⋯⋯⋯⋯⋯⋯⋯⋯⋯⋯⋯⋯⋯⋯ (5)
 四　研究思路、框架和内容 ⋯⋯⋯⋯⋯⋯⋯⋯⋯⋯⋯⋯⋯⋯ (10)
 五　研究重点、难点 ⋯⋯⋯⋯⋯⋯⋯⋯⋯⋯⋯⋯⋯⋯⋯⋯⋯ (11)
 六　研究方法 ⋯⋯⋯⋯⋯⋯⋯⋯⋯⋯⋯⋯⋯⋯⋯⋯⋯⋯⋯⋯ (12)

第一章　社会保障资金及其运行的法律调整体系 ⋯⋯⋯⋯⋯⋯⋯ (14)
 一　社会保障及其二元功能 ⋯⋯⋯⋯⋯⋯⋯⋯⋯⋯⋯⋯⋯⋯ (15)
 二　社会保障资金及其二元法律属性 ⋯⋯⋯⋯⋯⋯⋯⋯⋯⋯ (24)
 三　社会保障资金运行的法律调整体系 ⋯⋯⋯⋯⋯⋯⋯⋯⋯ (31)
 四　本章结语 ⋯⋯⋯⋯⋯⋯⋯⋯⋯⋯⋯⋯⋯⋯⋯⋯⋯⋯⋯⋯ (43)

第二章　公平分配视角下的社会保障资金收支法 ⋯⋯⋯⋯⋯⋯⋯ (45)
 一　公平分配及其实现的法律机制 ⋯⋯⋯⋯⋯⋯⋯⋯⋯⋯⋯ (46)
 二　公平分配与社会保障资金的收支运行 ⋯⋯⋯⋯⋯⋯⋯⋯ (57)
 三　社会保障资金的收支平衡及其预算法调整 ⋯⋯⋯⋯⋯⋯ (69)
 四　社会保障资金的筹集及其税法调整 ⋯⋯⋯⋯⋯⋯⋯⋯⋯ (77)
 五　社会保障资金的支付及其社会保障法调整 ⋯⋯⋯⋯⋯⋯ (93)
 六　本章结语 ⋯⋯⋯⋯⋯⋯⋯⋯⋯⋯⋯⋯⋯⋯⋯⋯⋯⋯⋯⋯ (100)

第三章　可持续发展视角下的社会保障资金投资营运法 ⋯⋯⋯⋯ (101)
 一　可持续发展及其法律促进与保障机制 ⋯⋯⋯⋯⋯⋯⋯⋯ (102)
 二　可持续发展与社会保障资金的投资营运 ⋯⋯⋯⋯⋯⋯⋯ (112)
 三　全国社会保障基金投资营运的法律调整 ⋯⋯⋯⋯⋯⋯⋯ (115)
 四　社会保险资金投资营运主体的法律定位问题 ⋯⋯⋯⋯⋯ (117)
 五　本章结语 ⋯⋯⋯⋯⋯⋯⋯⋯⋯⋯⋯⋯⋯⋯⋯⋯⋯⋯⋯⋯ (126)

第四章　危机应对视角下的社会保障资金监管法 ……………（127）
　　一　危机应对与社会管理体制创新 ………………………（128）
　　二　社会保障资金运行的社会背景——社会诚信危机及社会法
　　　　应对 ……………………………………………………（137）
　　三　社会保障资金运行风险的法律应对 ………………（149）
　　四　社会保障资金运行监管的法律调整 ………………（155）
　　五　本章结语 ……………………………………………（159）
第五章　社会变迁视角下的社会保障争议处理法 ……………（160）
　　一　社会变迁与我国当前的社会保障争议制度 ………（161）
　　二　社会变迁视角下的社会保险争议处理体制 ………（170）
　　三　争议处理服务的专业化：日本《社会保险劳务士法》的
　　　　启示 ……………………………………………………（180）
　　四　本章结语 ……………………………………………（191）
本书结语 …………………………………………………………（192）
主要参考文献 ……………………………………………………（194）
后记一 ……………………………………………………………（206）
后记二 ……………………………………………………………（209）

导　论

一　选题背景和缘由

改革开放40多年来，我国的经济发展迅速，取得了举世瞩目的成就；[1] 但同时，改革开放40多年也是贫富差距日益扩大的40多年，[2] 是民生问题日益凸显的40多年，是经济与社会急剧断裂的40多年。基于现实生活的复杂性，许多政策的制定和问题的解决必须综合考虑，全面平衡。一方面，"发展才是硬道理"，[3] 经济发展已经成为当今世界的主旋律，当代中国诸多问题的解决离不开经济的充分发展；另一方面，"民生大于天"，民生改善也已经成为当今时代的重要诉求，经济发展的主要目的就是要最大限度地改善民生。从这种意义上来讲，经济发展与民生改善已经成为当今中国的"双核"问题，综合平衡我国的经济发展与民生改善，具有十分重要的现实意义。为此，2011年发布的《中华人民共和国国民经济和社会发展第十二个五年规划纲要》也进一步明确指出，要"以科学发展为主题，以加快转变经济发展方式为主线，深化改革开放，

---

[1] 虽然我国经济发展过程中也存在诸多的问题，例如产业结构不合理、经济发展与环境保护矛盾突出等问题，但从整体上看，改革开放30年是我国经济飞速发展的30年，这一点已经成为人们的共识。

[2] 反映收入差距程度的基尼系数虽然由于统计口径的差异会有所不同，但总体来看，我国居民收入基尼系数过高却是一个不争的事实。按照2002年的数据计算，我国居民收入基尼系数约为0.45，世界银行公布的我国2005年的数据是0.47，两者都超过了国际上0.4的警戒线。由此可见，收入分配差距问题已经成为我国当前经济社会中的重大现实问题。

[3] 从"发展"一词的基本含义来看，"发展"的含义应当包括但不限于"经济发展"。但很多人在谈到"发展才是硬道理"的时候，一般都会自然而然地将"发展"等同于"经济发展"。

保障和改善民生",把经济发展与民生改善的协调平衡列为今后五年的工作重点之一。

在经济发展与民生改善的双重背景下,社会保障制度以其经济和社会的双重功效而具有独特的制度价值。一方面,社会保障制度是经济分配领域的重要组成部分,对于经济的稳定与可持续发展具有十分重要的意义;另一方面,社会保障制度又是保持社会稳定的"安全网",对于社会的和谐稳定与民生保障具有十分重要的意义。正是基于社会保障制度所具有的这种双重功效,世界各国普遍重视社会保障制度并结合各自国情建立了相应的社会保障体系。我国从20世纪80年代开始,逐步建立了适应社会主义市场经济体制的社会保障制度,经过三十多年的逐步完善与发展,已经形成了较为完善的具有中国特色的社会保障制度。在整个社会保障制度中,社会保障资金是其重要的物质基础,社会保障资金的运行贯穿社会保障制度的全过程,是其核心和关键点。因此,从社会保障资金运行的角度进行研究,可以为社会保障制度的有效运行提供有益的思路,具有理论和现实的双重意义。

基于政治、经济、文化、社会等各方面背景的差异,世界各国选择了各具国情特色的社会保障模式,形成了不同性质和种类的社会保障资金。虽然这些社会保障资金在性质和种类上存在一定的差别,但世界各国社会保障资金运行却面临一些共同的挑战。一方面,人口老龄化导致的资金缺口使得社会保障资金的运作愈加艰难,迫切需要科学理论的指导;另一方面,通货膨胀带来的贬值压力也使得社会保障资金运行的维持举步维艰,社会保障资金管理的经济效益有待提高。以上问题的出现,使得社会保障资金的有效运行已经成为当前各国需要共同面对和解决的重要问题。

由于中国当前转轨时期的特殊国情,除了以上世界各国共同面临的一般问题之外,我国社会保障资金运行还存在许多极具中国特色的问题。例如,在社会保障资金的筹资环节,学界对于社会保障资金的筹资模式争论不断,"从税派"与"从费派"各执一端;在社会保障资金投资运营环节,社会保障资金投资进退维谷,社会保障资金入市问题举国瞩目;在社会保障资金监管环节,社会保障资金监管问题层出不穷,社会保障资金大案要案触目惊心。这些中国特色问题的出现,与我国当前社会保障资金运行法律制度的不完善有着十分密切的关系。

不可否认,随着我国社会主义市场经济建设的不断深入和社会主义法治进程的逐步推进，社会保障资金法制建设取得了一定的成就。但是，总体来看，我国当前社会保障资金相关法律制度建设仍然十分不完善。具体来讲，主要体现在以下三个方面：一是对社会保障资金法律属性的界定比较模糊，这直接导致了社会保障资金运行的法律适用不明确；二是社会保障资金立法理念不统一，立法体系不健全，缺少对社会保障资金法律体系建设的系统规划，社会保障资金立法政出多门，立法之间存在诸多冲突；三是社会保障资金立法层次不高，缺少法律层面的社会保障资金立法，现行相关立法为行政法规、部门规章和地方法规、规章。

当前社会保障资金运行法律制度建设方面的不足，直接影响到社会保障制度的顺利运行，也会进一步影响到我国的经济发展与民生改善。因此，很有必要从法学的角度对社会保障资金运行中的问题进行系统深入的研究，并在此基础上构建符合中国国情的社会保障资金法律制度体系。

二 研究意义

（一）理论意义

本书研究的理论意义主要有三个方面：

一是有助于拓展经济法基础理论研究，深化对经济法的理解和认识。在学界同人的共同努力下，我国的经济法基础理论研究取得了重大进展，但研究范围仍然有待于进一步拓展，尤其是在经济法的经济性与社会性的界定与协调方面，仍然有待于进一步深入研究。社会保障资金作为连接社会法与经济法的重要节点，与经济法的各个领域都有着十分密切的联系。本书以社会保障资金运行的法律调整为突破口，结合财税法、金融法的理论和制度对社会保障资金进行研究，探讨经济法的经济性与社会性的冲突与融合，有助于拓展经济法的研究范围，更新经济法的理念，进一步推动经济法基础理论的深入研究。

二是有助于充实社会法基础理论研究，丰富社会法基础理论的基本内涵。从社会法学研究的角度来看，虽然我国在立法上已经构建了相对完善的社会法体系，但在理论研究尤其是基础理论研究方面仍然十分薄弱，在对社会法的社会性与经济性的理解与界定方面仍有待于加强。社会保障法是社会法的重要组成部分，而社会保障资金则是社会保障法的核心内容之一，社会保障基金的运行贯穿社会保障法全部领域。对社会保障资金运行法律调整问题的研究，不仅有助于社会保障资金法律制度建设，同时也有助于深刻把握和理解社会法的本质属性，进而充实社会保障法基础理论，提升社会法基础理论的研究水平。

三是有助于推动经济法与社会法的综合研究，搭建经济法与社会法的连接平台。经济法与社会法的关系问题是当前经济法学界与社会法学界共同关注的重要理论问题。经济法与社会法都兼具有经济性和社会性，因此，经济法与社会法之间的复杂关系在一定程度上可以理解为经济性与社会性的融合与冲突，经济法与社会法的相互关系的界定在很大程度上取决于对经济性和社会性平衡问题的理解。社会保障资金兼具有突出的经济性和社会性，是研究经济法与社会法相互关系的重要切入点。本书通过对社会保障资金二元法律属性和二元法律调整的研究，有助于进一步解释经济法与社会法的复杂关系，推动经济法和社会法的综合研究。

（二）实践意义

本书研究的实践意义同样体现在三个方面：

一是有助于实现我国社会保障资金的科学管理。社会保障资金管理是一个极为复杂的系统工程，需要科学的管理。一方面，社会保障资金管理本身涉及社会保障资金的征缴、支付、运营等各个环节，迫切需要科学理论的指导；另一方面，社会保障资金种类繁多、性质各异，更需要系统整体的规划。本书通过对社会保障资金法律属性的界定，并对我国当前社会保障资金运行主要环节中的各种法律问题进行分析，有助于实践中问题的妥善解决，从而实现社会保障资金的科学管理。这是本书最直接、最现实的意义。

二是有助于推进我国社会保障资金法制建设进程。我国当前社会保障资金法律制度建设仍不健全，很有必要在立法上进一步完善。本书在界定社会保障资金法律属性的基础上，构建社会保障资金运行法律调整的基本框架，并结合我国当前社会保障资金法制建设的现状和问题，借鉴西方国家社会保障资金法制建设方面的经验，对我国社会保障资金运行的法律制度建设提出了相应的完善建议，这有助于我国社会保障资金法律制度建设的推进。

三是有助于推动我国财税、金融法律制度完善。社会保障资金问题不仅是重要的社会问题，同时也是重要的财税法问题和金融法问题。社会保障资金的收支运行涉及我国财税体制改革与财税法律制度的完善，社会保障资金的运营和监管涉及我国当前正在进行的金融体制改革与金融法制建设。本书通过对社会保障资金管理中有关财税法、金融法相关问题的分析和研究，间接对我国金融法、财税法制度建设提供有益的思路，从而有助于推动我国财税、金融体制改革的进行和财税、金融法律制度的完善。

三　相关研究评析

（一）国内研究现状评述

1. 国内研究概况

国内关于社会保障资金运行法律调整的相关研究与我国社会保障制度的发展进程密切相关。20世纪80年代末以来，随着我国社会保障事业改革与发展的逐步推进，有关社会保障和社会保障资金的研究也逐步展开，开始涌现出一批代表性的研究成果。但从总体上看，这些研究主要是从其他学科的角度展开，从法学的角度对社会保障资金进行深入研究的成果并不多见。当前有关社会保障资金的相关研究成果多分散于以"社会保障基金"或者"社会保障资金管理"为中心的经济学、管理学研究成果之中。

从现有出版的专著来看，相关研究多是强调社会保障资金的经济属性和公共管理属性，重点关注基金型社会保障资金，普遍重视社会保障基金科学管理方面的研究，而从法学的角度对社会保障资金运行进行系统深入研究的成果则不多见。如张留禄（2010）的《社会保障基金管理》，从管理学的角度对社会保障基金进行了较为深入的研究；张广科（2008）的《社会保障基金——运行与监管》侧重于对社会保障基金监管方面的研究；于洪的《社会保障筹资机制研究》从经济学的角度对社会保障筹资机制进行研究；龙菊（2007）主编的《社会保障基金营运管理》从基金运营管理的角度对社会保障基金进行研究；吕学静（2007）主编的《社会保障基金管理》从管理学的角度展开研究；殷俊、赵伟（2007）的《社会保障基金管理新论》同样也是从管理学的角度对社会保障基金进行研究；刘子兰（2007）的《社会保障基金和企业年金管理》虽然加入了对企业年金管理方面的研究，但也是从管理学的角度展开；林治芬（2007）主编的《社会保障资金管理》把研究对象扩展到了全部社会保障基金，但也是从管理学的角度进行；林义（2007）的《社会保险基金管理》侧重于对社会保险基金管理的研究；孙健勇（2004）的《社会保障基金监管制度国际比较》《社会保障基金运营与监管》《企业年金管理》《企业年金运营与监管》同样侧重于社会保障基金的运营监管研究；此外，杨良初（2003）的《社会保障基金管理》，万解秋、贝政新、黄晓平等（2003）的《社会保障基金投资运营研究》，梁君林、陈野（2002）的《社会保障基金运行研究》，也都是从管理学的角度对社会保障资金运行中的相关问题进行研究。另外，也有一些学者从财政学的角度对社会保障基金进行研究，如朱青等（2010）的《中国社会保障制度完善与财政支出结构优化研究》从财政支出结构优化的角度研究社会保障资金；"社会保障资金财政监督编委会"（2005）的《社会保障资金财政监督》从财政监督的角度研究社会保障资金。还有一些学者运用比较的方法对国外社会保障基金管理的历史和现状进行研究，如周弘（2011）的《30国（地区）社会保障制度报告》对多个国家社会保障基金的基本情况进行了梳理；周弘（2011）的《125国（地区）社会保障资金流程图》详细描述了世界大多数国家社会保障资金运行的基本情况；丁建定（2010）的《西方国家社会保障制度史》从史学的角度对西方国家社会保障制度的发展历程进行了深入的研究，其中涉及社会保障资金相关研究；周弘（2010）的《社会保障制度国际比较》中也涉及了对社会保障基金的比较研究；王洪春、卢海元（2007）的《美国社会保障基金投资管理与借鉴》对美国的社会保障基金管理进行了较为深入的研究。总体来看，以上研究成果都是从法学领域之外展开的。当前出版的专著中，从法学的角度研究社会保障资金的成果寥寥无几，对社会保险基金法律制度进行较为系统研究的相关专著只有王显勇（2012）的《社会保险基金法律制度研究》。但该书的研究存在两个方面的不足：一是作者主要是从社会保险资金社会功能的角度开展研究，而对于社会保障资金的经济功能未能进行充分关注；二是作者仅对社会保险基金进行研究，并未把研究对象扩展到整个社会保障资金的整体运行，在理论分析和研究的系统性方面仍有待于进一步充实和提升。此外，彭丽萍（2013）的《社会保障基金信托法律问题研究》，虽然名为"社会保障基金"信托法律问题研究，实际上仅仅对"社会保险基金"信托中的一些法律问题进行了研究，并未涵盖整个社会保障资金，且该书仅研究了社会保险基金信托中的法律问题，而对信托以外的法律问题缺乏相应的研究。

从现有学术刊物发表的文章来看，国内法学界学者们对于社会保障资金运行法律调整的相关研究同样集中在经济学和管理学领域。虽然相关文章在数量上多达几万篇，但运用法学的范式深入研究社会保障资金运行的相关成果尚不多见，运用经济法与社会法理论综合研究社会保障基金的相关成果更是少见。此外，这些为数不多的法学研究成果，在研究领域方面也多集中在金融法、民法领域，很少有从财税法和社会法的角度开展。例如，程晓燕（2008）的《私权视角下的社会保险基金监管》以私权为视角，在民法领域和框架内对社会保险基金监管问题进行研究；李永贞（2008）的《浅论社会保障预算基金运营与投资的法律规制》从金融法学的角度对社会保障基金预算和投资进行了研究；冯果、李安安（2007）的《滥用与规制：我国社保基金的监管缺失及其补救》同样是从金融规制的角度在金融法学的领域展开。

2. 国内研究现状评析

从以上的梳理和描述可以看出，随着我国经济社会的发展尤其是社会保障事业的发展，国内学界对社会保障基金运行相关问题的研究取得了较为丰富的成果，但同样存在一定的不足之处。总体来看，这些不足之处大致可以概括为两个方面。

一是研究重心的失衡。这种失衡主要体现在，当前相关研究主要集中在对社会保障资金的经济性和经济效应方面的研究，研究的出发点和重点是解决当前社会保障资金运行中存在的经济问题，突出强调和重点关注的是社会保障资金运行的效率问题，较少关注和重视社会保障资金的社会性和社会效应，缺乏对社会保障资金运行中公平与效率平衡问题的研究。在当前中国特殊的转轨时期，经济问题与社会问题时常交汇融合，在很多情况下，经济问题同时也是或者将会转化为社会问题，社会问题同时也是或者起源于经济问题。经济问题和社会问题的综合分析、公平与效率的有效平衡已经成为当前经济社会政策制定的核心问题。学界目前对于社会保障资金运行法律调整研究重心的失衡状态，不仅不利于当前社会问题的解决，而且从长远来看，也不利于经济问题的最终解决。因此，学界完全有必要对社会保障资金运行在研究重心方面予以适当的平衡。

二是法学研究方法的缺失。现有研究成果多集中在经济学和管理学领域，法学领域的相关研究并不多见。由此可以看出，当前学界对社会保障资金运行的研究，往往侧重于强调社会保障资金的经济学属性和公共管理属性，习惯于运用经济学和管理学的方法进行研究；有意或无意地忽视了社会保障资金的法学属性，缺少运用法学方法对社会保障资金的研究。世界各国社会保障资金运行的立法历史告诉我们，法律对于社会保障基金权属的准确界定往往是社会保障资金顺利运行的重要前提和基础，法律对于社会保障资金的监管是社会保障资金安全运行的有效手段。世界各国社会保障资金运行的实践也同样告诉我们，运用法律的手段对社会保障资金进行调整，把社会保障资金的运行纳入法制的轨道，是社会保障资金顺利运行和社会保障制度得以维持的重要保证。因此，在当前情况下，从法学的角度、运用法学的方法对社会保障资金的运行开展深入的研究尤为必要。

随着我国法治进程的不断推进，法学研究的领域和范围也在逐步扩大，研究的层次也在逐步深入。社会保障资金的法律调整应当成为法学尤其是经济法学与社会法学共同关注和研究的重要课题。经济法与社会法同属于现代法的范畴，二者都兼具有经济性和社会性，都强调对经济和社会的双重关注，都重视其经济功能的冲突与平衡。因此，从法学的角度尤其是从经济法学和社会法学的角度对社会保障资金的运行问题进行深入研究，不仅可以综合平衡社会保障资金的经济效应和社会效应，同时也有利于当前经济问题与社会问题的妥善解决，具有十分重要的理论和实践意义。

（二）国外研究现状述评

国外有关社会保障资金运行法律调整的相关研究具有明显的国别特色。一方面，基于政治、经济、文化等方面的不同国情，世界各国采用了不同的社会保障模式，相应的社会保障资金法律制度亦存在一定的差异，因而相关学术研究在研究方法、思路、重心等方面具有明显的国情特色。另一方面，社会保障资金运行法律调整的研究状况与该国社会保障的实践状况有着直接的联系，因而具有明显的国情特色。总体来看，西方发达资本主义国家对于社会保障资金的研究成果颇丰，这些成果不仅反映在经济学和公共管理学领域，同样反映在法学领域。而发展中国家的相关研究成果则相对缺乏，这与发展中国家社会保障体制不健全、不完善有直接的关系。

在以英国为代表的福利社会国家，较早建立了较为完善的社会保障体系。同时，由于历史的原因，在这些国家，社会保障资金被纳入到整个国家财政体系之中，不存在我国社会保障制度意义上的"社会保障基金"，学界对于社会保障资金的相关研究多从财税学、公共管理学、财税法、社会保障法的角度进行。英国是最早的资本主义法治国家，同时也是较早建立社会保障制度的国家之一，因而，英国很早就建立了比较完善的社会保障法律制度与社会保障资金管理法律制度。在英国社会保障体系和社会保障资金管理法律制度不断完善的过程中，有关社会保障资金运行法律调整的研究成果也不断涌现，如内维尔·哈里斯等人对社会保障的历史背景、现代框架和社会保障相关领域的法律问题进行了深入的研究，其中涉及社会保障资金运行的法律调整问题。①

以美国为代表的国家强调个人在社会保障中的贡献和作用，其相关法律制度明显不同于英国等福利国家。美国虽然是一个年轻的国家，但也较早地结合本国国情建立了十分完善的社会保障制度，因而有关社会保障资金运行的相关法律体系较为健全。同时，由于该国较早建立了比较完善的社会保障制度和社会保障法律体系，因此学界也非常注重社会保障基金的经济学和法学研究。例如，Melissa Hardy 和 Lawrence Hazelrigg（2007）从经济学的角度对社会保险中的公平与效率、社会保险基金、社会保险运营市场化、社会保险资金与政治的关系以及相关的问题进行了探讨；② 乔治·E. 雷吉达（2005）从经济学的角度探讨了社会保障基金的经济效应；③ Andrew W. Dobelstein（2009）则从法学的角度在对美国社会保障法研究过程中涉及社会保障资金等相关问题。④

---

① 参见［英］内维尔·哈里斯等《社会保障法》，李西霞、李凌译，北京大学出版社 2006 年版。

② See Melissa Hardy & Lawrence Hazelrigg, *Pension Puzzles: Social Security and the Great Debate*, Russell Sage Foundation Publications, 2007.

③ 参见［美］乔治·E. 雷吉达《社会保险和经济保障》（第六版），陈秉正译，经济科学出版社 2005 年版。

④ See Andrew W. Dobelstein, *Understanding the Social Security Act: The Foundation of Social Welfare for America in the Twenty-First Century*, New York: Oxford University Press, 2009.

总体上看，国外的相关研究成果对本书的研究具有十分重要的借鉴意义。虽然西方国家的具体国情与中国当前的国情存在一定差异，但在社会保障的基本功能和社会保障资金运行中的法律问题方面，仍然存在诸多共性。因此，深入研究西方国家社会保障资金运行中的规律性问题和解决对策，对我国社会保障资金法律体系的构建和完善具有十分重要的借鉴意义。

四　研究思路、框架和内容

（一）研究思路

本书从当前经济发展与民生改善双重背景出发，以当代中国社会保障资金运行的法律调控为研究对象，以经济与社会平衡为中心，以社会保障资金运行的基本环节为主线，以中国社会保障资金法律制度的完善为目标，构建有利于平衡经济与社会平衡发展的社会保障资金运行法律调控体系。

（二）研究框架

本书共分为五章三个部分。其中第一章为基础理论的分析，结合当前中国现实情况构建社会保障资金运行法律调控体系框架；第二章、第三章、第四章分别从公平分配、可持续发展、危机应对三个角度具体分析了社会保障资金收支运行、投资运营、监督管理的法律调控问题；第五章则从社会变迁的视角，运用实证和比较的方法，在分析我国社会保障资金运行法律制度现状和总结西方国家社会保障资金运行法律制度经验教训的基础上，对完善我国社会保障争议处理法律制度提出建议。

（三）研究内容

本书内容共分为五章。

第一章为社会保障资金及其运行的法律调整体系。本章从社会保障的概念及其二元功能出发，分析社会保障资金的二元法律属性，把研究对象纳入到法学研究的框架体系之内，并在提炼社会保障资金运行中的主要法律问题的基础上，对社会保障资金运行的法律调整的理论构建和制度完善进行了分析。

第二章为公平分配视角下的社会保障资金收支运行法。本章首先分析了公平分配及其实现的法律机制，并从公平分配的角度对社会保障资金的收支运行及其法律调整体系进行解析。然后，就有关社会保障资金收支平衡的预算法调整、社会保障资金筹资的税法调整以及社会保障资金支付的社会保障法调整进行分析。

第三章为可持续发展视角下的社会保障资金投资运营法。本章首先分析了可持续发展基本理论，把可持续发展引入到经济法与社会法的分析框架之下，并以环境税收立法和经济发展方式转变为例，论证经济法与社会法在可持续发展中的作用。然后，对可持续发展中的社会保障资金运营进行分析，并对全国社会保障基金的投资运营的法律调整和社会保险资金投资运营主体的法律定位进行分析。

第四章为危机应对视角下的社会保障资金监管法。本章首先分析了危机应对与社会管理体制创新等问题，并对社会保障资金运行的社会背景进行研究。然后，对社会保障资金运行中的经济风险与社会风险及其法律应对进行分析，对社会保障资金监管的法律调整问题进行研究。

第五章为社会变迁视角下的社会保障争议处理法。本章首先对社会变迁中的社会保障制度和我国当前社会保障处理法律制度的现状进行了描述。然后，从社会变迁的视角对现行社会保险争议处理体制进行反思及提出相应的完善建议，并结合日本《社会保险劳务士法》对社会保障争议处理服务的专业化问题进行研究。

五 研究重点、难点

（一）研究重点

本书的研究重点体现在两个方面：

一是社会保障资金运行的法律调整体系理论的构建。社会保障资金运行的法律调控体系是本书系统展开的前提和基础，是整篇文章的总纲，统领以下各章内容。因此，社会保障资金运行的法律调控体系理论构建是本书的研究重点之一。

二是结合当地中国的热点视角分析社会保障资金运行的法律调控。

"理论总是灰色的，生命之树常青"，法学理论研究的基本出发点和落脚点应该是现实的热点问题。通过社会保障资金运行的二元法律调控体系有效地回应现实生活中的热点问题是本书研究的重点之二。

（二）研究难点

本书研究的难点同样体现在两个方面：

一是社会保障资金二元法律属性的论证。社会保障资金二元法律属性的论证是社会保障资金运行二元法律调控体系构建的基础。然而，社会保障资金体系庞杂、种类繁多、性质各异，如何从中提炼出社会保障资金的核心法律属性确实不易。理论构建需要高度的抽象和缜密的思维，理想的理论建构应当尽量做到各个部分都无懈可击，因此，社会保障资金二元法律属性论证是本书研究的难点之一。

二是如何选取适当的视角体现社会保障资金运行二元法律调控对经济与社会协调发展的平衡作用。本书的研究中心是经济与社会的平衡，如何在分析社会保障资金运行各个环节的法律调控的同时体现这一中心，是本书研究的难点之二。

六　研究方法

本书的研究方法主要有四种：

（一）价值分析的方法

社会保障资金运行的法律调整必然涉及相应的价值判断，因为只有在对社会保障资金运行的基本价值有一个正确认识的前提下，才有可能对社会保障资金运行进行准确的法律调整。本书的立论基础是社会保障基金的二元价值和功能，其中关于公平和效率的探讨，关于经济功能和社会功能的研究，都属于价值判断的范畴。因此，价值分析是本书所使用的基本方法之一。

（二）系统分析的方法

社会保障资金包含各种不同类型，社会保障资金运行包括多个环节，对社会保障资金运行的法律调整是一个复杂的系统。本书在论证社会保障资金的法律属性问题时，首先对社会保障资金的基本结构进行解构，在此基础上构建社会保障资金运行的二元法律调控体系。因此，系统分析是本书所使用的又一重要方法。

（三）比较分析的方法

当代社会保障资金法律制度的完善，离不开对国外社会保障资金法律制度的比较研究。因此，比较分析的方法也是本书使用的重要研究方法之一。

（四）实证研究的方法

对社会保障资金运行法律调整的研究离不开对当前中国社会保障资金运行现状的研究。因此，实证分析的方法也是本书的研究方法之一。

第一章

社会保障资金及其运行的法律调整体系

> 世界上所有的生命都在微妙的平衡中生存。
>
> ——《狮子王》

社会保障和社会保障资金承载了经济与社会的二元功能，因而，社会保障资金的运行也就具有了经济与社会的双重意义和属性，从而成为不同学科共同关注和研究的对象。"横看成岭侧成峰，远近高低各不同"，学者们从不同的学科角度对社会保障资金的运行进行了定性。首先，从经济学的角度来看，社会保障资金的运行是一个重要经济问题，具有明显的经济属性，这是因为，社会保障资金运行本身属于整个国民经济运行系统的重要组成部分，对经济的发展与良性互动产生着重要的影响。其次，从社会学的角度来看，社会保障资金的运行还是一个重要的社会问题，具有明显的社会属性，这是因为，社会保障资金的运行关系到社会的稳定与和谐，是整个社会运行系统的重要组成部分，对社会风险的防范与民生的保障具有重要的意义。再次，社会保障资金的运行还是一个重要的法律问题，具有重要的法律属性，这是因为，社会保障资金的顺畅运行离不开法律尤其是经济法与社会法的保障，从这种意义上讲，社会保障资金运行同样可以被看作是整个法律体系运行的重要组成部分。由此可见，经济学侧重于强调社会保障资金及其运行的经济属性，社会学侧重于强调社会保障资金及其运行的社会属性，法学则侧重于强调社会保障资金及其运行的法律属性，这些不同的学科从不同的侧面反映了社会保障资金及其运行的多重属性。

事实上，社会保障资金运行的以上三重属性之间具有深厚的内在逻辑联系。社会保障资金运行的经济属性以经济效益为中心，以经济的发展为目标；而社会保障资金运行的社会属性则以社会效益为中心，以社会的发展为目标。然而，这两种不同性质的属性在某种程度上具有一定的冲突，需要相应的法律予以协调与平衡。从这种意义上讲，社会保障资金运行的法律属性是连接和平衡其经济属性与社会属性的重要节点,对于平衡社会保障资金运行的经济与社会效应具有十分重要的意义。当然,本书作为一部法学研究领域的成果,虽然也关注社会保障资金及其运行的经济属性与社会属性,但研究的重心则是放在社会保障资金运行法律属性分析和法律体系构建方面,因此很有必要对当代中国社会保障资金运行从法理的角度进行分析和研究。

对于当代中国社会保障资金运行的法理分析需要逐步展开,为此,本部分将遵循以下研究路径进行分析:首先,从社会保障的概念出发,分析社会保障的经济社会二元功能及其冲突与协调;其次,从社会保障资金及其二元结构出发,分析论证社会保障资金的二元法律属性;再次,分析社会保障资金运行的基本环节与流程,探讨社会保障资金运行中的主要法律问题,在此基础上进而构建当代社会保障资金运行的二元法律调整体系。

一 社会保障及其二元功能

(一)"社会保障"的概念

在研究社会保障资金相关问题之前,很有必要对"社会保障"概念本身进行深入研究。这是因为,对"社会保障"概念本身理解的不同,直接影响到对社会保障资金构成与范围的界定,从而影响到对社会保障资金法律属性的认定以及社会保障资金法律调整体系的构建。

从词源的角度来看,汉语中的"社会保障"源于英文中的"social security",该词最早出现在美国1935年8月14日颁布的《社会保障法》(Social Security Act),是西方世界遭受1929—1933年资本主义经济大危机之后出现在官方正式文件中的新名词,是近代工业化的产物。[①] 由此可以

[①] 有学者考证,"社会保障"一词的产生,"至今已有100余年的历史。在20世纪上半叶全美社会福利运动领袖亚伯拉罕·艾普斯顿把'社会保障'一词引介到美国和全世界面前之前,被广泛运用的是'经济保障'一词。'社会保障'一词最初是在1935年8月美国立法——《社会保障法》中使用的。国际劳工组织很快采用了这个词,并在1944年5月10日通过的《关于国际劳工组织的目的与宗旨的宣言》(又称《费城宣言》)中加以使用。之后,它被世界大多数国家承认、接受并采纳,成为一个极富号召力的词汇"。参见李长勇、吴继刚《社会保障概念考察》,载《黑龙江社会科学》2001年第5期。

看出，从英文的字面意思来看，应当把"social security"翻译为"社会安全"更加准确，但是这一英文词语在引进国内后却被翻译成了"社会保障"，并于20世纪80年代出现在中国官方文件之中，被赋予了中国特色的具体含义。

当前学界对"社会保障"本身的理解并不统一，这种差异不仅体现在不同的学科之间，甚至在同一个学科的内部，学者们对"社会保障"的理解也存在着较大的区别。总体来看，学界对于"社会保障"概念理解的差异固然有其研究视角和方法的原因，但主要源于各国立法对于"社会保障"认定的不同。基于不同的国情和历史传统，各国在对"社会保障"概念本身的理解方面存在较大差异，而这种国别差异直接导致了各国在社会保障研究方面的差异。因此，很有必要从国别的角度对"社会保障"一词进行分析。

西方主要国家的"社会保障"大致可以分为两种不同的类型，一是以英国等西欧国家为代表的福利国家的"社会保障"，二是以美国为代表的"社会保障"。① 英国1990年编撰的《新大不列颠百科全书》把"社会保障"解释为："在国际上，社会保障这一术语意味着所有已经为立法建立的集体措施，以便当个人或家庭的部分或全部收入来源受到损害或中止时，或当他们有大笔的开支必须支付时（如抚养子女或支付医疗费用），维持他们的收入，或对他们提供收入。因此，社会保障可能是对病残、失业、作物失收、丧偶、妊娠、抚养子女或退休的人提供现金待遇。对医疗、康复、家庭疾病护理、法律帮助和丧葬的待遇可能以现金也可能以实物（服务）的形式提供。社会保障可以按法庭的命令提供（如对事故受害者的赔偿），也可能由雇主、中央或地方政府或其他半公共或独立的机构提供。"② 由此可见，在英国，社会保障的范围比较广泛，而且侧重于强调政府对社会保障的责任和义务。美国对社会保障范围的界定比较窄，一般由较为有限的项目组成。例如，美国1999年出版的《社会工作

---

① 需要说明的是，此处主要是从传统社会保障模式的角度进行分析。事实上，在一些新型国家，还有一种以新加坡为代表的新型"社会保障"，但由于新加坡特殊的国情，使得其相关经验虽然可以一定程度上予以借鉴，但却很难有效复制。此外，20世纪80年代以来，智利的社会保障改革，尤其是其改革失败的教训，也引起了世界各国普遍的关注。

② See Encyclopedia Britannica Inc., *The New Encyclopedia Britannica*, Vol. 27, Chicago: Encyclopedia Britannica Inc., 1990: 427.

词典》(*The Social Work Dictionary*) 把"社会保障"定义为"一个社会对那些遇到了已经由法律做出定义的困难的公民,如年老、生病、年幼或失业的人提供的收入补助。在美国,'社会保障'一词指由'老年人、遗属、残疾人健康保险'项目(OASDHI)和由'医疗照顾'项目提供的现金补助。在其他国家,这一概念亦包括对全体公民提供的医疗保健待遇和对全体儿童,无论其家长的收入水平如何,提供的现金待遇"。①此外,德国作为社会保障制度的发源地,基于其特殊的文化和社会背景,对社会保障有其独特的理解。在德国,将社会保障理解为社会公平和社会安全,理解为对竞争中不幸失败的那些失去竞争能力的人提供基本的生活保障。②

就国际组织和国际条约来看,不同的国际组织和国际条约对"社会保障"的界定同样也存在一定的差异。例如,国际劳工局(ILO)在1984年的《社会保障导言》中把"社会保障"的概念界定为"社会通过一系列的公共措施对其成员提供的保护,以防止他们由于疾病、妊娠、工伤、失业、残疾、老年及死亡而导致的收入中断或大大降低而遭受经济和社会困窘,对社会成员提供的医疗照顾,及对有儿童的家庭提供的补贴"③。这一概念在强调"社会保障"的"公共性"的同时,还列举了社会保障的主要项目。《世界人权宣言》第25条把"社会保障"定义为"每个人都有权使本人及家庭达到生活康乐,这不仅包括有权得到食品、衣着、住宅、医疗和其他社会基本服务,而且包括遇到失业、生病、残疾、丧偶、年老或由于本人不能控制的其他原因而带来生活困难时,有权获得社会保障"。由此可以看出,《世界人权宣言》主要是从人权的角度对"社会保障"进行定义。

我国对社会保障概念的官方权威界定,是1993年11月14日在十四届三中全会通过的《中国中央关于建立社会主义市场经济体制若干问题的决定》第五部分中有关"社会保障体系包括社会保险、社会救济、社会福利、优抚安置和社会互助、个人储蓄积累保障"的表述。这一列举式的表述构建了我国社会保障体系的基本框架,直到今天,我国官方对社会保障的理解仍然以此为基础,有关社会保障的立法也是围绕此框架进行展开的。除特别说明,本书对社会保障的相关论述也是以我国的社会保障

---

① See Robert Barber, *The Social Work Dictionary*, 4th Ed., Washington D.C.: NASW Press, 1999.
② 陈良瑾主编:《社会保障教程》,知识出版社1990年版,第1—2页。
③ See ILO, *Introduction to Social Security*, Geneva: International Labour Office, 1984.

概念为基础。

此外，要准确界定"社会保障"的概念还需要区分"社会保障"与"社会福利"。总体来看，"社会福利"一词含义较为模糊，在不同国家有不同的理解，很难对其有十分精确的界定。例如，美国社会工作协会（NASW）1999年出版的《社会工作百科全书》绕开对社会福利的直接定义而对其进行描述性解释："社会福利是一个宽泛的和不准确的词，它最经常地被定义为旨在对被认识到的社会问题做出反应，或旨在改善弱势群体的状况的'有组织的活动'、'政府干预'、政策或项目"，"社会福利可能最好被理解为一种关于一个公正社会的理念，这个社会为工作和人类的价值提供机会，为其成员提供合理程度的安全，使他们免受匮乏和暴力，促进公正和基于个人价值的评价系统，这一社会在经济上是富于生产性的和稳定的。这种社会福利的理念基于这样的假设：通过组织和治理，人类社会可以生产和提供这些东西，而因为这一理念是可行的，社会有道德责任实现这样的理念"①。在我国的研究中，"社会福利"有广义和狭义之分。广义的社会福利是指政府福利和非政府福利，其中政府福利即社会保障，非政府福利包括公益救助、慈善、商业保险和企业年金等。而狭义的社会福利是指社会保障的一部分。② 本书如未作特殊说明，是在狭义上使用"社会福利"一词，包含在"社会保障"之中。

（二）社会保障的经济社会二元功能

1. "功能"与"社会保障的功能"

"功能"一词在社会科学中多有使用，就其基本含义来讲主要是指"作用"或"贡献"。③ 需要注意的是，虽然在现实生活中，人们多从积

---

① See NASW, *Encyclopedia of Social Work*, 19th Ed., Washington D.C.: NASW Press, 1999: 2206.

② 潘锦棠：《社会保障通论》，山东人民出版社2012年版，第26—27页。

③ 在英文中，"function"一词兼具有中文中"功能"和"作用"的含义，我国法学界对于"功能"和"作用"也一般不作区分，二者基本可以相互替代。当然，也有学者对二者进行了较为严格的区分，认为法的功能和法的作用是形式上相似而实质上有别的两个事物，法的功能主要是描述性的，法的作用主要是规定性的，法的功能是法的作用的前提和基础，法的作用则是法的功能的外化和表现。详细论述参见周旺生《法的功能和法的作用辨异》，《政法论坛》2006年第5期。但从总体上来看，二者差别并非十分明显。本书如未作特殊说明，在使用"功能"一词时，其含义与"作用"相当。

极作用方面使用"功能"一词,但"功能"一词本身应当是中性的,不仅具有积极方面的含义,也应当具有消极方面的含义。正如有的学者指出,"严格说来,'功能'一词体现了某一事物通过其运行而对其他事物发生影响的客观能力,是中性的,即其本身无所谓是积极的或消极的。只是在功能发挥的过程中,即事物影响外在环境时,才从主体(人)的角度观察分出积极影响和消极影响。"① 由此可见,除了事物本身客观影响力以外,对于"功能"的认识和理解还具有主体认识的差异性。正是这种主客观的差异,才使得研究同一事物多维功能之间的平衡与协调更加必要。

具体到社会保障而言,其功能是指社会保障制度的功效或作用。社会保障的功能可以从多个角度进行分析,总体来看,可以分为经济功能与社会功能两个方面,② 这构成了社会保障的经济社会二元功能体系。其中,社会保障的经济功能主要是指社会保障对经济发展的作用,侧重于从经济效益进行考量;而社会保障的社会功能主要是指社会保障对社会发展方面的作用,则侧重于从社会效益进行考量。当然,社会保障的经济功能与社会功能有时候很难完全分开,因此,有的学者在概括社会保障功能的时候并未明确区分其经济性和社会性。③

2. 社会保障的经济功能

社会保障的经济功能主要体现在调解收入分配、影响资源配置和调控宏观经济等方面。其中,调解收入分配是基础性的经济功能,影响资源配置和调控宏观经济是间接的经济功能,而对宏观经济的影响主要通过其收入分配的合理调节来实现。

首先,社会保障的调解收入功能是其最直接的经济功能。收入分配问

---

① 付子堂:《法律功能论》,中国政法大学出版社1999年版,第267页。
② 需要说明的是,社会保障还具有一定的政治功能,例如在西方民主国家,社会保障政策往往是争取选民的一种重要手段,也是政权更替的重要诱因之一。考虑到本书论述的主题和中心,对社会保障的政治功能暂不作分析。
③ 例如,有学者概括为三个方面:保障劳动力生产,促进社会稳定;调节收入差距,维护社会公平;推动社会文明,促进经济发展。以上三方面的功能每一方面都包括了相应的经济功能与社会功能。具体分析参见龙菊编著《社会保障基金营运管理》,中国劳动社会保障出版社2007年版,第2页。

题至关重要,虽然不同的学科中对分配的理解有一定的分歧,①但总体上来看,对分配的界定争议不大,学者们一般认同分配就是一种利益的分割,是社会经济活动的一个环节的观点。分配从其所处环节上来看,可以分为初次分配和再分配,初次分配是在经济领域之内进行的,包括生产资料的分配和生活资料的分配,再分配是经济领域之外的分配,包括第二次分配和第三次分配,第二次分配是政府通过税收、财政、预算、价格法律法规和政策进行的,第三次分配是通过社会保障法律和政策进行的。在整个收入分配环节中,社会保障制度处于第三次分配环节。社会保障制度作为收入分配的重要手段,能够对收入分配格局进行合理的调节和控制,在一定程度上缩小收入分配差距,促进经济上的公平分配,这是社会保障的直接经济功能。

同时,社会保障制度对收入分配的调节还会影响到居民消费、储蓄与经济增长等各个经济领域,能够起到刺激消费、扩大内需、推动经济增长等功效。②此外,社会保障还会对资源配置产生重要的影响,它直接影响到居民的储蓄率,进而影响到经济投资。社会保障法对储蓄的影响,除了对资金筹集的直接影响,其储存过程和支付也对储蓄产生重要的影响。

通过收入分配的调节和资源配置的调整,社会保障能进一步调解宏观经济。这种影响主要体现在对国民经济总供求均衡、对劳动力生产和再生产以及对就业三个方面的影响。③

从总体上来看,社会保障制度的经济功能主要是通过对收入的分配和再分配,实现经济的效率、平衡和可持续发展。需要说明的是,社会保障的这种经济功能使得社会保障资金的运行必然与调整经济运行的经济法紧密相连,从而使社会保障资金具有明显的经济法属性,影响到社会保障资金运行法律调整体系的构建。具体分析将在下文展开,此处不

---

① 学界的主流观点是把分配理解为经济活动的一个环节,但也有人把分配理解为在经济活动中的基础性纬度,还有人把经济活动仅仅理解为生产过程,而把分配问题归属于政治问题。具体分析参见何建华《社会正义论》,人民出版社2007年版,第19—21页。

② 有关社会保障收入分配调节对宏观经济影响的相关分析,参见高霖宇《社会保障对收入分配的调节效应研究》,经济科学出版社2009年版,第89—107页。

③ 具体分析参见《社会保障资金财政监督》编委会《社会保障资金财政监督》,中国财政经济出版社2005年版,第45—46页。

再赘述。

3. 社会保障的社会功能

社会保障的社会功能可以从多个角度进行分析，但其主要社会功能可以概括为危机应对、民生促进和人权保障三个方面。其中危机应对是最直接的社会功能，民生促进是其第二层次的社会功能，人权保障是其高层次的社会功能。

首先，从社会保障制度的发展历史来看，社会保障制度的社会功能直接体现在应对社会危机和缓和社会冲突方面。社会保障制度从其产生之初就与相应的社会危机紧密相连，具有较强的"社会危机应对性"。19世纪中叶的德国出现了严重的社会危机，工人运动此起彼伏，为了有效应对这些社会危机，德国先后通过了《疾病保险法》《工伤保险法》《养老和伤残保险法》等法律法规，筹集相应的社会保障资金，并以此为基础建立了德国近代社会体系，为德国社会的安全和稳定提供了有力保障，有效化解了当时社会危机。而在美国，1929—1933年的资本主义经济大危机严重摧毁了美国经济，致使美国国内矛盾空前尖锐，社会危机空前严重，为此，1935年美国通过了《社会保障法》，筹措社会保障资金，并以此为基础建立了社会保障法体系，有效应对了世界经济危机和社会危机。同样，第二次世界大战之后的英国，经济社会受到重创，面临严重的社会危机，为此，英国于1945年开始实施《贝弗里奇报告》，并通过一系列的社会保障立法筹集社会保障资金，建立了较为完备的社会保障体系，有力化解了战后的社会危机。因此，从这个意义上讲，社会保障制度的发展历史可以看作是一部社会危机应对的历史，社会保障制度具有明显的社会功能。

其次，社会保障的社会功能同样还体现在促进民生事业的发展方面。由上述分析可以看出，在社会危机凸显的背景下，社会保障为整个社会的安全提供了重要的"保护网"。这种"保护网"不仅有助于促进社会的稳定，同时还有助于促进民生事业的发展。第一，社会保障制度的发展有助于社会的和谐稳定，而社会的和谐稳定则是民生事业发展的前提和基础，离开了社会的和谐稳定，民生事业的发展也就无从谈起。第二，社会保障制度的核心关注点是社会大众的生活，与民生事业具有天然的密切联系，社会保障事业的发展本身就是对民生发展的促进。此外，社会保障制度对于中国这样一个东西部发展极不平衡的国家而言，在促进西部民生与社会建设方面同样具有特殊的意义。①

再次，社会保障的社会功能还体现在对人权的保障方面，这是社会保障的高层次社会功能。第一，从社会保障制度产生的最初目的来看，它之所以产生，不仅是为了应对社会危机和维护社会安定，也是为了保障基本人权，避免人道主义灾难。这种保障基本人权的社会功能在最低生活保障制度方面体现得尤为突出。第二，从宪法学的视角来看，社会保障权作为一种具有法律属性的基本人权，已经在许多国家的宪法中得到确认，② 社会保障的人权保障功能具有相应的宪法基础。③

由以上分析可以看出，虽然社会保障的社会功能具有多层次性，但其最终目标就是要实现社会的公平、正义、安全、和谐与稳定。社会保障的这种社会功能使得社会保障资金具有明显的社会法属性，因此社会保障资金运行的法律调整体系中必然包括社会法相关内容。具体分析将在下文展开，此处同样不再赘述。

（三）社会保障的经济社会功能之冲突与平衡

如前所述，社会保障的经济功能就是要实现经济的效率、平衡和可持续发展，而其社会功能则是要实现社会的公平、正义、安全、和谐与稳定。虽然从整体上来看，社会保障的经济功能与社会功能是一致的，经济功能的实现有助于社会功能的实现，而社会功能的实现有助于促进经济功能的进一步发挥。但由于社会保障的经济功能与社会功能所关注的侧重点不同，二者之间也会存在一定的冲突，影响到彼此功效的发挥，这种不同质的追求目标本身就蕴含了冲突的潜在风险。其实社会保障的经济功能与社会功能的冲突早已蕴含在社会保障收入分配的功能之中。这是因为，收

---

① 肖京：《西部社会建设及其社会法保障》，《新西藏》2012年第4期。

② 关于社会保障权的宪法权利属性的相关分析，参见郭曰君《社会保障权研究》，上海人民出版社2010年版，第84—85页。

③ 在我国，2004年的《宪法修正案》明确规定："国家建立健全同经济发展水平相适应的社会保障制度。"同时，宪法第44条规定："国家依照法律规定实行企业事业组织的职工和国家机关工作人员的退休制度。退休人员的生活受到国家和社会的保障。"第45条规定："中华人民共和国公民在年老、疾病或者丧失劳动能力的情况下，有从国家和社会获得物质帮助的权利。国家发展为公民享受这些权利所需要的社会保险、社会救济和医疗卫生事业。国家和社会保障残废军人的生活，抚恤烈士家属，优待军人家属。国家和社会帮助安排盲、聋、哑和其他有残疾的公民的劳动、生活和教育。"以上内容是我国宪法对作为一项人权的社会保障权的概括表述。

入分配不仅关系到国民经济的顺利运行,具有十分重要的经济意义,也关系到社会弱势群体利益的保障与社会公平正义的实现,具有十分重要的社会意义。但社会保障的经济功能是要最大限度促进收入分配的经济效率的最优化,使得收入分配最有利于效率的提高,促进经济的协调可以持续发展;而从社会保障的社会功能来看,则是要实现收入分配对社会安全的保障与社会稳定和谐的促进。

社会保障的经济功能与社会功能冲突的内在根源还可以进一步归结为经济与社会生活中效率与公平之间的天然张力。虽然人们对公平、效率概念的理解有所不同,但从总体上来看,公平更侧重于对社会功能与社会效益的评价,而效率则侧重于对经济功能与经济效益的评价。在人类历史中,公平与效率始终是一对矛盾,"即使是最有效率的市场体系,也可能产生极大的不平等"[①]。在很多时候,"我们无法在保留市场效率这块蛋糕的同时,又平等地分享它",只能"为了效率就要牺牲某些平等,并且为了平等就要牺牲某些效率"[②]。公平与效率的这种天然张力也决定了社会保障的经济功能与社会功能冲突的必然性,这在社会保障资金的筹资过程中体现得将会更加明显。

在一定的范围内,社会保障的经济功能与社会功能之间的这种张力和冲突属于正常,并不影响经济与社会的发展。但如果不加以重视和平衡,随着这种张力和冲突的逐步积累,将会导致经济与社会断裂,而经济与社会的断裂又会反过来进一步加剧经济功能与社会功能的冲突。如此反复,将会导致社会保障的经济功能与社会功能的异化,使得经济发展畸形、社会发展失衡。随着经济与社会断裂程度的不断扩大,不仅经济的发展会出现停滞和崩溃,社会发展也会随着矛盾的不断积累而走向动荡不安,将会产生可怕的后果。因此,"对于经济与社会的断裂,需要通过修复使其回复到相互关联和协调的状态,亦即重建现代市场经济体制中经济与社会相互关联和协调的新机制"[③]。为了避免经济与社会断裂的进一步扩大,很有必要对社会保障的经济功能与社会功能进行平衡。

---

① [美]保罗·萨缪尔森、威廉·诺德豪斯:《经济学》(第18版),萧琛主译,人民邮电出版社2008年版,第33页。

② [美]阿瑟·奥肯:《平等与效率——重大抉择》,王奔洲等译,华夏出版社2010年版,第2、106页。

③ 王全兴:《社会法学的双重关注:社会与经济》,《法商研究》2005年第1期。

社会保障的这种经济功能与社会功能的平衡可以通过相应的法律调整予以实现。在整个法律体系中，经济法与社会法分别直接面对经济问题和社会问题，因而经济法与社会法的配合能够更加有效地平衡社会保障的经济功能与社会功能。由于社会保障的经济功能与社会功能的实现最终取决于社会保障资金的顺畅运行，因此经济法与社会法对社会保障资金运行的双重调整就显得特别重要。同时，社会保障资金本身也兼具有经济法与社会法的双重属性，这也为社会保障资金的双重法律调整提供了重要依据。对此问题，下文将专门进行具体分析，此处不再赘述。

（四）小结

以上简要介绍了社会保障及其二元功能。对社会保障概念的界定使得相关研究更有针对性，也有助于交流平台的建立。对社会保障经济社会二元功能的分析有助于把握社会保障的本质属性，同时也为下面对社会保障资金的二元法律属性的论证奠定了基础。而对社会保障经济社会二元功能之冲突与平衡的分析则揭示了社会保障的内在矛盾冲突及其平衡机制，不仅为本章接下来对社会保障资金运行法律调控体系构建提供了依据，同时也对下一章关于公平与效率的相关分析进行了呼应，使文章的分析始终围绕着经济社会发展的平衡这一中心。

二 社会保障资金及其二元法律属性

（一）社会保障资金的内涵与外延

研究社会保障资金的结构和功能离不开对社会保障资金内涵和外延的界定。从整体上看，国内外对"社会保障资金"的内涵和外延界定并不统一。在国外，由于对"社会保障"本身的理解不同，对"社会保障资金"概念和内涵理解因而也就存在差异。而国内学者以"社会保障资金"为标题进行研究的成果并不多见，对"社会保障资金"专门界定的情况更是少有，多是在相关成果中顺便提及。在为数不多的专门以"社会保障资金"为研究对象的著作中，也仅仅是简单地把社会保障资金界定为"是指依据国家法律、法规和政策的规定，为满足社会保障的需要，通过各种渠道、采取各种形式筹集到的用于社会保障各项用途的专项资金"，然后指出"社会保障资金包括社会保险资金、财政性社会保障资金、住房公积金、企业年金、福利彩票基金和全国社会保障基金等"。① 这一概念虽然指出了社会保障资金的依据、目的、来源和用途，强调了社会保障资金的行政属性、法律属性，但未能反映出社会保障的经济功能与社会功能，因而是需要斟酌的。

此外，与"社会保障资金"概念密切相关、在研究成果中频繁使用的概念是"社会保障基金"。也有学者对"社会保障基金"的概念进行了界定，认为"社会保障基金是国家按照法律法规设立，通过国民收入再分配、为劳动者提供的用于社会保障目的的专项货币基金"②。由此可以看出，这一概念大致和"社会保障资金"的内涵和外延相近。"社会保障资金"与"社会保障基金"的主要区别在于是否一定是基金性质的资金，是否具有积累性。从这种意义上讲，社会保障资金的概念更加广泛，包括了各种社会保障基金，也包括了社会保障基金以外的其他社会保障资金。由于当前学界对社会保障资金的相关研究多集中在"社会保障基金"上，以至于一些人把"社会保障资金"和"社会保障基金"等同起来。尽管二者具有密切的联系，但区分二者的概念还是很有必要的，因为基金型的社会保障资金与其他类型的社会保障资金在性质上具有较大的差别，在管理中也存在很大的不同。

基于以上考虑，本书认为，社会保障资金是指依照国家法律、法规或者政策的规定筹集的，具有收入再分配性质并且承担相应社会功能的、专门用于社会保障各项用途的资金，包括各种社会保障基金和其他社会保障资金。

(二) 社会保障资金的二元体系结构

在当前经济社会的转轨时期，我国的社会保障资金结构异常复杂，既有财政税收性质的，也有社会缴费性质的，还有社会捐赠性质的；既有预算内的，也有预算外的；既有中央所属的，也有省（自治区、直辖市）、市、县政府管理的；既有社会统筹的，又有个人账户的；既有城市的，又有农村的。从目前的现实情况来看，我国的社会保障资金主要包括社会保

---

① 林治芬主编：《社会保障资金管理》，科学出版社2007年版，第44页。
② 龙菊编著：《社会保障基金营运管理》，中国劳动社会保障出版社2007年版，第2页。

险资金、企业年金、住房公积金、财政性社会保障资金、全国社会保障基金、福利彩票资金和公办慈善机构筹集的资金等七大块。这七种资金的收支和管理方面都存在较大差异。其中，社会保险资金由税务部门或社会保险经办机构征收、社会保险经办机构支付；企业年金由社会保险经办机构、商业保险机构、行业协会分别收取和支付；住房公积金由住房公积金管理中心收支经营；财政性社会保障资金则分别由税务部门和财政部门收支；全国社会保障基金由全国社会保障基金理事会收支运营；福利彩票资金由民政部发行、福利彩票中心收取，剩余资金归全国社会保障基金理事会用于储备养老保险基金；公办慈善机构筹集的资金则主要由红十字会等公办慈善机构收取、支出。

此外，按照不同的标准，还可以对社会保障资金进行不同的分类。例如，按照社会保障资金的用途和功能，可以把社会保障资金分为社会保险资金、社会福利资金、社会优抚资金和社会救助资金，这种分类突出强调了社会保障资金的专款专用属性；按照社会保障资金的来源，可以把社会保障资金分为财政性社会保障资金、社会保险资金和其他社会保障资金，这种分类区分了各类社会保障资金与公共财政之间的联系，从而影响到其性质认定和管理方式；按照社会保障资金的所有权不同，可以把社会保障资金分为公共资金、个人资金和机构资金，这种分类区分了不同社会保障资金的权利归属，有利于构建合理的社会保障资金管理机制；按照社会保障资金的积累性分类，可以把社会保障基金分为积累性保障资金和非积累性保障资金，这种分类区分了不同社会保障资金的积累性质，从而有利于社会保障资金的管理和运行。

以上分类各自从不同角度分别体现了社会保障资金的复杂结构。但也可以看出，无论从何种角度进行分类，社会保障资金都会呈现出明显的二元结构。例如，从社会保障资金的经济社会二元功能进行分析，虽然经济与社会在很多时候是交织融合的，但社会保障资金依然可以分为侧重于经济的社会保障资金与侧重于社会的社会保障资金。从城市与农村的角度来看，社会保障资金又可以分为城市社会保障资金与农村社会保障资金，从而体现出较强的社会保障资金城乡二元结构。以上视角在分析社会保障资金运行的法律调整时，都具有十分重要的意义。

当然，如果从公与私的角度看待社会保障资金的结构，则更为清晰，对分析社会保障资金的法律调整也更有意义。按照公与私的角度划分，社会保障资金大致可以分为公共社会保障资金和私人社会保障资金。如果按照社会保障资金的用途和功能进行分类，社会福利资金、社会优抚资金和社会救助基金具有明显的公共性，可以大致划入到"公"的范畴，社会保险资金除了养老保险和医疗保险中的个人账户以外，其余部分大致都可以划入到"公"的范畴；如果按照社会保障资金来源与财政的关系来划分，财政性社会保障资金大致可以归入到"公"的范畴，非财政性社会保障资金大致可以归入到"私"的范畴；如果按照所有权对社会保障资金进行分类，公共资金可以归入到"公"的范畴，个人资金可以归入到"私"的范畴，机构资金介于二者之间，大致也可以归入到广泛意义上"公"的范畴；如果按照社会保障资金的积累性进行划分，积累性社会保障资金和非积累性社会保障资金都按照不同的种类和用途归入到"公"和"私"的范畴。因此，"公"和"私"的矛盾统一构成了社会保障资金在理论和实践中的二元体系结构。

实际上，社会保障资金的这种二元结构一方面固然源于社会保障问题的复杂性，另一方面也源于社会保障的经济社会二元功能及其所追求的二元价值与目标。正是社会保障资金的这种二元功能、价值和目标，使社会保障资金体现出较为明显的二元结构。此外，社会保障资金的这种二元结构还体现在当前不同类型的社会保障基金之中。虽然全国社会保障基金、社会保险基金、企业年金、农村社会保障基金在性质、管理、运营方面存在诸多差异，但在结构上都具有明显的二元结构，因此在法律属性上都体现出明显的二元性，虽然这种二元属性在具体的基金中其侧重点会有所不同。

(三) 社会保障资金的二元法律属性

我国社会保障资金运行中的问题和社会保障资金立法中的乱象，从总体上看都与我国当前社会保障资金法律属性的定位不明有着非常密切的联系。正是因此，实践中社会保障资金的运行很难有一个明确统一的准则。此外，我国当前学界尚未有对社会保障资金法律属性的专门研究，相关理论体系构建也很不完善，难以有效指导社会保障资金立法，这是我国当前社会保障资金运行中需要解决的重要问题。鉴于此，很有必要对社会保障资金的法律属性进行深入研究。从总体上看，社会保障资金的法律属性可以从法域和法律部门两个层面进行解读。

1. 社会保障资金的二元法域属性

从法域的角度来看，社会保障资金具有公法和私法的双重法域属性。

自从古罗马法学家乌尔比安提出公法与私法的划分以来，公法私法二元结构成为法学研究的重要范式。尽管学界对于公法与私法的界定与划分标准存在一定的分歧，但一般都赞同公法与私法的划分对法学研究具有重要的意义。在分析社会保障资金的法域属性时，同样很有必要从公法与私法的角度进行界定。

首先，从历史发展的角度来看，社会保障资金具有明显的公私二元法域属性。近代意义的社会保障资金源于英国伊丽莎白女王时代的《济贫法》，随后德国的俾斯麦时期的一系列社会保障立法也对社会保障资金进行了相关规定。这些近代的社会保障资金整体上是以政府强制为主导，具有较强的公法属性和特色，往往被归入到行政法的范畴。但需要注意的是，除了这些官方的社会保障资金以外，近代民间以慈善事业为来源的社会保障资金，其筹集、支出和运营属于"私"的领域，具有较强的私法属性，受私法的调整。因而，从社会保障资金产生和发展的历程来看，社会保障资金始终处于公法与私法的共同调整之中，从而具有较为明显的公私法二元法域属性。

其次，从社会保障资金的构成来看，社会保障资金同样具有明显的公私二元法域属性。尽管社会保障资金在构成上较为复杂，各种不同类型的社会保障资金在性质上存在一定的差异，但总体上都体现出公法私法的二元属性。公共财政中的社会保障资金虽然具有明显的"公"属性，但又不同于公共财政中的其他资金，必须专款专用，而不能被用于挪作其他财政用途，从而又带有一定的"私"属性。公共财政以外的其他社会保障资金虽然具有一定程度的"私"属性，但基于其公共性和强制性，从而又不同于商业人身保险中的保险资金，具有一定程度的"公"属性。正是这种"公"与"私"的双重经济与社会属性，使得社会保障资金在法域属性上具有较强的二元性，既不能完全由公法予以调整，也不能完全由私法予以调整。

由此可见，正如物理学上光的波粒二象性一样，社会保障资金在其性质上具有"公"与"私"的二元属性。如果按照传统公法与私法的划分标准来看，社会保障资金在法域归属上具有明显的二元性。实际上，社会保障资金在法域层面体现出的二元性体现在部门法层面，这将在下面的有关内容中进行展开。

2. 社会保障资金的二元部门法属性

从部门法的角度分析社会保障资金的法律属性对于社会保障资金运行

的法律调整具有更加直接的意义。虽然学界对于具体法律部门的划分存在一定的分歧,但部门法视角仍然是研究社会保障资金法律属性的重要视角。

当代中国的社会保障资金具有经济法和社会法的双重部门法属性。经济法是协调国家经济运行过程中的法律规范的总和。社会法就其基本含义来讲,是调整劳动关系和社会保障关系的法律规范的总称。[①] 经济法以应对经济问题为主要任务,社会法以解决社会问题的为主要任务,二者各有侧重。但在当前经济问题社会化和社会问题经济化的状况下,各种经济问题与社会问题相互交织,大多数问题既是社会问题又是经济问题,因而经济法与社会法的相互配合就显得尤为必要。

如前所述,社会保障资金具有经济与社会的二元功能,担负着促进经济持续发展与社会和谐稳定的双重任务。这种经济属性与社会属性的交织使得社会保障资金具有经济法与社会法的双重法律属性。一方面,社会保障资金在很大程度上与公共财政紧密相连,因而属于经济法调整的范畴;另一方面,社会保障资金又与社会民生密切相关,因而又属于社会法调整的范畴。

当然,经济法和社会法属于现代法,社会保障资金在历史上也曾分属于行政法和民法的调整范围。历史上,在一些社会保障以政府为主导的国

---

① "社会法"一词具有多重含义。一般认为,对"社会法"主要从两种意义上来理解:一种是从法域的角度,把"社会法"看作是与公法、私法相对应的"第三法域";另一种是从法律部门的角度,是指与民法、刑法、经济法等法律部门相并列的部门法。从社会法体系构建与制度完善的角度来看,后一种理解更具有直接的现实意义。全国人大机关各种正式文件也主要是从这种意义上理解社会法。从部门法的角度对社会法的内涵与范围进行界定,不仅是我国社会法学界研究的重点,也是我国立法机关立法实务中迫切需要解决的重要问题。学界对社会法有广义、中义、狭义等不同观点。其中,最狭义的社会法仅指社会保障法,狭义的社会法包括劳动法和社会保障法,中义的社会法加上特殊群体权益保障法,广义的社会法还包含了教育、环境、医疗等方面的立法。从立法机关的立法实践来看,社会法的内涵与范围虽然经历了一定的变迁,但整体上相对比较明确,大致相当于中义的社会法。2011年10月27日,国务院新闻办发布的《中国特色社会主义法律体系》白皮书指出,"社会法是调整劳动关系、社会保障、社会福利和特殊群体权益保障等方面的法律规范,遵循公平和谐和国家适度干预原则,通过国家和社会积极履行责任,对劳动者、失业者、丧失劳动能力的人以及其他需要扶助的特殊人群的权益提供必要的保障,维护社会公平,促进社会和谐。"这一概念界定把社会法的范围进一步扩大到特殊群体权益保障相关法律,是对社会法范围的最新官方界定。本书如无特殊说明,在使用"社会法"一词时是指部门法意义上的"社会法",与官方对"社会法"的界定大体一致。

家，社会保障资金具有一定的行政法属性，尤其是在一些行政法比较发达的国家，社会保障更是属于行政给付的重要组成部分，社会保障资金因而也打上了行政法的烙印。而在另一些社会保障的政府主导性较差或者说政府承担责任较少的国家，社会保障资金与社会慈善事业紧密相连，尤其是在一些慈善事业比较发达的国家，慈善捐赠成为社会保障资金的主要来源，因而社会保障资金具有较强的民法属性。但社会保障资金在历史上和现实中个别国家的这种行政法与民法二元部门法属性只是说明社会保障资金部门法属性的历史变迁和国情特色，并不影响对社会保障资金二元部门法属性的总体认定，同样也不影响社会保障资金在当代中国的经济法与社会法二元部门法属性。

3. 小结

由以上分析可以看出，基于社会保障的经济社会二元功能，从不同的侧重点出发，形成了侧重功能不同的社会保障资金。这种侧重功能不同的社会保障资金使社会保障资金具有明显的经济社会二元结构。基于中国当前城乡二元结构的现实，社会保障资金也具有明显的城乡二元结构。从法学的视角来看，这些不同角度的二元结构对于社会保障资金的法律调整带来了挑战，非常值得深入研究和分析。但从总体上来看，社会保障资金的公与私二元结构对于社会保障资金运行的法律调整研究更有意义。正是社会保障资金的这种公私二元结构，使得社会保障资金具有了公法与私法的双重法域属性，具有了经济法与社会法的双重部门法属性。而这种法域层面和部门法层面的双重属性，决定了社会保障资金的运行需要公法与私法的综合调整，尤其需要经济法与社会法的密切配合。

（四）小结

以上对社会保障资金及其法律属性进行了简要分析。本部分内容以社会保障的经济社会二元功能为基础，在解构社会保障资金的基础上，对社会保障资金的二元法律属性进行了论证。本部分通过对社会保障资金法律属性的研究，一方面把对社会保障资金的研究纳入到法学研究的框架体系之内，为接下来将要论证的社会保障资金运行的法律调整体系构建奠定了基础；另一方面也对社会保障资金运行法律调整分析的范围进行了限制，与后面三章中有关社会保障资金运行法律调整的具体分析相呼应。

三 社会保障资金运行的法律调整体系

（一）社会保障资金运行的基本环节及其相关问题

社会保障资金的运行包括社会保障体系中资金的筹集、使用、给付和投资增值等过程。在不同国家，由于社会保障基本制度的不同，社会保障资金的性质、构成等方面也都会有明显的差异，因此社会保障资金运行的具体流程也有很大的区别。[①] 但从整体上看，社会保障资金运行的基本流程包含资金的筹集、管理和支出三个方面，即"收、管、支"。同时，从法律管理与法律调控的角度来看，以上三个阶段又大致可以分为社会保障资金的收支、运营和监管三个基本环节。[②]

社会保障资金的收支运行首先是社会保障资金的来源问题。世界各国社会保障资金的来源不尽相同，但从整体上看主要是国家财政拨款、企业和个人缴费、社会筹资三大渠道。[③] 社会保障资金的"收"还要解决社会保障资金的筹资工具问题，也即"税"和"费"的问题。从社会保障资金的来源与筹资工具来看，国家财政拨款的社会保障资金体现了国家在社会保障中的责任，一般要通过税收的方式予以征收；企业和个人缴费的社会保障资金体现了企业和个人在社会保障中的责任，一般是要通过"费"的方式予以征收；而社会筹资的社会保障资金体现的是社会对社会保障的责任，主要是通过自愿捐赠或者发行福利彩票的方式进行筹集。此外，社会保障资金的收支运行还需要解决资金的依法支付等相关问题。

[①] 有关世界各国社会保障资金流程的详细描述，可参见周弘主编《125国（地区）社会保障资金流程图》，中国劳动社会保障出版社2011年版。

[②] 需要注意的是，社会保障资金运行的流程和环节是有区别的：社会保障资金运行的流程主要是从资金流动的角度予以观察，侧重于从时间的纬度对社会保障资金运行进行描述；而社会保障资金运行的环节主要是从资金管理的角度予以关注，侧重于从空间的纬度对社会保障资金运行进行分析。

[③] 需要说明的是，在具有积累性的社会保障资金中，运营收入也是社会保障资金的重要来源，而如果从社会保障资金原始来源的角度来看，这部分资金收入实际上可以分属于以上三大来源。此外，对于全国社会保障基金，减持和转持国有股的收入也是其重要来源，但考虑到其性质的特殊性，不再单独讨论。

社会保障资金的投资运营主要是解决社会保障资金的保值和增值问题。社会保障资金的投资运营与社会保障的筹资模式紧密相连。就完全积累制和部分积累制的筹资模式而言，由于社会保障资金出现了积累和盈余，这部分资金的保值和增值问题就显得十分重要，因此需要专门的投资运营以实现保值和增值。对于现收现付制的社会保障筹资模式，由于社会保障资金以支定收，因此一般很少有社会保障资金的积累，但是由于社会保障资金支付风险的存在，出于经济和社会安全的考虑，在这些国家一般也都会建立相应的基金以应对临时风险。

社会保障资金运行的监管主要是解决社会保障资金运行中的安全性问题。一方面，在社会保障运行中的收支环节，由于社会保障制度的安全运行取决于社会保障资金的充足程度，因此需要加强监管以保证社会保障资金的充足。另一方面，在社会保障资金的投资运营环节，由于社会保障资金面临通货膨胀与投资失败的双重风险，相应的监管同样十分必要。

由此可见，从管理学和法学的角度来看，社会保障资金的运行基本环节主要包括社会保障资金的收支、投资运营和监督管理三个方面。因此，本书接下来三章有关社会保障资金法律调控的具体分析也是围绕这三个方面分别展开的。

（二）社会保障资金运行的法律调整的理论构建

1. 社会保障资金运行中相关问题的部门法归属

基于以上对于社会保障资金运行基本环节的分析，社会保障资金运行中的主要法律问题同样可以从社会保障资金收支、投资运营、法律监管三个环节予以分析。以上三个环节的各种法律问题大致可以分属于经济法和社会法的相关领域，虽然具体的侧重点可能会有所不同。

首先，在社会保障资金的收支运行环节，社会保障资金的收支涉及经济法与社会法问题，但主要是经济法中的财税法相关问题。就社会法而言，由于社会保障资金收支运行首先需要解决社会保障资金的筹资范围与筹资模式问题，确立相应的法律予以规范，这大致属于社会法的范畴。就经济法而言，由于社会保障资金的筹资工具和筹资过程一般都会涉及国家税收问题，因而会涉及税制设置等相关法律问题，这属于税法的范畴；由于社会保障资金的收支涉及收支平衡问题，因而会涉及资金预算的法律问题，这属于预算法的范畴；由于社会保障资金的部分支出涉及财政的转移支付，因而会涉及转移支付相关法律问题，这属于转移支付法的范畴。由此可见，以上法律问题虽然也会与经济法和社会法的其他领域相连，但从整体上来看主要是财税法问题。

其次，在社会保障资金的投资运营环节，社会保障资金的投资运营同样涉及多个经济法与社会法问题，但主要是社会法相关问题。就社会法而言，由于社会保障资金的投资运营需要相应的运营管理主体，因而会涉及运营管理主体地位的法律确定等相关问题，而这些主要属于社会法中的社会主体法范畴；由于社会保障资金具有明显的社会性，因而其投资运营不同于一般资金，这就涉及社会保障资金投资运营模式选择的法律问题，而这些问题属于社会法中的社会管理法范畴。就经济法而言，由于社会保障资金的重要来源之一是国家财政拨款和国有企业利润，因而社会保障资金的投资运营会涉及国有资产的增值与保值等相关法律问题，而这些问题属于经济法中的国有资产管理法的范畴。由此可见，以上法律问题虽然也会涉及经济法相关领域，但从总体上来看主要是社会法问题。

再次，在社会保障资金的监督管理环节，社会保障资金的监管同样涉及多个经济法与社会法问题，但主要属于社会法相关领域。从经济法的角度，社会保障资金属于整个金融体系的重要组成部分，因而会涉及金融监管中的相关法律问题，而这些法律问题属于金融法的范畴；而且由于部分社会保障资金又属于国家公共财政体系的重要组成部分，也会涉及财政监督的法律问题。但是，从社会保障资金监管的最终目的来看，主要是防止社会保障资金引发的社会风险，避免由这些社会风险引发的社会危机，因此，从整体上看，这些问题大致可以归入社会法领域。

2. 社会保障资金运行法律调整的理论体系构建

由以上分析可以看出，社会保障资金运行法律调整在理论体系上可以分为两大部分，一类属于经济法的范畴，另一类属于社会法的范畴。其中，社会保障资金收支运行的法律调整主要属经济法中的财税法，而社会保障资金投资和监管主要属于社会法中的社会保险法范畴。经济法和社会法的综合调整构成了社会保障资金运行法律调整的宏观二元体系；而财税法和社会保险法的综合调整构成了社会保障资金运行法律调整的另一个二元体系。

社会保障资金的这种经济法与社会法综合调整的二元体系贯穿社会保障资金运行的各个环节，可以从多个角度进行观察。例如，从公平分配的视角来看，公平分配不仅关系到国民经济的顺利运行，也关系到社会弱势群体利益的保障与社会公平正义的实现，因而具有十分重要的经济和社会意义。具体到社会保障资金，其作为再分配领域的重要环节，同样具有经济社会的二元功能。一方面，社会保障资金承担相应的经济功能，能够最大限度促进收入分配效率的最优化，促进经济的协调与可持续发展；另一方面，社会保障资金又需要承担相应的社会功能，实现收入分配对社会安全保障与社会稳定和谐促进的重任。虽然社会保障资金的经济社会功能之间并非截然分开，但在某一特定阶段这两种功能的发挥和侧重点也会有所不同，因而，但从总体上看，社会保障资金的经济社会二元功能都必须通过相应法律的调整并予以适当平衡才能确保社会保障资金的顺畅运转。基于经济法与社会法分别在经济功能与社会功能中的独特作用，社会保障资金的运行需要经济法与社会法对社会保障资金的综合平衡调整。需要指出的是，经济法的经济功能与社会法的社会功能在收入分配领域的冲突与平衡，不仅与经济法律法规有关，也与国家在某一阶段的经济社会政策有关，相关经济社会政策有时候会加剧或者缓和社会保障资金运行的经济功能与社会功能在收入分配领域中在社会保障资金问题上的冲突，① 从而更需要经济法与社会法的综合平衡。此外，如果从经济法对收入分配领域经济调整的角度看待工资分配，那么，从社会法在收入分配领域的社会调整的角度看待工资分配，我国当前工资立法的困境②在某种意义上也可以看作是经济法的经济功能与社会法的社会功能冲突的具体体现之一。

从风险的视角看待社会保障资金的投资运营环节，同样可以看到社会保障资金运行的二元法律调控体系。社会保障资金是为了防止特定的社会风险而专门设立的基金，是人民的"保命钱"，因而社会保障基金法律制

---

① 例如，在改革开放初期，我国的经济政策强调"效率优先、兼顾公平"，收入分配政策实行"初次分配注重效率，再次分配注重公平"的原则，在这一阶段，经济法立法中有关经济法经济功能的内容就明显得到了加强。随着经济的发展，我国的经济社会政策发生了一定的变化，党的十七大报告明确提出，"合理的收入分配制度是社会公平的重要体现"，"初次分配和再分配都要处理好效率和公平的关系，再分配更加注重公平"。这标志着，我国今后的立法会对经济法的社会功能有所侧重。

② 关于我国当前工资立法困境的相关分析，参见肖京、朱洵《我国当前工资立法的困境与出路》，《中国劳动关系学院学报》2012年第1期。

度具有较强的社会性和社会功能。然而，社会保障基金如果仅仅是一个静态的基金，会面临巨大的通货膨胀贬值风险，必须通过一定方式的运营以保证保值增值，同时，社会保障基金本身就是一大笔资金，其运营又会对经济产生一定的影响，因此，社会保障基金法又具有一定的经济性和经济功能。有效协调社会保障资金投资运营中的经济功能与社会功能，是社会保障资金管理过程中非常重要的问题，也是我国当前的热点问题。从当前的实践来看，虽然对这一问题的解决还没有最终的方案，但从整体上看，完全可以通过经济法与社会法的综合调整实现其社会功能与经济功能的平衡。

实际上，社会保障资金运行法律调控的二元体系与经济法、社会法的经济社会二元功能紧密相连。经济法和社会法虽然在经济功能和社会功能的侧重有所不同，但二者都兼具经济社会二元功能，具有经济与社会的双重功效。因此，通过经济法来平衡社会法在经济功能方面的不足，通过社会法来平衡经济法在社会功能方面的不足，可以直接通过体制内部发生作用，具有更加直接和明显的效果。正如有的学者指出，经济法功能以经济功能为主，社会功能为辅，是直接的通过市场经济体制内部发挥作用的功能。[①] 从这种意义上来看，经济法和社会法对于平衡经济与社会的协调发展具有十分重要的意义。而经济功能与社会功能的平衡是社会保障资金运行中至关重要的问题，决定着整个社会保障制度的成败。因而，社会保障资金运行的二元法律调控体系是社会保障资金运行自身的客观需要，蕴含在整个社会保障资金运行体系内部。

3. 小结

在对社会保障资金运行基本环节分析的基础上，上文对社会保障资金运行中的法律问题的部门法归属进行了分析，并对社会保障资金运行法律调控的理论体系框架进行了构建。本部分的论证具有承上启下的作用：一方面，本部分的内容承接前面有关社会保障二元功能与社会保障资金二元法律属性的分析，是前面内容论证的推进；另一方面，本部分内容对接下来第二、三、四章的内容又起到统领的作用。

---

① 李昌麒、甘强：《经济法与社会法关系的再认识——基于法社会学研究的进路》，《法学家》2005年第6期。

(三) 社会保障资金运行的法律调整之制度完善

1. 西方国家社会保障资金法律制度基本情况

西方社会保障资金法律制度相对比较健全，因此很有必要对西方国家社会保障资金法律制度进行比较研究。如前所述，由于社会保障模式的不同，各国对社会保障资金含义的理解也不相同。从整体上看，在西方国家，社会保障资金的管理主要集中在社会保险资金方面。这是因为，以缴费（税）为特征的社会保险资金占整个社会保障资金的很大比例，而且社会保险资金的管理也更加复杂。由于世界各国对社会保险范围的界定存在较大差异，而且随着经济社会的发展变化，世界各国在社会保险资金法律制度建设上实际也是处于一个不断变化的动态调整过程，因此本书在此处仅从整体上对西方国家社会保障资金法律制度进行简要描述。

就欧美发达国家而言，由于社会保障制度在这些国家建立的历史比较长，社会保障的水平一般较高，社会保障的开支较大，法律制度方面也比较完善，覆盖面也较广，并且在漫长的历史变迁过程中，社会保障资金法律制度也在不断调整和完善。因此，这些国家的社会保障资金法律制度体系较为复杂，特别是在养老保险资金法律制度方面更为明显。当然，在整个欧美发达国家内部，存在着不同特色的模式，例如以英国、美国、澳大利亚为中心的盎格鲁-撒克逊模式，以德国、瑞士为中心的欧洲大陆模式，以瑞典为代表的北欧福利国家模式，在具体的制度方面也存在较大差异。

就欧美以外的工业化国家而言，日本、新加坡、智利和俄罗斯也分别建立了各具特色的社会保障资金法律体系。日本社会保障体系的主要特点是广覆盖、有差别、有补贴，分不同险种对相应的社会保障资金运行予以规范。新加坡建立了独具特色的中央公积金制度，在社会保障资金运行法律制度方面强调雇主和个人的责任，但在运营管理方面实行中央统一。智利的社会保障资金管理体制中最具有特色的是养老金个人制度，从1981年养老保险改革之后，智利建立了全国统一的个人账户养老计划。俄罗斯在社会保障资金法律制度方面的特色在于，转型之后的俄罗斯摒弃了原有的国家预算管理社会保障资金的做法，确立了社会团体、雇主和国家在社会保障中的新型关系，从2002年1月1日开始征收"统一社会税"。

就发展中国家而言，虽然这些国家大多建立了相应的社会保障资金法律制度，但总体来看，这些国家的社会保障覆盖面比较窄，社会保障水平也比较低，社会保障资金相关法律制度也比较简略。因此，如何充分吸取西方工业化国家在社会保障资金法律制度完善中的经验教训，是包括中国在内的许多发展中国家需要认真对待的重要问题。

2. 西方国家社会保障资金法律制度建设的主要经验和教训

西方发达国家较早建立了社会保障制度并建立健全了相应的社会保障资金法律制度，在这方面具有许多可供包括中国在内的许多发展中国家借鉴的宝贵经验。从总体上看，西方发达国家的主要经验可以概括为以下几个方面。

第一，社会保障资金法律制度的完善要与国情相适应。也就是说，社会保障资金法律制度的完善，不能简单引进外国模式，还要考虑其历史传统、经济发展水平、社会结构、政治力量等实际情况。事实上，在同属于发达国家的很多欧美国家，具体的社会保障资金法律制度方面也会有较大的差异。

第二，社会保障资金法律制度的完善要与社会保障基本制度一致。西方各国的社会保障资金法律制度都是建立在该国社会保障基本制度的基础之上的。

第三，社会保障资金法律制度的完善是一个不断更新的过程。随着政治、经济、社会、文化等方面的变迁，社会保障资金法律制度也需要不断完善。尤其是在当前人口老龄化和经济全球化的背景下，社会保障资金法律制度更是日新月异。事实上，西方各国也在不同程度地对其社会保障资金法律制度进行改革。

当然，西方国家社会保障资金法律制度建设中不可避免地存在一些问题。对这些问题的分析有助于我国在社会保障资金法律制度建设中少走弯路。总体来看，西方国家社会保障资金法律制度中的问题主要体现在以下三个方面。

第一，社会保障的经济性与社会性失衡问题。社会保障具有明显的社会性，社会保障的直接目的是实现"社会安全"，但社会保障同样具有经济性，社会保障本身就属于经济运行大系统的组成部分，同时也对经济产生重要的反作用，因此，充分协调社会保障的经济功能和社会功能就显得十分重要。一些国家在社会保障资金法律制度建设中，未能充分注意到社会保障经济性与社会性的平衡，以致产生了难以医治的"社会福利病"，出现了"养懒人"的现象,不仅导致了其经济大幅度下滑,也不利于社会的安全与和谐。

第二,社会保障资金运行中的国家责任过重问题。社会保障制度的建立是由政府主导,但一定要注意社会保障制度中政府责任的界限,也就是说政府不能大包大揽。政府责任的过重将会导致严重的财政危机,甚至政府破产。例如,希腊财政危机就和社会保障问题具有十分密切的关系。

第三,社会保障资金运行本身的安全性问题。社会保障资金是维护社会问题的重要基石,社会保障资金运行的安全性直接影响到整个社会的稳定。但社会保障资金本身作为一笔巨大的积累性资金,在当前通货膨胀日益加剧和投资风险加大的背景下,其运行的安全性问题亦需要慎重考虑。当前,西方国家社会保障资金运行的安全性问题已经引起各国政府的高度关注。

3. 我国社会保障资金运行法律制度现状分析

当前,我国社会保障资金运行法律制度正处在一个十分重要的转轨时期,旧的运行规则已经打破,新的运行规则尚未完全确立。社会保障资金运行制度亟须完善。完善我国社会保障资金运行法律制度需要从分析我国社会保障资金运行法律制度的现状出发。从整体上看,我国现行社会保障资金法律制度的现状可以从以下三个方面进行描述。

首先,我国社会保障资金法律制度建设取得了重要进展。社会保障资金运行法律制度建设与经济改革背景下的社会保障制度建设紧密相连。随着我国经济改革的逐步推进,作为经济改革配套措施的社会保障制度建设取得了重要进展。作为社会保障制度建设的重要组成部分之一,社会保障资金法律制度建设取得了一定的进展。这些进展体现在:社会保障资金收支的预算、征缴、监管等方面有了相应的法律依据。尤其是在2010年10月28日《社会保险法》出台之后,社会保障资金法律制度体系不断健全。

其次,我国社会保障资金法律制度建设方面地区差异比较明显。由于我国当前社会保障的地区分化比较明显,相应的社会保障资金法律制度建设也存在较大的差异。在东部沿海等发达地区,社会保障资金法律制度建设相对比较完善,而对于中西部经济欠发达地区而言,社会保障资金法律制度建设则相对薄弱。这种地区差异虽然会长期存在,但不宜扩大化。

再次,我国社会保障资金法律制度在实际中的实施效力有待于进一步提高。法律的生命在于实施。但在我国当前情况下，社会保障资金法律制度的实际效力在实践中却是大打折扣。在社会保障资金筹资环节，欠缴和逃缴的情况十分严重；在社会保障资金支出环节，骗取社会保障资金的现象时有发生；在社会保障资金监管环节，违反规定挪用社会保障资金作为他用的事情屡见不鲜。这种现象的存在，进一步削弱了我国社会保障资金法律制度的实效，有待尽快解决。

4. 我国社会保障资金法律制度建设中的基本经验和教训

我国社会保障资金法律制度的建立虽然时间不长，但是我国社会保障资金运行法律制度在一开始就建立在比较高的起点上，因此仍然有一些宝贵经验值得我们记取。这些经验概括起来有以下两个方面。

一是我国社会保障资金法律制度建设注重社会保障制度的经济效应。我国现行社会保障制度建立的初衷或主要动因就是为经济改革提供配套措施。在由计划经济向市场经济转轨的过程中，原有的国家社会保障制度越来越不适应市场经济的需要，于是，社会保障制度改革作为经济改革的配套措施逐步开展。因此，我国从社会保障资金法律制度建立初期就非常重视社会保障资金运行对经济的影响，从而在一定程度上避免了北欧国家出现的"社会福利病"等相关问题。

二是我国社会保障资金法律制度建设从一开始就注意中国的国情问题。中国国情问题十分复杂，可以从多个角度展开。中国当前最大的国情就是人口众多、城乡二元化，为此，我们建立了适合中国国情的社会保障资金法律制度。例如，针对中国城乡二元化的现实，我们对农村社会保障资金的筹资、发放、监管等方面制定了不同于城市社会保障资金管理的相应制度。

由以上分析可以看出，随着我国社会主义市场经济建设的不断深入和社会主义法治进程的逐步推进，社会保障资金法制建设取得了相应的成就。但是，总体来看，我国当前社会保障资金相关法律制度建设仍然存在一定的问题。具体来讲，主要体现在以下三个方面。一是对社会保障资金法律属性的界定比较模糊，这直接导致了社会保障资金运行的法律适用不明确。二是社会保障资金立法理念不统一，立法体系不健全，缺少对社会保障资金法律体系建设的系统规划，社会保障资金立法出自多部门，立法之间存在诸多冲突。三是社会保障资金立法层次不高，缺少法律层面的社会保障资金立法，现行相关立法为行政法规、部门规章和地方法规、规章。

5. 我国社会保障资金法律制度的发展方向

社会保障资金法律制度是一个不断发展变化的范畴，随着我国社会经济的进一步发展，社会保障资金法律制度在不断完善。从长期看，我国社会保障资金法律制度的发展方向可以概括为以下几个方面。

一是社会化方向。随着我国政治经济体制改革的进一步深化，社会保障资金法律制度的社会化方向更加明显。尤其是随着我国国家机关、事业单位改革的推进，国家公务、事业单位人员社会保障的社会化趋势进一步显现，社会化程度将进一步提高，社会保障将真正实现社会化。

二是市场化方向。我国社会保障资金具有较为明显的积累性，因此社会保障资金管理问题十分重要。对于社会保障资金投资运营模式问题，经济学界多有争论，但从整体上看，市场化是一个不可改变的趋势。社会保障资金从长远来看肯定要和资本市场相结合。当然，这需要其他条件的配合。

三是统一化方向。目前我国社会保障资金法律制度的地区差异相当明显，随着我国社会保障制度的进一步完善，社会保障资金法律制度的统一化趋势进一步显现。对于某些类别的社会保障资金，如基本养老保险，全国统一的趋势已经十分明显。因此，从长远来看，我国社会保障资金法律制度将会逐步统一。

以上对我国社会保障资金法律制度的现状与问题进行了简要的分析，并对我国社会保障资金法律制度的发展方向进行了大致描述。本部分的分析旨在对我国当前社会保障资金法律制度有一个基本的认识。因为只有在清醒认识的基础上，才能更好地对我国社会保障资金法律制度建设提出有针对性地完善建议。从这种意义上看，本部分是为接下来深入分析我国社会保障资金法律制度打基础、做铺垫。

6. 我国社会保障资金运行法律制度的完善

（1）我国社会化保障资金运行的特殊时代背景

研究我国社会保障资金运行法律制度的完善，离不开对我国社会保障资金运行的时代背景进行分析。这是因为，任何法律制度的运行都需要结合相应的时代背景。社会保障资金具有明显的经济与社会属性，因而社会保障资金法律制度运行与整个时代背景联系地更加紧密。当前我国社会保障资金运行的时代背景从整体上可以概括为以下几个方面。

其一，经济与社会的转轨。经济与社会无时无刻不在发生变化，但是像当代中国这样经济与社会急剧转折的特殊历史时期是不多见的。经济与社会的转轨虽然新制度的建立提供契机，但同时在短期内也会造成一定程度的混乱，经济风险与社会风险相互作用导致经济社会危机。因此，转轨时期的特殊时代背景是当前我国社会保障资金法律制度运行的重要时代背景，也是完善我国社会保障资金法律制度所应当考虑的重要因素。

其二，经济与社会全球化的时代背景。经济社会全球化也是当代中国社会保障资金法律制度运行的重要时代背景。经济社会全球化进程的加快对当代中国社会保障法律制度建设提出了挑战。一方面，经济社会全球化的进程在促进经济社会发展的同时也带来了严重的经济社会危机；另一方面，经济社会的全球化进程使得社会保障问题已经跨越国界，成为一个全球性问题。因此，当代中国社会保障资金法律制的完善离不开对全球化这一时代背景的深刻理解与把握。

其三，经济发展与民生保障的时代背景。当代中国的经济发展虽然取得了举世瞩目的成就，但也面临十分严峻的挑战。一方面，当代中国经济的可持续发展问题日益突出；另一方面，当代中国的社会发展远远落后于经济发展，经济与社会严重失衡。因此，如何在经济发展与民生保障的双重时代背景下，有效平衡与协调社会保障资金运行中经济与社会之间的矛盾，就显得尤为重要。

（2）完善我国社会保障资金运行法律制度的宏观思路

在分析我国社会保障资金运行现状的基础上，结合西方发达国家相关经验和我国当前面临的时代背景，完善我国社会保障资金运行法律制度的宏观思路可以概括为以下几个方面。

一是经济与社会综合平衡发展的思路。经济与社会的协调发展已经成为学界的普遍共识，这在我国当前经济与社会发展严重失衡的背景下显得尤为重要。社会保障资金法律制度应当充分发挥其在协调经济与社会平衡方面的独特功能，使得其既能有效促进经济的发展，同时又有利于民生的保障，矫正当前经济与社会失衡的现状。

二是整体规范与个别调整结合的思路。一方面，社会保障资金运行的法律调控需要有一个统一的法律予以一般调整；另一方面，由于各种社会保障资金之间在性质和管理方面的差异，需要针对特别的社会保障资金予以特别调整。因此，在完善我国社会保障资金法律制度的时候，整体调整与个别调整相结合就显得非常重要。

三经济法与社会法综合调控的思路。如前所述，社会保障资金具有经济法和社会法的双重属性，而且经济法与社会法在功能方面的互补性和组合性较强，在当前经济问题与社会问题层出不穷的情况下，运用经济法与社会法对社会保障资金进行综合调整非常必要。我国社会保障资金法律制度完善必须坚持经济法与社会法综合调整的思路，这样才有助于充分发挥社会保障资金的经济功能与社会功能。

四是实体法与程序法调控并重的思路。社会保障资金运行离不开实体法律的调整，同样也离不开程序法的调整。这是因为，社会保障资金作为一种在现实中流动的资金，程序合法在实践中处于非常重要的地位。因此，我国社会保障资金法律制度的完善离不开对社会保障资金运行程序法的构建，应当坚持实体法与程序法并重的思路。

（3）完善我国社会保障资金法律制度的具体建议

以上大致分析了完善我国社会保障资金法律制度的宏观思路。在此思路的指导下，以下几个方面的具体建议也很有必要引起注意。

一是要制定统一的《社会保障资金运行基本法》。社会保障资金的运行广泛涉及宪法、经济法、社会法、行政法等相关领域，而且各种社会保障资金虽然在性质上存在一定的差异，但也具有明显的共性。在当前社会保障资金运行中经济社会问题层出不穷的背景下，制定统一的《社会保障资金运行基本法》很有必要。

二是要强化社会保障资金预算法律制度。社会保障资金承担着经济与社会的双重功能，其性质不同于一般财政资金，因此需要有独立的社会保障资金预算法律制度。在当前社会保障资金管理问题众多的情况下，很有必要通过对社会保障资金预算法律制度方面的加强予以有效应对。

三是要统一社会保障资金征缴法律制度。社会保障资金的征缴十分重要，关系到社会保障资金来源是否充足以及社会保障制度的顺畅运行。然而，我国当前针对社会保障资金征缴相关问题的法律规定并不统一，在征收标准、征收机关等方面，地方差异非常明显。随着我国社会保障事业的发展，社会保障资金征缴法律制度的统一问题应当成为我国社会保障资金法律制度完善的重点之一。

四是要完善社会保障资金运营法律制度。社会保障资金运营关系到社会保障资金的保值与增值问题，对社会保障制度的可持续发展具有十分重要的意义。我国当前对社会保障资金运营的法律规范极不完善，已经严重影响到我国社会保障资金的顺利运行，因此很有必要予以完善。

五是要严格社会保障资金监管法律制度。在当前经济风险和社会风险的双重压力下，社会保障资金的法律监管问题显得十分重要。社会保障资金的法律监管不仅关系到社会保障资金经济效益的发挥，还关系到社会保障资金的安全性，具有十分重要的意义。在当前社会保障资金流失严重的情况下，严格社会保障资金法律监管制度十分重要。

以上结合我国社会保障资金运行的时代背景，对我国社会保障资金法律制度完善的宏观思路进行了分析，并提出了若干具体建议。当然，完善我国社会保障资金法律制度是一个相当复杂的工程，此处仅简要进行了分析，为接下来的进一步深入研究提供基本框架。

（四）小结

社会保障资金运行的法律调整离不开对社会保障资金运行基本环节中相关问题的分析。本部分从社会保障资金运行基本环节中的问题出发，对社会保障资金运行二元法律体征的理论体系进行了构建，并结合西方国家社会保障资金运行法律制度的经验教训对我国社会保障资金运行法律制度的完善提出相应的建议。这有助于把理论构建与制度完善两个层面紧密结合起来，同时也为后面从不同视角对社会保障资金运行各个阶段的法律调整奠定了基础。

四 本章结语

社会保障资金及其运行的二元法律调整体系构建是对社会保障资金运行法律调整进行深入、全面研究的前提和基础。社会保障资金运行的法理分析需要解决的是社会保障资金运行法律调整的必要性、可行性、结构框架等基础性问题。因此，本章从社会保障的概念和经济社会二元功能出发，在分析社会保障资金二元法律属性的基础上，把对社会保障资金运行的研究纳入到法学研究的框架体系之内。然后，在提炼社会保障资金运行中的主要法律问题的基础上，对社会保障资金运行的法律调整的理论构建和制度完善进行了分析。总体来看，本章研究的都是一些基础性的理论问题，通过本章的研究，为接下来有关社会保障资金运行各个环节的具体法律调整奠定了基础。

第二章

公平分配视角下的社会保障资金收支法

> 我们赖以生存的经济社会的突出问题,是不能提供充分就业和武断而又不公平地分配财富和收入。
> ——[英]J·M.凯恩斯:《就业、利息与货币通论》

> 平等和效率的冲突是最需要加以慎重权衡的社会经济问题,它在很多的社会政策领域一直困扰着我们。
> ——[美]阿瑟·奥肯:《平等与效率——重大抉择》

社会保障资金收支运行包括社会保障资金的收支预算、筹资和支付三个基本环节。由于整个社会保障资金收支运行,广泛涉及预算法、税法、金融法、公司法等经济法相关法律制度,还涉及劳动法、社会保障法等社会法相关法律制度,内容和体系都十分复杂,因此,选取适当的研究视角和分析切入点就显得十分关键。适当的研究视角一方面可以更加准确地抓住社会保障收支运行中的关键问题,另一方面也可以更加深入地分析社会保障收支运行中的核心问题。

如前文所述,社会保障的基本功能包括经济功能与社会功能两大类。从社会保障的经济功能来看,收入分配与再分配问题贯穿整个社会保障制度的始终,是社会保障的核心经济功能。社会保障资金作为一种具有广泛社会意义的财富,无论是其收支预算、筹资还是支付等各个环节,在经济层面上都体现为国民财富的分配与再分配,强调分配的公平性。从社会保障的社会功能来看,社会保障在最终意义上是要保障人权、实现社会正义,维护社会正义是其基本社会功能,社会保障资金的收支运行必须符合并体现基本的社会公平理念。因而,综合社会保障的经济功能和社会功能,公平分配是研究社会保障资金收支运行不可或缺的重要视角。从公平分配的视角对社会保障资金收支运行进行研究，不仅能够更好地把握社会保障资金收支运行中的核心问题，也有助于理顺社会保障资金收支运行各个环节，对完善我国社会保障资金运行法律制度具有十分重要的意义。①

为此，本章将以公平分配为视角，首先从公平分配基本理论出发，分析公平分配中的公平与效率平衡问题；然后从公平分配的视角分析社会保障资金收支运行，把社会保障资金收支运行纳入到经济法与社会法的体系框架之内。在此基础上具体分析社会保障资金收支的预算法、税法、社会保障法的调整等相关问题。

一 公平分配及其实现的法律机制

（一）当代中国的公平分配问题

公平分配不仅是经济问题，而且是重要的政治问题和社会问题。改革开放初期，为了打破平均主义的"大锅饭"，中央开始鼓励一部分人先富起来，强调"效率优先、兼顾公平"，实行"初次分配注重效率，再次分配注重公平"的分配原则。不可否认，这一原则极大调动了人们的积极性，增加了社会财富，中国的经济发展创造了世界奇迹，取得了举世瞩目的成绩。② 但是，随着改革开放的深入和社会财富的积累，我国的贫富差距在逐步拉大，日益扩大的贫富差距已经威胁到我国经济和社会的和谐发展，公平分配成为社会各阶层普遍关心的问题。如何在新形势下进行公平分配，已经成为当前理论和实务界共同关注和研究的重大课题。党的十七大报告指出，"合理的收入分配制度是社会公平的重要体现"，"初次分配和再分配都要处理好效率和公平的关系，再分配更加注重公平"。党的十

---

① 需要说明的是，对于公共财政中的社会保障资金而言，从财政危机的视角对其进行研究也很重要，但本部分出于研究方便的需要，对此问题暂不作讨论。

② 从某种意义上讲，"效率优先、兼顾公平"只能是在当时特定的历史背景下的一种特定选择。当时社会劳动力十分富裕，而资本、技术和管理资源稀缺，在当时历史背景下，最重要的是把丰富的劳动力资源利用起来，把人们的积极性调动起来，先把社会财富这块"蛋糕"做大，然后再考虑分配公平问题。

七届五中全会在"十二五"规划中再一次强调,"坚持和完善按劳分配为主体、多种分配方式并存的分配制度。初次分配和再分配都要处理好效率和公平的关系,再分配更加注重公平。努力提高居民收入在国民收入分配中的比重,提高劳动报酬在初次分配中的比重。"这表明,在当前社会背景下,在收入分配的问题上,中央已经非常关注公平分配的实现问题,不再单方面强调效率优先,而是把公平和效率放在同等重要的位置。社会保障资金运行在整体上属于社会财富再分配的范畴,中央对此高度重视。① 因此,从公平分配的视角研究社会保障资金的收支运行,离不开对"公平分配"基本概念的解读。毕竟,"公平分配"作为一个多学科使用的词汇,在理解方面存在很大的差异。正确界定"公平分配"这一范畴,是研究相关问题的重要前提。

(二) 公平分配基本理论解析

1. "公平"的含义分析

"公平"是人类社会永恒的追求,人们对公平分配的思考和研究,古已有之,在漫长的人类历史长河中,从古希腊甚至更早开始,古圣先哲们就对"公平"概念进行了智者见智、仁者见仁的深入思考和系统阐述。② 但迄今为止,对"公平"的理解仍然存在很大的分歧,这有多方面的原因。其一,"公平"概念本身具有一定的模糊性和不确定性,而且人们很难对"公平"确立一个具体的标准,很多时候,人们很难讲清楚"公平"本身和"公平"的具体标准。其二,尽管"公平从本质上说是一个伦理学概念,它是以人的平等的基本权利为准则对社会成员之间的利益关系的一种评价,即对社会成员之间各种权利及利益的分配是否合理、是否符合人的平等权利的一种评价"③,但由于公平这一概念在哲学、伦理学、经

---

① 2013年2月3日,国务院批转了发展改革委、财政部、人力资源社会保障部制定的《关于深化收入分配制度改革的若干意见》,该《意见》明确指出,"要加快健全以税收、社会保障、转移支付为主要手段的再分配调节机制"。党的十八届三中全会通过的《中共中央关于全面深化改革若干重大问题的决定》也提出,"完善以税收、社会保障、转移支付为主要手段的再分配调节机制,加大税收调节力度"。

② 古希腊的先哲们如柏拉图、亚里士多德以及后来的阿奎那等思想家很早就对公平、正义进行了经典论述,尤其是以亚里士多德为典型,他把正义分为三类:分配正义、补偿正义和交换正义。

③ 陈燕:《公平与效率》,中国社会科学出版社2007年版,第26—27页。

济学、政治学、法学等领域被广泛使用,导致在不同的学科中和语境下,人们对"公平分配"的理解存在很大差异。其三,不同国家的语言对"公平"一词的理解也存在一定的差异,例如,英语中的"justice"① 不仅具有汉语中"公平"的含义,还具有"公正""正义"等诸多含义,具有一张"普洛透斯"一样的脸,② 这使得人们对"公平"的理解更具有争议性。

正是由于以上诸多原因,使得准确界定"公平"如此之难,至今仍然没有哪位学者能够对"公平"给出完全令人信服、广泛得到认可的概念。但这并不是说人们对"公平"的概念就不存在共识。总的来看,虽然存在诸多分歧,但人们对"公平"概念的理解在以下几个方面存在一定的共识:第一,"公平"是一个关系范畴,体现的是人与人之间利益关系的比较没有人和人之间的比较,就不存在"公平"问题;第二,"公平"是一个历史范畴,随着人类历史进程的推进,公平观念在不断更新,在不同的历史时期有不同的公平观念;第三,"公平"是一个国情范畴,不同国家基于政治、经济、文化、社会等方面制度和背景的差别,对"公平"的理解会有一定的差别;第四,公平是相对的,而不是绝对的,"绝对的公平"是不存在的。

"公平"的含义范围是如此之广,为了进一步深入理解"公平"的具体含义,有必要对"公平"进行一定的分类,以实现对"公平"理解更加精确化的目的。对于公平,可以从不同的角度进行的分类。例如,人们一般认为,公平有个人公平和社会公平之分,而社会公平是公平的最高形式。而根据公平的运用领域,又可以把公平分为政治公平和经济公平。其中,政治公平主要是指在政治生活方面的平等参与,经济公平主要是指在

---

① 实际上,和"justice"含义接近的英文还有"equity(公平)""fairness(公正)""equality(平等)"等词语,"equity"在英文里虽然有"公平"的含义,但在西方经济学里面,常常被理解为"均等",如《新帕尔格雷夫经济学大辞典》对"equity(公平)"条目作了这样的说明:"如果我们假设,社会是由 n 个人组成的某一集合,他们自己生产某一数量的各种商品,我们可以谈论各种商品的平均分配问题。这种分配应当是把每种商品总数的 1/n 精确地分给每一个人。经济学家会同意这就是均等。"参见 [英] 约翰·伊特韦尔等编著《新帕尔格雷夫经济学大辞典》第 2 卷,陈岱孙主编译,经济科学出版社 1992 年版,第 197 页。

② 普洛透斯是希腊神话中的一位海神,据说可以变换不同的脸谱,西方著名法理学家博登海默曾经以此来形容"正义"的多面性,其实"公平"也同样具有"普洛透斯"脸谱一样的多面性。

支配社会资源尤其是在财产和收入分配方面的平等。此外，根据公平的表现形式或者说衡量公平的标准，可以把公平分为起点公平、机会公平和结果公平。所谓起点公平，又被称为条件的公平，是指在其他因素各不相同的前提下，每个人都有同等地发展自己潜力的可能性，要避免"当一些人面前障碍重重时，另一些竞争者已经率先起跑了。各种家庭的社会地位与经济地位不同，使得这场赛跑并不公平"①；所谓机会公平，即机会均等，是指每个人都有同样的机会发展自己；② 所谓结果公平，是指社会运行的结果是公平的。毫无疑问，本书所探讨的"分配公平"主要是收入分配的公平，属于社会公平里面经济公平的重要组成部分，从公平的表现形式上来看主要是指结果的公平，当然也会涉及机会公平和起点公平。

此外，需要注意的是，虽然一些哲学家更倾向于从应然的角度把"公平"理解为一种先验的存在，但在实然的层面，现实生活中的"公平"并不是一种天然存在，而是受诸多因素的影响，这些因素可以分为自然因素和社会因素两类。③ 自然因素主要是指天赋、年龄、体格等自然的、不受主观意志影响的因素。社会因素主要是指经济、政治、文化、教育等由人类的社会关系主导的因素。从理想的角度来看，一种"公平"的分配制度首先必须能够克服或者至少在某种程度上减少而不是加大这些相关因素对社会主体产生的负面作用。但是，

---

① ［美］阿瑟·奥肯：《平等与效率——重大抉择》，王奔洲译，华夏出版社2010年版，第50页。

② 用经济学家弗里德曼的话说，机会均等"最好的表达也许是法国大革命时的一句话：前程为人才开放。任何专制障碍都无法阻止人们达到与其才能相称的、而且其品质引导他们去谋求的地位。出身、民族、肤色、信仰、性别或任何其他无关的特性都不决定对一个人开放的机会，只有他的才能决定他所得到的机会"。参见［美］米尔顿·弗里德曼《自由选择——个人声明》，胡骑等译，商务印书馆1982年版，第135页。

③ 卢梭在其名著《论人类不平等的起源》一书中详细论述了这两类不平等（不公平）因素，罗尔斯在其《正义论》中也把天赋和社会制度作为影响正义的两种因素来分析。但需要指出的是，这里仅仅是为了分析的方便进行的一种大致分类，而实际上，自然因素和社会因素有时候是很难分开的，自然因素一旦进入到社会关系中就不再是单纯的自然因素，而是融入到了社会中的社会因素。而且，对于这种分类的标准，不同学者之间实际上也存在很大的分歧。例如，在罗尔斯的理论中，天赋等自然因素是和人的意志无关的；但在诺齐克的理论中，他认为天赋等自然因素是有个人努力所起的作用的，罗尔斯将权利的分配完全看作是得自于自然禀赋的观点是不对的，因为他忽视了人的内在努力在成功中所起的作用。

由于分配制度涉及的考量因素及其运作机制很复杂，人们会把关注点放到其他方面。

2. 分配与分配制度

自从有了人类社会，就有了相应的权力（利）和财产分配，分配在整个人类历史中始终居于十分重要的位置。① 虽然不同的学科中对分配的理解有一定的分歧，② 但总体上来看，争议不大，学者们一般认同分配就是一种利益的分割，是社会经济活动的一个环节。广义的分配包括对全部社会资源的分割③，包括自由、权力、权利、财富等各个方面；而狭义的分配仅指财产利益的分割，主要是收入的分割。④

一般认为，分配制度的内容必须考虑以下五个方面的问题：即"什么被分配""分配给谁""在经济活动的哪一个阶段进行分配""谁进行分配""根据什么标准进行分配"。⑤ "什么被分配"实际上是分配的对象问题，虽然在其他学科中分配的对象存在一些争议，⑥ 但在经济法和社会法中，分配的对象主要是财富（收入）。"分配给谁"主要是指分配的收受者，这在一定的历史阶段不会存在太多的差异。至于"在经济活动中哪一个阶段进行分配"，一般认为分配分为初次分配和再分配，初次分配是在经济领域之内进行的，包括生产资料的分配和生活资料的分配，再分配是经济领域之外的分配，包括第二次分配和第三次分配，其中，第二次分配是政府通过税收、财政、预算、价格法律法规和政策进行的，而第三

---

① 西方经济学界曾对分配是否重要有过争论，但从当今中国社会的实际情况来看，分配的确很重要。关于西方经济学界对分配是否重要的争论，参见［美］马丁·布朗芬布伦纳《收入分配理论》，方敏等译，华夏出版社2009年版，第1—6页。

② 学界的主流观点是把分配理解为经济活动的一个环节，但也有人把分配理解为在经济活动中的基础性纬度，还有人把经济活动仅仅理解为生产过程，而把分配归属于政治问题。参见何建华《社会正义论》，人民出版社2007年版，第19—21页。

③ 实际上，在具体含义上，"分配"与"分割"两个词语之间存在着一定的细微差别。例如，"分配"除了具有"分割、瓜分"的含义之外，在某种意义上还具有"配置"的意思。

④ 除特别说明之外，本书所讨论的"分配"是狭义上的"分配"，即财产性利益，主要是收入的分配。

⑤ ［美］乔治·恩德勒等主编：《经济伦理学大辞典》，李兆荣等译，上海人民出版社2001年版，第561页。

⑥ 如拉姆塞和克拉克认为被分配的对象是财富，斯密认为分配的对象是价值，罗尔斯认为被分配的对象至少包括自由、职位和财富，乔治·恩德勒认为被分配的对象主要是"收益或者负担"。

次分配是通过社会保障法律和政策进行的。① "谁进行分配"即分配的主体问题,主要包括经济主体、市场和国家。在市场经济条件下,经济主体的分配主要是通过自愿交换来完成的,这属于个体的分配主体;市场的分配主要是通过市场机制的调节完成的,这是在个体市场行为基础上的组合;国家的分配主要是通过经济和社会保障法律、政策进行宏观的调控来完成的。"根据什么标准进行分配"是指分配的标准和尺度问题。由于在现实生活中影响到某一次具体分配的因素非常多,分配的最终标准可能是以某一标准为主、综合其他多个标准,但从总体上来看,人们对于分配都会采用当时人们认为是比较符合"公平"的标准。在分配对象、分配收受者、分配次数、分配主体相对确定的情况下,分配的标准就是十分关键的了,它决定着人们对分配的认可度以及相关主体的生产积极性、下一个环节经济活动的进行、社会的安全和稳定等一系列问题。由此可见,"公平分配"在整个分配制度中具有举足轻重的地位,实质上是处于核心地位的要素。

3. 公平分配中公平与效率的平衡

需要注意的是,公平分配并不是社会分配的唯一追求,公平分配还必须注意协调、平衡公平与效率的关系。这是因为,"公平分配"还必须考虑到分配的客体的最大化,也就是要效率,而片面地强调"公平"并不必然有助于效率的提高。② 实际上,公平和效率之间的互动是如此复杂,以至于要准确理解"公平"的概念,就必须在"公平"和"效率"理念之间进行适当的平衡,在它们的互动的状态中去理解和把握"公平"。这种互动既有积极的层面,也有消极的或者说是矛盾的层面。对于积极互动的层面,一般不会出现什么问题:既然人人心目中都有自己心中的"公平"理念,就不会有人反对绝对抽象意义上的"公平";既然人类社会的幸福需要一定的物质财富积累,就不会有人否认"效率"的积极作用。那么,理解公平的关键应当在于公平和效率的消极互动,也就是当公平和

---

① 也有学者提出公平分配的实现需要通过四次分配,但第四次分配中的捐赠和慈善可否作为一次独立的分配,这在中国目前形势下仍有待探讨,依笔者之见,似乎纳入到第三次分配中比较适宜。有关四次分配理论可参见青连斌等《公平分配的实现机制》,中国工人出版社2010年版。

② 反之亦然,片面强调效率并不意味着必然产生公平。但从一个较长时期来看,效率的提升有助于实现公平,公平的实现又可以反过来进一步促进效率的提高。

效率发生矛盾和冲突的时候,哪一个优先?如何去实现或者在多大程度上实现"公平"和"效率"。要理解和分析这些问题,有必要明确"效率"的概念。

相对于公平,效率这一概念的界定似乎容易些。其实,"效率"这一概念最早源于物理学,和"公平"并无关系,但现在这一概念已经广泛运用于社会科学的各个领域,在很多时候和"公平"相对。一般认为,广义的效率指的是社会效率,即投入和产出的比率,在其他条件不变的情况下,投入减少或不变而产出增加,称为有效率,反之称为无效率或低效率。狭义的效率仅仅指经济效率,是经济学上广泛使用的概念,是以资源的稀缺性为前提的一个概念。有了资源的稀缺,就要考虑经济效率问题。当前,"效率"已经成为经济学的核心范畴之一,以至于有人认为,经济学的精髓就"在于承认稀缺性的现实存在,并研究一个社会如何进行组织,以便最有效地利用资源。这一点是经济学独特的贡献"[1]。当然,在经济学内部,不同的经济学家对效率的理解是不同的,其中影响力最大的是帕累托效率[2]。

不可否认,无论怎么去界定"公平"和"效率",它们始终是人类社会所追求的目标,虽然二者并不总是一致的。"公平"和"效率"存在矛盾,这一认识已经成为许多经济学家分析问题和建构理论的逻辑起点之一。萨缪尔森和诺德豪斯(2008)认为,"即使是最有效率的市场体系,也可能产生极大的不平等"。[3] 奥肯(2010)也认为,"我们无法在保留市场效率这块蛋糕的同时,又平等地分享它","为了效率就要牺牲某些平等,并且为了平等就要牺牲某些效率","任何坚持把馅饼等分成小块的主张,都会导致整个馅饼的缩小。这个事实形成了经济平等和经济效率之

---

[1] [美]保罗·萨缪尔森、威廉·诺德豪斯:《经济学》(第18版),萧琛主译,人民邮电出版社2008年版,第4页。

[2] 帕累托效率又称为帕累托均衡,是由意大利经济学家威尔弗雷德·帕累托提出来的一种衡量系统是否有效率的标准,它是指在一个体系或一种状态中,如果没有一种其他选择能够使至少一个人的境况变好而不使其他人的处境变坏,这种体系或状态就是有效率的。帕累托效率的最大特点就在于摆脱了价值评价,虽然帕累托效率在真实的生活中是不可能存在的,但其高度抽象的分析是有重要理论价值的。

[3] [美]保罗·萨缪尔森、威廉·诺德豪斯:《经济学》(第18版),萧琛主译,人民邮电出版社2008年版,第33页。

间的抉择。到目前为止，不平等确实在各方面起着推动效率的作用"。①此外，美国著名经济学家、统计学家库兹涅茨通过"倒U假说"来说明公平和效率之间的矛盾。在1955年发表的《经济发展与收入不平等》的论文中，他提出了收入差距的"倒U假说"，即在发展中国家向发达国家过渡的长期过程中，在经济发展的初期，居民收入分配的差距会逐渐拉大，到了经济发展的后期，收入分配差距会逐渐缩小，呈现"先恶化、后改善"的趋势，而且这一趋势是不可避免的，从而体现为"倒U曲线"。这是关于"公平"和"效率"脱节的实证分析和总结。其实，从另外一个角度来看，也正是因为公平和效率之间存在着这样的一种张力，才需要相关制度和法律来平衡和协调二者之间的关系。

既然"公平"和"效率"会发生矛盾和冲突，那么应当如何处理，公平和效率哪个优先？对此，学者们的争论也很激烈。典型观点可以归结为三类：效率优先类、公平优先类、效率公平兼顾论。从总体上看，经济学家一般更倾向于效率优先，尤其是经济自由主义者更是如此，例如哈耶克和弗里德曼，而伦理学家则倾向于公平优先。由此可以看出不同学科的关注点是不同的，"经济学家试图只根据效率来评价市场而忽视伦理问题，而伦理学家（以及规范的政治理论家）的特点则是（在从根本上思考了有关效率的考虑之后）蔑视效率考虑而集中思考对市场的道德评价，近来则是根据市场是否正义的要求来评价市场"②。公平与效率的这种冲突与平衡在整个社会保障资金收支运行中体现得也非常明显，这也是本书在后面要集中展开论述的重要内容。

4. 小结

由以上分析可以看出，公平分配是一个久而弥新的永恒话题。从理论分析的角度来看，古圣先哲们对公平分配问题进行了深入研究；从实践需要的角度来看，公平分配对于当前的中国尤为重要。以上对有关公平分配的基本理论的探讨，为接下来对公平分配进行的经济法与社会法解构奠定了重要基础，同时也为分析社会保障资金收支运行的法律调控尤其是社会保障资金收支运行的财税法调控提供了重要依据。

---

① ［美］阿瑟·奥肯：《平等与效率——重大抉择》，王奔洲等译，华夏出版社2010年版，第2、106、56页。

② ［美］艾伦·布坎南：《伦理学、效率与市场》，廖申白等译，中国社会科学出版社1991年版，第3页。

(三) 实现公平分配的法律机制

通过以上对公平分配基本理论的解析，我们可以看出，公平分配是多学科研究的重要课题。如前所述，由于社会保障资金的收支运行本质上是一种财产的分配与再分配，因此，探讨公平分配实现的法律机制对于构建我国社会保障法律体系、实现社会保障资金收支的顺畅运行至关重要。其实，在整个社会历史进程中，法律制度对公平分配的实现至关重要。其中，经济法通常被认定为是典型的"分配法"，"分配不仅始终是改革开放过程中的重要问题，也是贯穿整个经济法制度建设的一条重要经脉"；[①]而社会法以社会为本位，强调社会公平，二者对公平分配的实现都具有十分重要的作用。公平分配不仅是经济法与社会法研究的核心问题，还在很大程度上体现了经济法与社会法的独特理念和基本价值追求。因此，在当前形势下，从经济法与社会法的理论和制度出发，深入研究经济法与社会法理论和制度中的公平分配观，探求在经济法与社会法框架下公平分配的实现路径和机制，不仅有助于解决我国当前社会保障资金运行中普遍存在的现实问题，还有助于深入理解经济法与社会法的本质和内涵，进一步完善经济法与社会法理论和制度，具有十分重要的理论和现实意义。

为了更好地把握实现公平分配的法律机制，很有必要首先对法学中的公平分配观进行解读。除去意识形态，学科的差别也会对公平分配的认识产生很大的影响。总的看来，哲学侧重于从"人性""理性"的角度去思考，经济学侧重于从对经济效益的影响或者说从效率的角度去分析，社会学侧重于从社会结构功能的角度去研究，伦理学重点从社会伦理的角度来论证，法学则主要从法律的功能和价值的角度来解读。法学的独特视角对公平分配的实现产生了十分重要的影响。

从法律的起源来看，"法律制度的产生是由于在对社会资源及利益在不同的人以及人的集合之间进行分配，从而达到稳定社会秩序的目的"[②]，"法律是社会利益资源和权利的分配书"[③]。公平分配在法律的起源中发挥

---

① 张守文：《贯通中国经济法学发展的经脉——以分配为视角》，《政法论坛》2009年第6期。

② 李胜利：《分配法与再分配法》，《法学评论》2008年第2期。

③ 漆多俊：《论转型时期法律的控权使命》，载漆多俊主编《经济法论丛》，中国方正出版社2005年版，第11页。

着重要的作用，而且公平分配一旦纳入到法律的轨道，就成为一种由法律调整并予以保障的机制。从法律的职能来看，公平分配是法律职能的重要组成部分。一般认为，法律的主要职能可以分为分配正义、解决争端以及社会控制等方面。其中，分配正义的功能十分突出，居于核心地位。因为，如果说法律的功能在于"止争"（解决争端）的前提必须是很好地"定分"（分配正义），那么，只有在"定分止争"的基础上才能实现对社会的有效控制。从法的价值来看，法律的基本价值可以分为公平、效率和秩序，① 其中，公平是法律价值的重要组成部分，是法律价值中的应有之义，始终是法律所追求的主要价值之一，"法律就是用以防止不正义的集体性暴力手段，简而言之，法律就是正义"②。

从制度的视角来解读，公平分配同样是现代社会制度文明的核心内容，法律作为人类社会制度文明的重要组成部分，和公平分配之间有着天然的密切联系。这不仅仅因为法律以其独特的秩序价值为社会经济生活提供了基本前提，并"决定着所有财富的安排"③，还因为，从一定意义上讲，法律制度本身也是"一种配给制度"④，是一种追求公平和正义的分配制度。"法律有关权利、义务的分配，对社会财富及收入的分配有重要影响。作为一种制度结构性正义，分配正义所涉及的广度与深度远远超出收入的分配，它关系到各种社会基本资源在人与人之间、人民与政府之间的分配。这些重要资源的分配将决定此后的生活方式和收入分配等等，所以是一个社会的基本制度或国家大法的主要内容。"⑤

从以上分析可以看出，法学中的公平分配观是和法律的起源、职能和价值紧密联系在一起的，但与其他学科中的公平分配观具有一定的差别。

---

① 其实，在人类的历史长河中，法的价值一直是一个很有争议的话题，并且基于视角的不同产生了不同的学派，有强调公平和正义的自然法学派，有强调秩序的社会法学派，还有强调效率的经济分析学派，强调语义分析的分析法学派。但大家一般认同美国综合法学派代表人物博登海默在其著作中归纳的三个方面的法的基本价值，详细分析参见［美］博登海默《法理学——法律哲学与法律方法》，邓正来译，中国政法大学出版社1999年版。

② ［法］弗雷德里克·巴斯夏：《财产、法律与政府——巴斯夏政治经济学文粹》，秋风译，贵州人民出版社2003年版，第122页。

③ 同上书，第98页。

④ ［美］劳伦斯·M.弗里德曼：《法律制度——从社会科学角度观察》，李琼英等译，中国政法大学出版社1994年版，第23页。

⑤ 何建华：《社会正义论》，人民出版社2007年版，第36页。

法学中的公平分配观,和哲学、经济学、社会学、伦理学等学科中的公平分配观有着非常密切的联系,并且和法学理论中的公平分配观在总体上是一致的,都强调公平、正义和效率(当然,在具体的表述和侧重点方面有所不同),只不过在具体解读和思维范式上存在一定的差别。

研究实现公平分配法律机制的基本结构,首先需要对"机制"一词进行简要分析。从词源的角度来看,"机制"最早源于希腊文,原指机器的构造和动作原理。后来,很多学科都把机制的本义引申到自己的领域,产生了不同语境下的"机制",但在基本含义上是一致的。在社会科学领域,"机制"一般是指社会有机体各部分的相互联系、相互作用的方式。机制从其功能上来看可以分为激励机制、制约机制、保障机制三大类。激励机制是调动管理活动主体积极性的一种机制;制约机制是一种保证管理活动有序化、规范化的一种机制;保障机制是为管理活动提供物质和精神条件的机制。公平分配机制主要是一种激励机制,兼具有保障机制的性质。公平分配机制的实现需要一定的条件,主要是体制和制度两个方面。这里的体制,指的是组织职能和岗位责权的调整与配置;这里的制度,是从广义上讲的,包括国家和地方的法律、法规以及任何组织内部的规章制度等社会规范。除了经济和社会体制以外,法律、道德、宗教、习俗等社会规范都为公平分配的实现提供了相应的机制,[①] 但法律以其自身特有的作用和功能优势在整个调整机制中占有特定的位置。法律调整机制的重要特点在于它是通过权利义务模式的作用来调整社会关系,具有国家的强制力。

需要特别指出的是,公平分配的实现需要多个法律部门的综合调整,不仅通过经济法这一个法律部门,宪法、行政法、民商法、社会保障法甚至刑法等法律部门对公平分配的实现都具有十分重要的作用。[②] 但由于本书所研究的对象是社会保障资金运行的法律调整,因此,讨论的重点主要集中在实现公平分配的经济法与社会法机制,即经济法与社会法中公平分配观的实现机制。此外,虽然从法律其他部门的视角来

---

① 例如,作为实现公平分配的重要机制,慈善经常与宗教相连,这在信奉基督教的国家体现得特别明显。

② 如宪法对权利和权力的分配,行政法对权利和权力边界及二者边界的划分,民商法对私权的划分,社会保障法对财富的再分配,刑法对犯罪标准的界定和刑罚的幅度,都是对社会分配的一种调节。

看，公平分配涉及的范围非常广泛，但从经济法与社会法的角度来看，公平分配必然要涉及政府公权力和公民私权利这些非财产利益的分配，并涉及初次分配和再分配等各个分配领域，但从总体上看，经济法与社会法中的公平分配，其主要内容和调整重点是对财富的再分配，这也是需要特别说明的一点。

(四) 小结

公平分配是一个宏大的课题，涉及法学、经济学、社会学、哲学、伦理学、历史学、政治学等多个学科领域，学者们对这一重大理论问题进行了广泛的探讨。如前所述，公平分配不仅是重要的经济问题，还是人们普遍关心的重大社会问题，近些年来存在的分配不公现象已经严重影响到了当前中国的经济发展与社会的和谐稳定。在理论上解释并在实践中探索公平分配实现的有效机制是当前迫切需要面对的问题。以上主要在经济法与社会法框架内对公平分配及其实现的法律机制进行了分析。由以上分析也可以看出，作为衡量经济与社会平衡协调发展的重要尺度，公平分配的实现至关重要。要实现公平分配，尤其需要经济法与社会法的密切配合与综合调整。以社会保障资金收支运行为切入点，能够更加清晰地看到经济法与社会法综合调整在实现公平分配过程中的重要作用。

二 公平分配与社会保障资金的收支运行

(一) 社会保障资金收支运行中的公平分配问题

1. 公平分配与社会保障资金收支的关系解析

前文对公平分配及其实现的法律机制进行了大致分析。以社会保障资金的收支运行为切入点，能够更加清晰地看到经济法与社会法的综合调整对公平分配实现的重要作用。虽然在整个社会保障资金运行过程中公平分配都是一条重要的主线，但从整体上看，它在收支运行环节体现得更加明显。因此，从公平分配的视角对社会保障资金收支运行进行解析尤为必要。

从分配的角度来看，社会保障资金的收支具有明显的分配和再分配效应。从第一次分配的角度来看,社会保障资金的收支广泛涉及企业、社会成员和国家等多方主体的利益。例如,社会保险费的缴纳涉及企业、社会成员和国家税务机关(或社会保险经办机构)等主体。从再分配的角度来看,社会保障资金的收支同样涉及多方主体利益。因此,在社会保障资金收支运行中,分配的公平性就成为一个突出的问题。

从公平的视角来看,社会保障收支运行中的公平问题亦非常重要。前文对"公平"的概念进行了详细的解析,可以看出公平是一个具有多重含义的词汇。具体到社会保障资金收支运行中的公平分配问题,应当考虑以下四个方面:一是收入不同的社会成员之间的负担公平问题,这已成为我国当前社会普遍关注的问题;[①] 二是代际公平问题,这在养老保险中体现得更加明显;三是筹资与给付之间的公平问题,这在我国当前劳工流动日益频繁的情况下尤为突出;四是平等与效率的平衡问题,这贯穿整个社会保障资金收支运行的始终。

由此可见,社会保障收支运行与公平分配紧密相连。因此,研究社会保障收支运行的法律调整问题,就很有必要对社会保障收支运行中的公平分配问题进行深入分析。唯有如此,才能确保社会保障收支运行的相关法律制度更加科学合理。

2. 公平分配视角下的养老保险资金收支运行

由于在整个社会保障资金收支运行中,养老保险占有较大的比例,而且在整个社会保障制度中,养老保险广泛涉及公平分配的各个层面。下面就以养老保险为例分析社会保障收支运行中的公平分配问题。

养老保险关乎社会的每个成员,涉及面广、周期长、资金规模大,是整个社会保险中最重要、最为复杂的领域。养老保险通过迟延支付和转移支付机制,为社会成员抵御老年风险提供了有力保障。然而,由于我国的养老保险发生在计划经济体制向市场经济体制过渡的转型期,经济的转轨带来了社会结构的变动和利益格局的调整,使得我国的养老保险制度面临着复杂的环境。尤其是在当前我国收入分配差距日益扩大的背景下,更是对养老保险的公平分配提出了更高的要求。《社会保险法》中关于养老保险的内容总体上体现了公平分配的原则,但也存在明显的不足,这主要体

[①] 例如,当前中国实施的公务员和其他社会成员养老保险的"双轨制"所产生的社会保险费用的社会成员负担不公问题,已经引起了很大的争议。此外,社会保障制度不完善所带来的城乡之间社会保障不公平问题也已经引起人们的广泛关注。

现在养老保险新旧代际转移支付、地区差异明显、行业差别很大、城乡分化、性别差别等原因产生的分配不公。

养老保险实质上是一种收入再分配，存在着代际分配问题。养老保险中的代际分配，"是指发生在相邻两代人乃至多代人之间的利益分配，其实质是老年人与年轻人之间的收入分配"。除了新加坡等少数国家采取储蓄式养老保险模式外，世界大多数国家的养老保险都存在一定程度的代际分配，尤其以现收现支的养老模式更为明显。从理想状态来看，不同代的社会成员领取相同购买力的养老保险金是一种公平分配，但是人口老龄化的出现打破了这种代际公平分配。我国养老保险没有完全采取现收现支模式，而是推行社会统筹与个人账户相结合的部分积累模式。个人账户主要是个人的时间转移支付，但社会统筹部分仍然存在代际公平分配的问题。而且，在当前时期，还存在因对转轨成本的支付而产生的代际分配问题。

从代内公平分配的角度来看，《社会保险法》中有关养老保险的部分和以前的相关法律制度相比较，已经有了明显的进步，但并未最终解决养老保险因为职业差别①、城乡差别②、地区差别、行业差别、性别差异等原因所造成的分配不公。例如，虽然《社会保险法》提出了建立覆盖全民的养老保险的目标，但在《社会保险法》中也反映出了职业之间和城乡之间养老保险存在着很大的差异。同时，虽然《社会保险法》尽量缩小养老保险的地区差异，但也在事实上承认了因地区差异所带来的养老保险分配不公。虽然《社会保险法》没有规定行业的差别，但是由于中国养老保险的特殊性，在一些垄断行业，除了基本养老保险，企业会通过年金的方式对基本养老保险进行补充，这也在事实上造成了行业分配不公。另外，在当前退休年龄男女不统一的情况下，也在实质上存在养老金性别分配不公的问题。

3. 其他类型社会保障资金收支运行的公平性分析

以上所述有关养老保险资金收支运行中的公平分配问题，同样也存在

---

① 例如，公务员和其他社会成员之间养老保险待遇的巨大差距，是当前养老保险制度中亟待解决的重要问题。从养老保险公平性的角度来看，这种因为职业差别而产生的不公平是非常不合理的，已经成为人们普遍关注的社会问题之一。

② 城乡二元化是中国当前的重要国情之一，在养老保险中的城乡差别也是影响社会保障资金收支运行的一个重要方面。

于其他类型的社会保障资金收支运行之中。例如，在医疗保险资金收支运行中，存在健康人群与非健康人群之间、不同经济收入水平人群之间的风险分担的公平性问题；[①] 在失业保险资金收支运行中，存在企业之间、地区之间与群体之间费用负担的公平性等问题；在工伤保险资金收支运行中，存在缴费承担主体、参保群体、缴费率等相关方面的公平性问题；而在生育保险资金收支运行中，则存在筹资对象的公平性、筹资规模公平性等相关问题。此外，最低生活保障资金、社会救助资金、社会优抚资金、社会福利资金等其他类型的社会保障资金在收支运行中同样也存在着不同程度的公平性问题。

由此可见，基于社会保障收支的基本功能，在整个社会保障资金收支运行过程中，公平分配是一个需要慎重考虑的重要问题，也是衡量经济与社会平衡发展的重要指标。因此，我国社会保障收支运行法律制度的完善，必须要充分考虑到公平分配等相关问题。

(二) 公平分配与社会保障资金收支相关制度的形成

以上大致分析了社会保障资金收支运行中存在的与公平分配有关的几种问题。由此可以看出，社会保障资金收支的顺畅运行离不开对公平分配因素的考量。事实上，各国社会保障资金收支运行中的有关制度设计与模式选择，很大程度上与对公平分配的理解和把握有关。下面就以社会保障资金筹资工具的选择为例，分析公平分配在社会保障资金收支运行中的价值和意义。

如前所述，社会保障资金的筹资问题至关重要。作为社会保障资金运行的首要环节，社会保障资金的筹资决定着社会保障资金的充足与否，从而也决定着社会保障制度的实施效果。而社会保障资金筹资工具的选择在某种程度上直接决定着社会保障资金筹资效果的实现，因而成为社会保障筹资运行环节需要重点考虑的问题。事实上，筹资工具的选择已经成为各国社会保障制度建设中的重要问题。从整体上看，社会保障资金筹资工具的选择固然与一个国家的政治、经济、社会、文化、历史等方面的错综复杂的背景紧密相连，但与该国对于公平分配理念、标准和尺度的把握却有着直接的关系。

---

① 参见于洪《社会保障筹资机制研究》，上海人民出版社2008年版，第124页。

基于不同的国情，世界各国在社会保障资金的筹资问题上采用了不同的具体制度。从总体上看，如果以资金运行为视角，社会保障资金筹资模式大致可以分为三种：现收现付模式、完全积累模式和部分积累模式。现收现付模式以年度收支平衡为原则，注重社会保障资金收支的短期平衡，具有管理方便的优势，但很难应对当前人类老龄化的现实，因而面临严峻的挑战。完全积累模式恰好相反，以长期收支平衡为原则，注重社会保障资金收支的长期平衡，实质上是一种强制储蓄，在一定程度上可以有效应对人口老龄化的危机，但由于其互济性差且资金规模大、时间长，很难有效应对通货膨胀的风险。半积累模式吸取了以上两种模式的优缺点，进行了折中处理，虽然吸取了以上两种模式的优点，但社会保障资金仍然面临着人口老龄化和通货膨胀的双重风险。

针对不同的社会保障筹资模式，世界各国选择了相应的社会保障资金筹资工具。社会保障资金的筹资工具主要有两种，一种是税收，另一种是缴费。总体来看，实行现收现付模式的国家一般倾向于选择税收这种筹资工具，而完全积累制的国家一般选择缴费这种筹资工具，而部分积累制的国家则大多选择税、费混合的筹资方式。作为社会保障资金筹资的工具，税收和缴费各具有优势和劣势。总体来看，税收具有提升共济层次、增强征收力度等优势，体现了社会层面的公平分配，但在征收的灵活性和个体公平性方面存在一定的不足，而缴费恰好相反。因此，我国学界对于社会保障资金的筹资工具选择问题亦有争议，"从税派"与"从费派"各执一端。

其实，税费之争的实质根源还是在于社会保障资金的公私二元属性问题。如果从社会保障资金的公共属性角度出发，可以推断出社会保障资金筹资工具应当为税收的结论；而如果从社会保障资金的私人属性出发，则可以推断出社会保障资金筹资工具应为缴费的结论。因此，问题的关键在于如何在社会保障资金筹资中合理平衡社会保障资金的这种公私二元属性。当然，需要说明的是，这里所说的公共属性和私人属性只是一个大致的分类，因为，无论是社会保障税还是社会保障费，在某种意义上都具有一定程度的"公"的性质。从这种意义上讲，社会保障资金从其筹资的角度来看，无论是以社会保障税的方式还是以社会保障费的方式，其实都具有一定程度的"税"的属性，这不仅体现在公共属性较为明显的社会救助相关领域，也体现在具有一定私人属性的社会保险等相关领域。正是因为如此，我国当前社会保险费的征收机关在现实生活中很不统一，在不同的省、市、自治区，社会保险费的征收机关分属于税务机关和社会保险经办机构，甚至在同一个省、市、自治区，社会保险费的征收都会同时并存不同类型的征收机关。

如果从公平分配的角度来看，①在当前中国，社会保障税和费都有其各自存在的价值和理由。社会保障税作为一种特殊的税种，从社会的整体公平分配出发，考虑的是整个社会经济的综合平衡，因此，从这种角度来看，是有其存在的价值的。这尤其体现在社会救助、社会优抚等领域，由于不可能通过缴费的方式筹集相关资金，税收的优势和功能体现得十分明显。另外，在社会保险的基本保险层面（如基本养老保险、基本医疗保险），其公共性和互济性较强，税收的优势和功能体现得也很明显。社会保障领域的各种"费"，尤其是社会保险缴费具有一定的自助性和积累性（这在养老保险的个人账户资金方面体现得更加明显），考虑到个体之间的公平分配性，同样有其存在的合理性。因此，如若从公平分配的角度进行综合考虑，当前中国社会保障资金筹资运行中"税"和"费"并存的制度倒不失为是当前中国的一个合理选择。②

（三）公平分配与社会保障资金收支的法律调整体系

以上大致分析了公平分配与社会保障资金收支运行之间的密切联系。由以上分析可以看出，从公平分配的视角，能够更加清晰地看出，社会保障资金的收支运行中的核心问题在于社会财富的公平分配问题。社会财富的公平分配不仅要注重分配的经济效应，还要考虑到分配的社会效应，这就需要经济法与社会法的综合调整。为了更加清晰地从公平分配的角度论证社会保障资金收支的法律调整体现，很有必要对公平分配与经济法和社会法的密切联系进行研究。

---

① 需要说明的是，对于社会保障资金的筹资工具选择，当然还可以从其他角度进行审视。例如，如果从公共财政危机的角度来看，单一的社会保障税未必是最优化选择。此外，如果从政府与市场的关系来看，政府干预市场的界限以及社会保障领域中政府主导的力度也会影响到社会保障筹资工具的选择。因此，正如前文所述，社会保障筹资工具的选择涉及各种复杂因素。但为了分析的方便，本处仅从公平分配的角度进行考虑。

② 此外，从社会保障资金复杂的种类来看，社会保障税和社会保险费的并存也是当前中国社会保障资金筹资制度的必然选择。

1. 公平分配与经济法

相比较其他法律部门，经济法具有天然的"经济性"，使得经济法与其他法律部门在公平分配问题上发挥着不可替代的作用。因此，经济法中的公平分配观必然有自己的独特之处，这可以从经济法的产生、经济法的特征、经济法的功能和经济法的价值等角度进行分析。

首先，经济法中的公平分配观可以从经济法的产生来解读。经济法是调整在现代国家进行宏观调控和市场规制过程中发生的社会关系的法律规范的总称。① 虽然对于经济法的产生，学界至今尚有争议，但一般认为，经济法产生于19世纪末20世纪初自由竞争资本主义向垄断资本主义过渡时期。② 经济法之所以产生，源于市场失灵和政府失灵的"双重失灵"。在自由竞争时期，市场失灵的问题并不突出，相关法律问题可以由传统的民商法来解决。到了垄断资本主义时期，虽然市场通过有效的资源配置提高经济效益，但其本身并不能产生公平分配。市场的失灵使得人们求助于政府的干预，但人们很快认识到，政府在干预市场方面也会失灵，而这些问题不是传统法律所能解决的，于是经济法应运而生。③ 由此我们可以看出，从经济法的产生来看，经济法是为了弥补市场机制分配功能的不足而产生的，因此，经济法中的公平分配更"公平"，更符合现代社会的需要。

其次，经济法中的公平分配观还可以从经济法的特征来解读。从经济法的特征来看，经济法具有明显的经济性和规制性。与传统民商法所关注的提高个体经济效益相区别的是，经济法的这种经济性必须是以提高社会整体的经济效益和社会效益为目标的"经济性"，因而经济法中的公平分配特别重视经济和社会效应的平衡，是对经济效益和社会效益的双重关注，是超越传统法律的"经济性"。这种规制性是在法律范围内的规制，是符合公平理念的规制。从某种意义上讲，规制也是一种

---

① 张守文：《经济法总论》，中国人民大学出版社2009年版，第34页。

② 正如有学者指出，虽然单纯规范意义上的经济法也许在古代社会即已存在，但从较为广泛的领域来看，作为部门法意义上的经济法，则是产生于国家对市场经济进行积极的调控和规制之后，尤其是产生于资本主义经济大危机和第二次世界大战后。相关分析内容，可参见张守文《经济法总论》，中国人民大学出版社2009年版，第54页。

③ 关于"两个失灵"和经济法的产生之间的关系，参见张守文《经济法总论》，中国人民大学出版社2009年版，第7、21、31—32页。

"分配",经济法中的规制更是一种典型的"公平分配"。此外,经济法还具有现代性,这种现代性体现在:经济法在精神追求上的现代性、在背景依赖上的现代性、在制度建构上的现代性。这种精神追求上的现代性,使得经济法不同于传统的法律部门,它超越传统的公平、效率理念,追求对公平和效率的兼顾,追求对个人私益和社会公益的协调保护。因此,经济法的"公平分配"深深融入了现代理念。这种背景依赖上的现代性,使得经济法在产生之初就有了坚实的现代经济和社会基础。这种制度建构上的现代性,表现为经济法制度形成方面和经济政策紧密相连,在制度构成上面实体规范和程序规范紧密结合,具有高度的"自足性"。经济法的这种"自足性"不仅有助于保障公平,而且在一定意义上还有助于提高效率。这就使得经济法在制度上面把公平和效率紧密结合在了一起。

再次,经济法中的公平分配和经济法的调整目标紧密相关。经济法的调整目标,就是通过对特定社会关系的调整,来不断解决个体营利性和社会公益性的矛盾,兼顾效率与公平,从而持续地解决"两个失灵"的问题,促进经济的稳定增长,保障社会公益和基本人权,进而实现经济与社会的良性运行和协调发展。[①] 由此可以看出,经济法的调整不仅仅注重经济目标,还注重社会目标,是对经济和社会的双重关注。此外,经济法的公平分配观与经济法的价值直接相连。经济法的价值与法的一般价值是一致的,包括公平、效率和秩序。[②] 因此,公平分配还体现在经济法的基本价值之中。

以上大致勾勒出了经济法中的公平分配观。需要注意的是,中国经济法的产生和发展是和中国的改革开放紧密相连、始终相伴的,而中国改革的一个基本线索就是分配制度的改革。因此,一部中国经济法的历史也可以被称为改革开放以来公平分配制度形成和发展的历史。

此外,公平分配的经济法实现机制同样需要特别注意。如前所述,公

[①] 张守文:《经济法总论》,中国人民大学出版社2009年版,第21页。

[②] 需要说明的是,有学者认为对经济法的价值可以从两个方面来理解,一方面是经济法的内在的客观功用价值,另一方面是经济法的外在的主观评判价值,参见张守文《经济法总论》,中国人民大学出版社2009年版,第68—70页。这种见解为全面理解经济法的价值提供了非常重要的思路,但为了讨论方便,本书暂且把讨论重点放在经济法的外在价值,即外部主体对经济法功用的主观评价或价值追求。

平分配的实现需要多个部门法进行综合调整，但是，基于对财富再分配的法律调整，经济法中的公平分配观在其实现机制上面有其独特之处。这种独特之处首先体现在经济法中公平分配不能通过市场的自发调节来实现，而是需要政府的积极行为，在经济法中公平分配观的实现更多地要通过政府公权力的有效实施。其次，经济法中公平分配观的实现机制具有强烈的经济和社会双重效应，这两方面的效应直接关系到经济的可持续发展与社会的稳定安全。再次，经济法中公平分配观的实现机制具有动态性，这是由于经济本身具有周期性和易变性，为了适应经济的需要，经济法效果的实现往往和经济政策紧密相连，经济法中的公平分配观的实现机制必须处于一种不断调整之中，因此，经济法经常和经济政策紧密相连，二者的界限并非十分明晰。① 以上这些特点紧密贯穿在经济各个部分，可以从不同角度进行印证。

从经济法的权利义务结构来看，经济法中公平分配观的实现机制充分体现了以上特点。法律对于社会调整的独特之处就在于，法律是通过权利义务模式来规范社会的，因此，"权利与义务，向来是法律制度结构中的核心"。② 研究经济法中公平分配观的实现机制，有必要从经济法的"权义"结构入手。总体上看，经济法上的"权义结构"具有权利义务配置不均衡、权义规范偏在性、主体权义不对等等一系列特点。③ 以上这种不均衡、不对等的特点，决定了经济法中的公平分配机制不可能在法律主体双方的自主选择中实现，必须借助政府积极行为得以实现。政府的宏观行为具有强大的社会和经济效应。由于经济生活的多变性，在一定时期内，经济法公平分配需要通过政府的经济政策来实现。

探讨经济法中公平分配观的实现机制，还必须考虑到当前中国公平分配面临的主要问题和因素。唯有找准问题，才能做到对症下药，真正实现经济法对公平分配的有效规范。当前，影响我国公平分配的因素有很多，主要体现在五个方面：一是中国特色城乡二元化问题的长期存在，致使城乡在收入分配方面出现较大不公平；二是我国东西地域发展

---

① 例如，近些年来，北京市和其他一些地区陆续制定并发布了若干调控房价的相关政策，这些经济政策与经济法之间的界限就十分模糊。

② 张守文：《经济法总论》，中国人民大学出版社2009年版，第164页。

③ 具体内容参见张守文《经济法总论》，中国人民大学出版社2009年版，第174—175页。

的不平衡以及由此产生的"马太效应",① 不仅加剧了旧的不公平,还会催生新的不公平;三是当前我国市场转轨时期存在的制度缺陷以及产业结构的升级和调整,"默许"不合理的分配收入方式在事实上存在;四是世界经济一体化的出现导致了国际分配不公,使得分配公平问题已经上升到国际层面,并直接影响到国内的公平分配。针对这些问题,经济法作为具有时代气息的法律部门,与其他法律部门相比较,更具有特色优势。

2. 公平分配与社会法

社会法中同样蕴含了丰富的公平分配理念。从劳动法的角度来看,有关工资分配的相关法律、法规和政策侧重于对初次分配公平性的保护。《中华人民共和国国民经济和社会发展第十二个五年规划纲要》明确指出,"按照市场机制调节、企业自主分配、平等协商确定、政府监督指导的原则,形成反映劳动力市场供求关系和企业经济效益的工资决定机制和增长机制。健全工资支付保障机制。完善最低工资和工资指导线制度,逐步提高最低工资标准,建立企业薪酬调查和信息发布制度,积极稳妥扩大工资集体协商覆盖范围。改革国有企业工资总额管理办法,加强对部分行业工资总额和工资水平的双重调控,缩小行业间工资水平差距。完善公务员工资制度。完善符合事业单位特点、体现岗位绩效和分级分类管理的事业单位收入分配制度。"这些规定分别从工资决定机制、工资增长机制、支付保障机制、最低工资制度等方面进行了全方位的规划,体现了劳动法中的公平分配理念。

从社会保障法的角度来看,社会保障法作为一种再分配的法律,从产生之初就体现了对社会弱势群体的关怀,彰显了其独特的公平分配价值理念。整个社会保障立法的历史演进,始终与公平分配理念的发展紧密相连。无论是1601年英国伊丽莎白女王颁布的《济贫法》,还是德国分别在1883年、1884年和1889年颁布的《疾病保险法》《工伤保险法》《养老、残疾、死亡保险法》,美国在1935年颁布的《社会保障法》,英国在1942年发布的《贝弗里奇报告》,虽然都有其产生的特殊

---

① 马太效应(Matthew Effect),来自《圣经》中的一则寓言,"凡有的,还要加给他叫他多余;没有的,连他所有的也要夺过来",1968年,美国科学史研究者罗伯特·莫顿(Robert K. Merton)从中引申出了"马太效应"这一概念,用以描述社会生活领域中普遍存在的"强者愈强、弱者愈弱"的现象,后来这一概念被广泛应用于社会学、经济学、政治学等领域。

历史背景和政治目的，但在总体上仍然是一种社会的公平分配，是一种为了保障社会弱势群体的基本生存权而产生的生产分配关系，公平是其核心理念和基本价值。社会保障法通过财政转移支付的方式来实现对社会资源的公平分配，在整个分配机制中起到公平调节器的作用。在当代社会，社会保障法的公平分配职能进一步凸显，公平分配已经成为社会保障法的基本职能之一。

就社会法中公平分配观的实现机制而言，劳动法相关法律制度在初次分配中起到了重要的作用，① 这在当前经济发展方式转变的背景下体现得尤为明显。以工资收入分配问题为例，近些年来，劳动报酬在国民生产总值中的比重呈逐年下降的趋势，② 这种分配不公已经严重影响到了劳动者的合法权利，也为社会安定带来了不利因素。虽然劳动者工资的高低主要由市场供求关系决定，但针对我国当前劳动报酬远远低于其他国家相应比例的现实，政府完全有必要通过进一步健全工资法律制度的方式来应对这一现实问题。同时，由于工资收入分配方式还对经济发展方式的转变有着非常重要的影响，"它决定着经济社会的需求结构和生产要素结构，进而决定了经济社会的产业结构和投入结构，从而影响着经济发展方式"③，因此，经济发展方式的转变离不开工资收入分配法律制度的完善。在当前背景下，工资分配制度改革尤为必要。为此，相关部门已经开始加快推进工资立法进程，④ 这充分体现了劳动法立法在实现公平分配中的重要作用。此外，需要注意的是，由于工资分配的实际效果与工资分配制度⑤密切相关，因此工资分配制度对公平分配的实现具有十分重要的意义。不同性质的用人单位，其工资分配的具体制度存在较多的差异。我国当前确定工资分配制度的方式主要有三种：立

---

① 需要说明的是，从再分配环节而言，社会法中公平分配观的实现机制与社会保障法紧密相连，由于前文相关部分已经对此进行了分析，此处不再赘述。

② 由于统计口径的不同，学者对于劳动报酬在整个国民生产总值中比重下降的幅度有一定的争议，但劳动报酬在国民生产总值中比例逐年下降的确是一个不争的事实。

③ 段先盛：《收入分配对经济发展方式的影响：理论与实证》，人民出版社2011年版，第2页。

④ 有关当前工资立法进程的分析，参见肖京、朱洵《我国当前工资立法的困境与出路》，《中国劳动关系学院学报》2012年第1期。

⑤ 工资分配制度是指用人单位内部有关工资分配规则的总称，主要包括对工资的构成、形式、等级和标准等方面所做的各种具体规定。

法确定、集体协商确定和单位单方确定。其中,国家机关工资分配制度由相应立法予以明确规定;事业单位由于构成较为复杂,其工资分配制度也存在一定的差异,部分事业单位由立法予以规定,而部分事业单位则由用人单位单方确定;① 企业工资分配制度主要由工资集体协商确定。② 由于工资分配具有明显的社会性,因而,通过社会法来规范工资分配制度的公平合理不仅必要,而且可行。

3. 社会保障资金收支运行的法律调整体系

以上大致分析了经济法与社会法中的公平分配观及其实现机制。"法律在巩固分配关系的影响和它们由此对生产发生的作用,要专门加以规定"③,其中,经济法与社会法则是调整社会公平分配关系的重要法律部门。

具体到公平分配视角下的社会保障资金收支运行而言,经济法与社会法对社会保障资金收支运行的法律调整主要体现在财税法和社会保障法领域,形成了社会保障资金收支运行的二元法律调整体系。从财税法的角度来看,预算法主要调整社会保障资金收支的整体平衡,④ 税法主要调整社会保障资金的筹资;从社会保障法的角度来看,社会保险法主要调整社会保险资金的支付,⑤ 社会救助法、社会优抚法、社会福利法等相关法律主

---

① 当前,我国的事业单位制度改革正处于十分关键的阶段,其中工资分配问题是事业单位改革的核心问题之一。

② 《劳动法》第47条规定:"用人单位根据本单位的生产经营特点和经济效益,依法自主确定本单位的工资分配方式和工资水平。"

③ 马克思:《〈政治经济学批判〉导言》,《马克思恩格斯选集》(第2卷),人民出版社1972年版,第101页。

④ 2014年8月31日,第十二届全国人民代表大会常务委员会第十次会议表决修订了《中华人民共和国预算法》,该法第5条明确规定,"预算包括一般公共预算、政府性基金预算、国有资本经营预算、社会保险基金预算。一般公共预算、政府性基金预算、国有资本经营预算、社会保险基金预算应当保持完整、独立。政府性基金预算、国有资本经营预算、社会保险基金预算应当与一般公共预算相衔接。"

⑤ 需要说明的是,按照我国《社会保险法》的规定,《社会保险法》实际上也涉及社会保险费的征缴等相关问题,并专门用一章的内容予以规定,但由于社会保险费在大多数省份实际上由税务机关予以征收,因此,社会保险费的征缴等相关法律问题大致也可以归入到税法的调整范畴。

要调整社会保障资金的发放。①

由此可见，财税法主要调整社会保障资金的收支平衡和筹资，而社会保障法则主要调整社会保障资金"支"的方面。例如，要实现社会保障资金收支运行中的科学预算和地区平衡，就很有必要通过预算法等相关财政法予以调整，这在公共社会保障资金的收支运行中体现得更加明显；要实现社会保障资金收入环节的顺利运行，就很有必要通过税法进行调整，这在公共社会保障资金的收支运行中同样体现得非常明显；而要实现社会保障资金尤其是社会保险资金在支出环节的顺利运行，则很有必要通过社会保险法等相关法律进行调整。

（四）小结

社会保障收支运行广泛涉及预算法、税法、金融法、公司法等经济法相关法律制度，还涉及劳动法、社会保障法等社会法相关法律制度。从公平分配的角度看社会保障资金的收支运行，能够从中受到诸多启发。这不仅仅是因为社会保障收支运行中公平分配一直是贯穿其核心的重要问题，而且社会保障资金筹资工具的选择等问题也与公平分配问题紧密相连。同时，正是因为社会保障收支与公平分配之间的紧密联系，才使得社会保障资金的收支运行需要经济法和社会法的综合调整。唯有如此，社会保障资金的收支运行才能充分实现经济与社会的平衡发展。

三 社会保障资金的收支平衡及其预算法调整

（一）社会保障资金运行中的收支平衡和预算

社会保障资金的收支平衡问题是社会保障制度顺畅运行的重要基础和保障，必须慎重对待。随着世界人口老龄化问题的出现，各国有关社会保障资金的支出日益增大，导致社会保障资金收支出现了严重失衡，甚至在有些国家出现了社会保障资金支付危机的现象。针对这一现实，如何有效平衡社会保障资金的收支问题就显得尤为重要。

---

① 在我国当前的行政体制下，这些类型的社会保障资金的发放由劳动和社会保障行政部门管理，相关法律问题大致可以归入到社会保障法的范畴。

总体来看，社会保障资金的收支平衡主要通过社会保障资金的预算管理来完成。所谓社会保障资金的预算，是指国家用于反映各项社会保障资金年度收支的计划。从各国社会保障预算的实践来看，通过社会保障资金收支的预算管理，一方面可以使得社会保障资金的收支能够维持短期和中长期的平衡，另一方面也可以形成部门之间的相互监督，使社会保障资金的收支监管有机结合起来。此外，社会保障资金的预算也是国家加强财政宏观调控能力的内在要求，对于实现整个国家经济与社会的平衡具有十分重要的作用。"建立社会保障预算可以强化财政宏观调控能力，财政部门通过社会保障预算可以准确掌握社会保障资金的收支状况，可以正确处理好社会保障与经济建设及其他社会事业的关系，社会保障资金也能在国家、单位和个人之间形成一个合理的负担结构，可以控制社会保障结余资金的投资方向，促进社会总需求和社会总供给的平衡。"① 因此，社会保障资金的预算对于实现社会保障资金收支的平衡具有十分重要的意义。

社会保障资金预算有着深厚的理论基础。政府与市场、公平与效率、社会保障制度与资金性质、国家预算四方面的理论构成社会保障预算的理论依据。② 从政府与市场关系的理论来看，社会保障资金是对收入分配的调节，因而社会保障资的预算与公平分配紧密相连；从公平与效率的理论来看，公平与效率的关系是社会保障资金收支预算中特别需要注意的问题，因而与公平分配紧密相连；从社会保障制度及其资金的再分配属性来看，社会保障收支预算与公平分配密切相关；从国家预算理论的角度来看，社会保障资金预算同样与公平分配有着直接的关系。因此，前文有关公平分配基本理论对社会保障预算的法律调整和制度的完善具有十分重要的指导意义。

（二）预算法的双重法律属性

研究社会保障资金收支平衡的预算法调整，很有必要首先对整个预算法本身的法律属性进行解析，特别是在当前财政预算法治化的关键阶段，这种分析更加必要。一般认为，预算法是"调整国家进行预算资金的筹集、分配、使用和管理过程中所发生的社会关系的法律规范的总称"。③

---

① 林治芬主编：《社会保障资金管理》，科学出版社2007年版，第151页。
② 林治芬、高文敏：《社会保障预算管理》，中国财政经济出版社2006年版，第22页。
③ 张守文：《财税法学》，中国人民大学出版社2010年版，第57页。

从调整范围来看，预算法广泛涉及预算权的分配、预算收支范围的界定、预算编审制度、预算执行制度、决算制度、预算监督以及预算法律责任承担等多个方面的内容。预算法具有双重法律属性，体现在：一方面，预算法作为财税法的重要组成部分，具有明显的经济法属性；另一方面，预算法又与国家的政治体制紧密相连，具有明显的宪法属性。

  预算法具有明显的宪法属性，这一点不仅可以从西方国家宪法发展的历史得到印证，也可以从我国当前预算实践中的问题得到合理解释。首先，从西方国家宪法发展史来看，西方国家宪法的发展始终与财税危机中的预算问题紧密相连。无论是英国的光荣革命、法国的大革命还是美国的独立革命，财政预算都是其爆发的重要导火索，财政民主也都是革命的核心目标之一。在当今西方国家，财政预算在宪法上的意义更是非同小可，以至于在美国，"如果你想了解联邦政府在过去的一年都干了些什么，或者，在未来的一年里将要干些什么，那么，你只要看一下联邦政府财政预算就足够了。"① 从这种意义上讲，宪法的历史"可以说是现代预算制度的成立史和发展史。"② 其次，从我国当前预算法的实践来看，预算法同样具有十分突出的宪法属性。"宪法的实质是分权，即在国家与公民之间，在国家机关相互之间进行分权"，③ 而预算法中最需要解决的重要问题恰恰是预算权的分配，这是典型的分权问题，预算法在此问题上体现出明显的宪法色彩。我国当前预算法实践中的执行力不足，实际上与我国当前的政治体制，以及人大机关与行政机关之间、行政机关相互之间的权力配置，有很大的关系。要想从根本上解决这一问题，必须在宪法层面有所突破。正是因为如此，党的十八届三中全会把包含预算法在内的财政法制建设提到了国家治理的高度，明确指出，"财政是国家治理的基础和重要支柱，科学的财税体制是优化资源配置、维护市场统一、促进社会公平、实现国家长治久安的制度保障。"由此可见，从国家治理的视角认识预算法的宪法属性，对于在宪法层面实现财政预算的法治化具有十分重要的意义。

---

① ［美］阿图·埃克斯坦：《公共财政学》，张愚山译，中国财政经济出版社1983年版，第2页。

② ［日］井手文雄：《日本现代财政学》，陈秉良译，中国财政经济出版社1990年版，第173页。

③ 张守文：《财税法疏议》，北京大学出版社2005年版，第5页。

预算法同样具有突出的经济法属性，这一点可以从经济法的概念和特征中寻找到答案。首先，从经济法的概念来看，经济法是"调整在现代国家进行宏观调控和市场规制过程中发生的社会关系的法律规范的总称"，①而新修订后的《预算法》第1条明确规定，"为了规范政府收支行为，强化预算约束，加强对预算的管理和监督，建立健全全面规范、公开透明的预算制度，保障经济社会的健康发展，根据宪法，制定本法。"这表明，预算法以经济社会的健康发展为基本目标，具有明显的经济与社会功能，在这一点上与经济法的二元功能相契合。因此，从经济法的概念来看，预算法完全符合经济法概念范畴的外延，具有经济法的法律属性，是经济法的重要组成部分。其次，从经济法的特征来看，经济法具有经济性与规制性两大基本特征，这两大特征贯穿于经济法的各个领域。而从预算法的角度来看，预算本身就是对财政的预算，其经济性自不待言；同时，预算也意味着一种有计划的"节制"，"规制"也是预算本身的应有之意。正是因为预算法与经济法有着如此密切的联系，法学界一般都认可预算法的经济法属性。正是因为如此，法学界诸多学者对预算法的研究也多从经济法的视角，在经济法的框架之下展开。

值得注意的是，预算法的双重法律属性并非完全对立，而是辩证统一的。这种辩证统一的关系根源于宪法与经济法之间的密切联系，贯穿于国家治理现代化的进程之中。就宪法与经济法的关系来看，二者的密切联系不仅体现在一般意义上的根本法与普通法的关系，还体现在二者经由"经济性"这一纽带建立的特殊关系，而这种特殊关系却是其他法律部门与宪法之间所不具有或者说不完全具有的。这种特殊的密切关系体现在：一方面，有关经济的法律条文在宪法中占有很大的比例，以至于在当今世界，"一部现代的宪法同时也是一部经济宪法"；②另一方面，经济法上的体制法，关系到公民与国家、国家机关之间的分权，从这种意义上讲，经济法又被称为"经济宪法"。事实上，从我国宪法与经济法的发展历史也可以看出，宪法与经济法之间是相互促进而发展的，这表明，经济法与宪法是完全可以协调发展的。③此外，从国家治

---

① 张守文：《经济法总论》，中国人民大学出版社2009年版，第34页。
② 同上书，第59页。
③ 有关宪法与经济法之间的关系及其协调发展相关问题，参见张守文《论经济法与宪法的协调发展》，《现代法学》2013年第4期。

理尤其是国家经济治理的角度来看,预算法作为国家治理法律体系的重要组成部分,不仅可以作为宪法和经济法"交叉"的典型"地带"相对独立而存在,还可以经由国家经济治理的实践反过来进一步加强和推动宪法与经济法的联系。

因此,在此强调预算法的双重法律属性,并从国家治理的角度对预算法的双重法律属性予以审视,与其说是为了区分预算法的这两种法律属性,还不如说是为了更加深入地认识这两种法律属性之间的契合,以从更高的角度更加全面地把握预算法的二元法律属性特质。

(三) 社会保障资金收支平衡的预算法调整

如前所述,社会保障资金收支的法律调整尤为重要。为了科学合理地对社会保障资金收支平衡进行法律调整,首先需要对影响社会保障资金收支的法律调整的主要因素进行分析。此外,由于社会保障资金的体系十分复杂,因而也很有必要对不同类型的社会保障资金预算进行分析。

1. 影响社会保障资金收支预算的主要因素

如前所述,社会保障资金种类繁多,加之世界各国的社会保障具体模式千差万别,因而在社会保障资金收支预算方面呈现出不同的特色。虽然一个国家的政治、经济、文化、历史传统等因素最终决定着社会保障资金的预算,但从总体上来看,社会保障资金的种类、模式以及筹资方式对社会保障资金预算的影响较为直接。

首先,不同类型的社会保障资金对社会保障资金收支预算的要求不同。社会救助、社会优抚、社会福利这些相关资金由政府组织实施,需要政府来安排,因此,在大多数国家都属于政府一般预算的范围。对于社会保险资金预算一般只涉及统筹账户的部分,由于政府对社会保险资金只承担部分责任,因而都不纳入政府一般预算,而是采取专项基金预算等预算外形式。[①]

其次,社会保障模式会对社会保障资金收支预算产生重要的影响。在

[①] 例如,2014年8月31日修订的《中华人民共和国预算法》第5条第1款规定,"预算包括一般公共预算、政府性基金预算、国有资本经营预算、社会保险基金预算。"第6条第1款规定,"一般公共预算是对以税收为主体的财政收入,安排用于保障和改善民生、推动经济社会发展、维护国家安全、维持国家机构正常运转等方面的收支预算。"这些都表明了不同类型社会保障资金收支预算的具体要求是有着明显的差异的。

福利型的社会保障制度中,由于其福利政策是在全社会的范围内实施,其筹资模式是税收,因而一般都会建立完善的社会保障资金收支预算制度。而在新加坡、智利、墨西哥等采取个人资金强制储蓄和市场化运作的国家,社会保障资金则无须纳入政府预算管理,因而在预算管理方面政府性较弱。

再次,社会保障资金的筹资模式会影响社会保障资金的预算。在现收现付制的国家,社会保障在本质上是一种代际转移支付,由于社会保障资金由政府集中管理,社会保障资金收支预算注重短期(年度)资金的平衡,因而一般需要严格的社会保障资金预算管理。在完全积累制的国家,社会保障资金要么是建立独立的社会保障预算对社会保障资金进行专门管理,要么干脆不需要预算管理,直接由国家委托特定的机构进行管理。在半积累制国家,社会保障资金运行综合考虑了社会保障资金收支的纵向和横向的平衡,因而在预算方面较为灵活:一部分纳入预算管理,一部分可以不纳入预算管理;可以建立独立的预算,也可以内含于一般预算之中。①

正是因为以上各种因素的影响,各国在社会保障资金的预算方面的具体制度也会有所不同。例如,美国的社会保障预算分为国家预算之内的社会保障项目预算和独立于联邦预算之外、以信托基金形式存在的社会保险基金预算;英国的社会保障缴款及其社会保障支出完全纳入政府预算内管理;日本的社会保障预算由一般会计预算和特别会计预算两大体系组成,社会保险主要是在特别会计预算中反映,一般会计预算中则反映政府对社会保险的补助和社会救济等内容。②

2. 社会保障资金预算的双重法律属性

社会保障预算具有明显的经济法和社会法的双重法律属性。这是因为,社会保障资金中的公共财政资金(包括社会救助资金、社会福利资金、社会优抚资金)从其来源上看,属于公共财政,因而这部分资金的预算具有明显的经济法属性,在整体上属于经济法的调整范畴,受预算法的直接调整;但社会保障资金中的非公共财政资金要么兼具有经济法与社会法的属性(例如,社会保险资金中的统筹账户部分),要么主要是社

---

① 林治芬、高文敏:《社会保障的预算管理》,中国财政经济出版社2006年版,第25—26页。

② 同上书,第33、38、41页。

法属性,都会或多或少受到社会法的调整。正是社会保障资金预算的这种双重法律属性,使得社会保障资金的预算显得颇为复杂。但是需要指出的是,社会保障资金虽然具有经济法和社会法的双重属性,但社会保障资金预算独立于一般财政预算,在这一点上是明确的。

3. 社会保险资金预算的具体法律调整

关于社会保险资金的预算,2010年1月2日,国务院发布了《关于试行社会保险基金预算的意见》(以下简称《意见》)。该《意见》详细规范了社会保险基金预算的指导思想和原则、编制范围、编制方法、编制和审批、执行和调整、决算、组织实施等方面的内容。

从总体上看,该《意见》突出强调了社会保险资金与一般公共财政资金的区别,在这一基础之上建立了相对独立的预算管理制度。比如,在社会保险基金预算的基本原则方面,强调"专项基金,专款专用"、"相对对立,有机衔接";在社会保险基金预算编制范围方面,涵盖了"企业职工基本养老保险基金、失业保险基金、城镇职工基本医疗保险基金、工伤保险基金、生育保险基金等内容",而"根据国家法律法规建立的其他社会保险基金,条件成熟时,也应尽快纳入社会保险基金预算管理";在社会保险基金预算编制方法方面,强调"社会保险基金预算编制采用科学、规范的方法,提高预算编制的预见性、准确性、完整性和科学性";在社会保险基金预算编制和审批方面,规定"统筹地区社会保险基金预算草案由社会保险经办机构编制,经本级人力资源社会保障部门审核汇总,财政部门审核后,由财政和人力资源社会保障部门联合报本级人民政府审批",① 最终,"全国社会保险基金预算草案由人力资源社会保障部汇总编制,财政部审核后,由财政部和人力资源社会保障部联合向国务院报告","待条件成熟时,由国务院适时向全国人大报告"。②

此外,2010年10月28日通过的《社会保险法》也对社会保险资金

---

① 由于在部分地区,社会保险费由税务机关进行征收,因此,《意见》同时还规定,"社会保险费由税务机关征收的,社会保险基金收入预算草案由社会保险经办机构会同税务机关编制"。

② 2013年2月16日,财政部部长谢旭人发文表示,"2013年,财政部将首次向全国人大报送社会保险基金预算,要以此推进社会保险基金预算管理制度化、规范化、科学化",具体内容参见《中国财政》2013年第2期。

的预算作了原则性规定。该法第65条明确规定,"社会保险基金通过预算实现收支平衡。县级以上人民政府在社会保险基金出现支付不足时,给予补贴。"第66条规定,"社会保险基金按照统筹层次设立预算。社会保险基金预算按照社会保险项目分别编制。"第67条规定,"社会保险基金预算、决算草案的编制、审核和批准,依照法律和国务院规定执行。"第68条规定,"社会保险基金存入财政专户,具体管理办法由国务院规定。"第69条规定,"社会保险基金在保证安全的前提下,按照国务院规定投资运营实现保值增值。社会保险基金不得违规投资运营,不得用于平衡其他政府预算,不得用于兴建、改建办公场所和支付人员经费、运行费用、管理费用,或者违反法律、行政法规规定挪作其他用途。"以上规定分别从社会保险基金的收支平衡和政府补贴责任、预算的设立、预算制定程序、资金管理账户、运营管理的角度对社会保险资金预算中的问题进行了规范。

4. 其他类型社会保障资金预算的法律调整

除了社会保险资金以外,社会救济、社会优抚、社会福利等社会保障资金的预算主要是通过当期国家财政预算来实现,实行预算内管理,受《预算法》及其实施条例的调整。1995年11月22日国务院发布的《预算法实施条例》第20条明确规定:"各级政府预算按照复式预算编制,分为政府公共预算、国有资产经营预算、社会保障预算和其他预算。"该条规定确立了社会保险资金以外的其他社会保障资金预算的基本模式。除此之外,其他相关行政法规和部门规章也对这些类型的社会保障资金进行了相关规定。①

总体来看,我国国家财政预算中的社会保障支出包括劳动保障事业支出、抚恤和社会福利救济费类支出、行政事业单位离退休警方类支出、社会保障补助类支出和卫生经费支出等具体项目。这些项目的相关资金同国家财政其他一般预算资金一样,由财政部门将资金按照预算分配给民政、劳动和社会保障、卫生等相关部门,再由这些相关部门发放给有关单位和个人。

---

① 例如,《城市居民最低生活保障条例》第5条第1款规定,"城市居民最低生活保障所需资金,由地方人民政府列入财政预算,纳入社会救济专项资金支出项目,专项管理,专款专用。"

（四）小结

社会保障资金收支的平衡和预算问题关系到整个社会保障的顺畅运转，因而受到了世界各国的普遍重视。尤其是在实行现收现付制的国家，社会保障资金的收支平衡和预算直接关系到当期社会保障资金的支付，具有突出的政治和社会意义。本部分从社会保障资金运行收支平衡的必要性出发，结合当前财政预算法治化进程，论证预算法的双重法律属性；然后结合影响社会保障资金预算的主要因素，对社会保障资金收支平衡的预算法调整等相关问题进行分析。

四 社会保障资金的筹集及其税法调整

（一）社会保障资金的筹集与当前的社会保障税问题

如前所述，社会保障资金的筹集问题关系到整个社会保障资金的充足与否，因而在整个社会保障资金收支运行中显得十分重要。从我国当前社会保障资金筹资的实践情况来看，社会保障资金的筹集具有多样化的特点，来源渠道并不统一。但从整体上来讲，社会保障资金主要来源于国家财政转移支付的资金以及由税务机关（或社会保险经办机构）征收的社会保险费两大渠道。[①] 这两部分资金从其基本属性与最终承担的主体的角度来看，都具有一定的"税"的属性，大致都可以归入到"社会保障税"的范畴。因此，为了研究的方便，接下来有关社会保障资金筹集的法律调整的相关内容主要是围绕着社会保障税的税法调整这一核心问题展开的。[②]

如前所述，就社会保障资金的主要筹资工具而言，世界各国主要运用"税"和"费"两种方式，形成了相应的社会保障税和社会保险费。显

[①] 当然，社会保障资金的种类繁多，还包括其他来源，例如，从福利彩票基金等获得的资金、从社会慈善捐款取得的资金，此外，还有企业年金等补充社会保险资金以及具有社会保障属性的住房公积金，但这部分资金与整个社会保障资金相比较而言所占比例较小。为了分析的方便，此处暂不考虑这部分社会保障资金。

[②] 实际上，社会保障资金的筹资不可避免地涉及企业的缴费问题，而这部分内容与企业公司法紧密相连，但考虑到本书的主旨，对这部分内容不作讨论。

然，社会保障税与社会保险费虽然同属于社会保障的范畴，但其出发点和对公平与效率的理解是有不同偏重的。从整个社会公平分配的视角来看，社会保障税更能体现社会保障的互济性，因而在整体上比社会保险费更有利于整个社会公平分配的实现和经济与社会的综合平衡。① 但社会保障税作为一种独立的税种，在我国当前立法上一直未能予以明确规定。

其实，在我国20世纪90年代，社会保障税②问题曾经以税制改革为契机，在经济学界进行过相当热烈的讨论，之后慢慢沉寂。③ 但是随着我国《社会保险法》立法进程的不断推进，尤其是在中央财政部门官员的正式表态之后，④ 社会保障税问题又重新引起学者们的关注，即便是在《社会保险法》顺利通过并实施之后，这种争论仍未停止。⑤ 与经济学界的热烈讨论相比，法学界对社会保障税问题并未真正深入进行，至少到目

---

① 需要说明的是，这只是从整个社会公平分配的视角来看，社会保障税比社会保险费更有利于经济与社会的平衡，但这并不意味着社会保障税在任何意义上都优于社会保险费。实际上，正是因为从不同的角度进行考量，才会使得世界各国在社会保障资金筹资工具的选择上呈现出多元化的趋势。

② 需要说明的是，世界各国对"社会保障税"的具体表述和使用名称不尽相同。例如，一些国家称之为"社会保障税（Social Security Tax）"，有的国家则用"社会保障税"或者"社会保障缴款（Social Security Contributions）"，但一般都是指为筹集特定社会保障基金而对一切发生工薪收入的雇主、雇员就其支付、取得的工资和薪金收入为课税对象而征收的一种税。由于社会保障税的课税对象为工薪收入，因此，社会保障税在美国被称为工薪税（Payroll Tax）。我国目前尚未开征社会保障税，在《社会保险法》中使用的是"社会保险费"一词。虽然"税"和"费"存在差异，但为了研究方便，除了特别说明以外，本书使用的"社会保障税"概念包含了"社会保障费"。

③ 中国最早开始关注社会保障税，是在20世纪80年代末，主要是从比较研究的角度进行思考，参见唐腾翔《外国社会保障税的比较研究》，《涉外税务》1989年第4期。但针对中国社会保障税问题的集中研究则在1993年之后，曾以当时的税制改革为契机进行过相当热烈讨论。

④ 2010年4月1日，财政部部长谢旭人在《求是》上发文，明确提出"研究开征社会保障税"。参见谢旭人《坚定不移深化财税体制改革》，《求是》2010年第7期。文章一经发表，立即在社会上引起强烈反响，各大网站如中国政府网、网易网、新浪网迅速转载，《中国财经报》《中国财政》《农村财政与财务》等财经类报刊也很快予以全文转载。

⑤ 经济学界学者们基于对社会保障税费性质的不同理解，分成了"从税派"和"从费派"。虽然本人不赞成采用贴标签的方式对别人的观点进行断章取义，但一个不争的事实在于，人们对社会保障税的态度是有很大争议的。除去部门利益之争的因素，学者们的视角、价值观和学科背景也在一定程度上影响到各自的观点。

前为止，与社会保障税问题相关的、有分量的法学理论成果并不多见。①这也许与社会保障税问题的交叉性和边缘性有关。②然而，正是这种交叉性和边缘性，使得研究社会保障税问题具有独特的意义。社会保障税不仅对我国税制和税法结构有重要影响，而且作为社会保障的重要筹资工具，在一定程度上也决定着社会保障法律制度目的的真正实现，是连接经济法和社会法的关键点，研究社会保障税问题有助于深刻理解经济法与社会法之间的内在联系。

研究社会保障税可以有多个角度，③其中公平分配视角更能清晰透视经济法和社会法的联系脉络。法律作为人类社会制度文明的重要组成部分，整体都与分配具有天然的联系，以其独特的价值为社会经济生活提供了基本前提，并"决定着所有财富的安排"。④况且，法律本身也是"一种配给制度"，⑤是一种追求公平和正义的分配制度，"法律有关权利、义务的分配，对社会财富及收入的分配有重要影响"。⑥在整个法律部门中，"经济法又通常被认定为是典型的'分配法'，分配不仅始终是改革开放过程中的重要问题，也是贯穿整个经济法制度建设的一条重要经脉"。⑦而社会法同样具有突出的再分配功能。社会保障税作为税收体

---

① 笔者于2011年8月18日在北京大学图书馆中国期刊全文数据库中以题名含有"社会保障税"进行搜索，共有文章696篇，其中属于经济法的只有30篇；以题名含有"社会保障费"进行搜索，共有文章70篇，其中属于经济法的只有1篇；以题名含有"社会保险费"进行搜索，共有文章971篇，其中属于经济法的只有11篇。这些为数不多的法学成果多集中在就事论事的社会保障税立法、法律体系构建层面，很少有把社会保障税放到法律整体框架内，尤其是放到经济法和社会法体系框架内，运用法学的方法和思维进行研究的文章。

② 研究税法的学者把精力主要放在税法的主要内容上，对社会保障税并未投入过多的精力去研究；研究社会法的学者本来就不多，而这些学者又大都把研究重点放到社会法的"核心领域"，很难有精力去研究"交叉地带"和"边缘地带"，这也与社会法学新兴学科的地位有关。

③ 研究社会保障税可以从多个视角进行，例如，可以从功能、经济效应、税负形成和人权等角度进行分析。此外，税制结构优化也是研究社会保障税的重要视角。

④ ［法］弗雷德里克·巴斯夏：《财产、法律与政府——巴斯夏政治经济学文粹》，秋风译，贵州人民出版社2003年版，第98页。

⑤ ［美］劳伦斯·M. 弗里德曼：《法律制度——从社会科学角度观察》，李琼英等译，中国政法大学出版社1994年版，第23页。

⑥ 何建华：《社会正义论》，人民出版社2007年版，第36页。

⑦ 张守文：《贯通中国经济法学发展的经脉——以分配为视角》，《政法论坛》2009年第6期。

制中的重要税种，本身就"是对各类主体的利益的平衡，是分割社会财富的利器"，① 是一种收入再分配重要方式。因此，从公平分配的视角审视社会保障税，不仅有助社会保障收支运行法律制度的完善，同时对贯通经济法和社会法、增强经济法与社会法的综合调整同样具有十分重要的意义。尤其是在当前税制结构优化的背景下，对社会保障税的研究还可以直接促进我国税收法律制度的完善，因而具有理论和实践的双重意义。

（二）公平分配视角下的社会保障税②

1. 社会保障税与公平理念的契合

如前所述，公平在不同的历史时期和国情之下，其具体含义不同。公平这一概念广泛应用于哲学、伦理学、经济学、政治学、法学、社会学等领域之中，在不同的学科中和语境下强调的侧重点也会存在一定的差异。但是，从一般意义上看，公平与公正、平等、正义的含义非常接近，都是一种衡量的标准和尺度，具有高度抽象的理念性。社会保障税既是经济学的范畴，又是法学的范畴，与公平理念存在高度的契合，这种契合可以从社会保障税的理论基础、社会基础以及社会保障税的运作机制等方面得到印证。

首先，从社会保障税的理论基础来看，社会保障税与公平理念高度契合。学界一般认可，社会保障税的产生与社会保障理论密切相关。在众多的社会保障理论中，有三种理论极具代表性，即英国庇古的福利经济学说、凯恩斯的社会保障理论和贝弗里奇的福利计划理论。它们分别代表了不同时期各国的社会保障制度发展方向，至今仍具有深远的影响力。庇古在《福利经济学的几个问题》一文中指出增加社会福利有两个途径："一是对于一个人的实际收入增加，会使满足增大；二是将富人的货币收入给穷人，满足会增大"；③ 英国著名经济学家凯恩斯以需求管理为基础建立了社会保障经济理论，其在《就业、利息和货币通论》中提出了国家干预经济理论及政策主张，其中，社会保障占有相当重要的地位；《贝弗里

---

① 张守文：《财富分割利器——税法的困境与挑战》，广州出版社2000年版，第338页。
② 本书此部分的相关内容曾以《公平分配视角下的社会保障税》为题目发表在《河南师范大学学报》（哲学社会科学版）2012年第4期。
③ 转引自陈银娥《现代社会的福利制度》，经济科学出版社2000年版，第19页。

奇报告》是一份关于英国社会保险问题的技术性报告，建议政府全面建立社会保险制度和国民医疗保险制度。其中，庇古的福利经济学理论从社会福利的角度，论证了社会保障和社会保障税开征的必要性，符合"均贫富"的公平理念；凯恩斯从国家干预经济、矫正市场缺陷的角度，论证了社会保障和社会保障税存在的必要性，符合"经济安全"的公平理念；贝弗里奇福利计划理论的出发点则是维护弱势群体的基本利益，符合"关注弱者"的公平理念。此外，近代以来建立在"人人生而平等"理念之上的人权理论也为社会保障税的合理性提供了理论基础。以上这些理论，虽然侧重点各不相同，但是都反映了一定程度的公平理念，为后来社会保障税在西方发达国家的开征提供了坚实的理论基础。

其次，社会保障税的社会基础同样体现了社会保障税和公平理念的契合。一般认为，社会保障税产生于20世纪30年代的经济危机时期，经济危机及由其引起的社会危机迫使西方国家开始运用税收的方式来筹集社会保障资金，于是，"一种以纳税人的工资、薪金所得为征税对象，且'专税专用'于社会保障支付的新税种——社会保障税便产生了"[①]。1935年，美国首次以立法的形式确立了社会保障税之后，其他国家也陆续开征了社会保障税。因此，社会保障税的产生可以理解为西方国家应对"经济危机"所引发的"社会危机"的工具，是特定时期配合社会保障法应对"社会危机"的副产品。"社会危机"使得国家和政府开始关注社会弱势群体并采取相应措施着手解决社会问题。社会保障税及其所支撑的社会保障制度从其产生之初就体现了对社会弱势群体的特殊关怀，彰显了其独特的公平价值理念，因而具有鲜明的"公平理念"烙印。从这种意义上讲，社会保障税在产生之初就与特定时期的公平理念高度契合。

再次，社会保障税与公平理念的契合还体现在社会保障税的运作机制上。社会保障税和它所支撑的社会保障制度，通过物质财富的再分配过程，矫正初次分配中的不公平，使得社会成员中的劳动者可以在保证基本生存的情况下参与市场竞争，社会成员中的潜在劳动者（未成年）也有机会通过努力摆脱不利境遇，从而在一定程度上维护了社会公平。而且，与一般税收不同，社会保障税属于目的税，其款项专款专用，指定用于社会保障支付，但是社会保障税的纳税主体与受益主体之间并不完全对应，

[①] 高培勇：《西方税收——理论与政策》，中国财政经济出版社1993年版，第220页。

在一定程度上还会存在代际转移支付的问题，这一代人缴纳的社会保障税并不是用在这一代人身上，而是很有可能用于支付上一代人的社会保障费用。① 这种"代内转移支付"和"代际转移支付"同样体现了"代际公平"的理念。

2. 社会保障税与分配制度的契合

社会保障税作为再分配的范畴，与分配制度存在高度的契合。这种契合，可以从分配制度的内容、层级、主体、标准等方面进行探讨。

首先，从分配制度的内容来看，社会保障税属于分配制度的重要组成部分，与分配制度高度契合。如前所述，分配有广义和狭义之分。广义的分配包括对全部社会资源的分割，包括自由、权力、权利、财富等各个方面；狭义的分配仅仅指财产利益的分割，主要是收入的分割。社会保障税与广义和狭义的分配都有高度的契合。一方面，社会保障税是针对工资收入课税的一种税，因此必然涉及财产收入分配的问题，完全可以归入到狭义分配的范畴；另一方面，社会保障税的征收必然涉及公权力的配置，例如社会保障征税权的分割、财税宪政问题等问题，同样也可以归入到广义分配的范畴。因此，从这种意义上讲，无论是广义的分配还是狭义的分配，社会保障税都与之高度契合。

其次，从分配制度的层级来看，社会保障税是连接第二次分配和第三次分配的关键点，因而与分配制度高度契合。一般认为，分配按照其层次可以分为初次分配和再分配，初次分配主要是在经济领域之内进行，包括生产资料的分配和生活资料的分配，而再分配是经济领域之外的分配，包括第二次分配和第三次分配，第二次分配是政府通过税收、财政、预算、价格法律法规和政策进行的，第三次分配是通过社会保障法律和政策进行的。因此，社会保障税属于再分配，但是它的地位非常特殊：一方面，它属于税收的范畴，可以归入到第二次分配；另一方面，它又是社会保障资金筹资的一种方式，属于社会保障的范畴，可以归入到第三次分配，是再分配中连接第二次分配和第三次分配的关键点。社会保障税与分配制度这方面内容的契合，也体现了社会保障税经济性和社会性的复合，更加凸显了经济法与社会法的密切联系。

再次，从分配的主体来看，社会保障税属于国家分配的范畴，因此与

---

① 这种"代际转移支付"在养老保险中体现得更为明显。

分配制度存在着高度的契合。分配主体，也就是由谁来进行分配的问题，一般认为，主要包括经济主体、市场和国家三个方面。在市场经济条件下，经济主体的分配主要是通过自愿交换的方式来完成；市场的分配主要是通过市场机制的调节来完成；国家的分配主要是通过经济法和社会保障法进行宏观调控来完成。显然，社会保障税是国家运用国家权力，进行强制征收社会保障资金的一种方式，从其征缴主体来看，应当属于国家分配的范畴。此外，社会保障税收取的资金通过国家来进行发放，从其发放主体来看，也应当属于国家分配的范畴。社会保障税和分配制度在这方面的高度契合，充分体现了社会保障税的经济性与社会性的契合，这一契合点就是国家这一分配主体。这也在一定程度上表明，经济法与社会法都具有较强的国家调制性。

最后，从分配的标准来看，社会保障税对公平和效率进行平衡，因此也与分配制度高度契合。分配标准也就是根据什么标准进行分配的问题。在分配对象、分配收受者、分配次数、分配主体相对确定的情况下，分配的标准十分关键，它决定着人们对分配的认可度以及相关主体的生产积极性、下一个环节经济活动的进行、社会的安全和稳定等一系列问题，在整个分配制度中具有举足轻重的地位，是整个分配制度的核心要素。由于在现实生活中影响到某一次具体分配的因素非常多，分配的最终标准可能是以某一标准为主、综合其他多个标准，[①] 但主要是公平和效率两个标准。社会保障税中的分配标准更是强调公平，但又不能忽视效率，这是社会保障税与分配标准的契合。这种契合说明，社会保障税的社会性特征比较明显，但社会保障税作为经济法的体系范畴，又有着一定的经济性。如何协调社会保障税中的公平与效率关系，以及经济性和社会性的关系，这正是下文所要论述的内容。

3. 社会保障税中公平与效率的平衡问题

社会保障税中公平与效率的平衡根源于并且在很大程度上体现分配制度中公平与效率的协调。任何社会的分配制度，都必须协调公平与效率。一方面，分配必须考虑到社会的认同感，也就是公平；另一方面，公平分配还必须考虑到分配的客体的最大化，也就是效率。片面强调效率而忽视

[①] 在人类的历史进程中，诸如经济绩效、政治影响、机会均等、权力优先这些具体的分配标准都曾出现过，只不过在不同阶段，这些具体的标准侧重有所不同而已。

基本的社会公平必然会导致社会问题的出现，而片面地强调公平并不必然就有助于效率的提高，甚至可能导致效率的下降。从这种意义上讲，实然存在的分配制度在某种程度上都是公平和效率博弈平衡的产物。分配制度中公平与效率的协调直接影响到社会保障税中公平与分配的平衡。我国社会保障制度理念的变迁就充分反映了这一点。在改革开放初期，我国在政策导向上偏重强调效率，其基本理念是"效率优先、兼顾公平"，实行"初次分配注重效率，再次分配注重公平"的分配原则，社会保障税及其支撑的社会保障制度并未能受到应有的重视，导致当前社会问题凸显。而在中共十七大之后，中央在政策导向上开始偏重于公平，强调"合理的收入分配制度是社会公平的重要体现"，"初次分配和再分配都要处理好效率和公平的关系，再分配更加注重公平"，社会保障税及其支撑的社会保障制度也开始在理念上偏重于公平，着重解决当前因经济发展所带来的一系列社会问题。

　　社会保障税中公平与效率的平衡在不同的国家和地区有不同的侧重，但总体上都处于一个大致平衡的状态。在社会保障税中，公平问题主要是指社会保障税对社会整体发展的促进程度，效率问题主要是指社会保障税对经济发展的促进程度。社会保障税中的公平与效率是一对矛盾统一体。事实上，社会保障税中的公平与效率之间的互动是如此复杂，以至于要准确确定合理的社会保障税，就必须结合不同国家和地区的政治、经济、文化背景，在动态博弈的过程中平衡公平与效率。社会保障税在平衡公平与效率之间的张力时具有明显的国情特色，在不同国家，甚至在同一个国家不同的历史阶段，都会有不同的侧重。在瑞典和英国等西北欧福利国家，社会保障税及其支撑的社会福利制度明显偏重于公平理念，以至于产生了福利国家的"福利病"；而在美国、日本等国家，社会保障税及其支撑的社会保障制度虽然没有偏离基本的公平性，但其主要价值趋向还是效率。有些国家关于社会保障税中公平与效率的关系更为复杂，在不同的历史时期，其公平和效率的侧重点会有不同的调整。智利在20世纪70年代末之前，社会保障税及其支撑的社会保障制度一直以公平为基本理念，实行高税收高福利的社会保障政策，但在20世纪70年代末，智利开始进行了大规模的社会保障制度改革，开始从偏重公平转向偏重效率。在上述论述中，社会保障税中公平与效率的平衡虽然不断变动，但在总体上处于一个基本均衡的状态。

社会保障税中公平与效率的平衡也可以理解为经济性与社会性的平衡。由于"效率"强调经济效率，具有明显的经济性，而"公平"强调社会正义，具有明显的社会性，因此，社会保障税中公平与效率平衡又表现为经济性和社会性的平衡。虽然公平和效率都是法律的重要价值，但它们在不同法律部门的具体侧重点是不一样的。从总体上看，经济法固然也关注社会效应，具有一定的社会性，但其更具有鲜明的经济性，侧重于效率；[1] 而社会法固然也具有一定的经济性，但其更具有鲜明的社会性，侧重于公平。从社会保障税中这种经济性和社会性的平衡，我们也可以清晰地看到经济法与社会法的内在联系。经济法虽然具有明显的经济性，但与其社会性紧密相连，而社会法虽然具有明显的社会性，却同样与其经济性相连。这是因为，在当今时代，"经济法和社会法都属于现代法，都具有突出的现代性，并由此都具有一定的政策性、社会性，无论是基本理念还是制度构建，无论是产生的经济基础还是社会基础，两个部门法都存在较多的一致性，从而体现出密切的联系"[2]。

社会保障税中公平与效率平衡所体现出来的这种经济法与社会法的密切联系，对经济法学和社会法学的研究方向和发展进路具有十分重要的意义。经济法学研究不仅要关注经济效率问题，还必须要考虑到社会公平问题；而社会法学研究，不仅要关注社会公平问题，还要考虑经济效率问题。况且，在当代社会，有很多经济问题本身也是社会问题，而有很多社会问题又源于经济问题，经济问题和社会问题纵横交错，难以分离，必须综合运用经济法和社会法才能妥善解决。当前我国对住房保障、工资分配、环境污染等问题的解决就明显体现出了这一思路。

4. 小结

社会保障税作为连接经济法和社会法的关键点，具有经济性与社会性高度复合的特点。而公平分配不仅是经济问题的核心，而且是社会各界普遍关注的重要社会问题，也是经济法与社会法所共同研究的对象。因此，从公平分配的角度研究社会保障税，对于理解社会保障税的内在逻辑以及综合运用经济法和社会法解决社会问题，具有十分重要的意义。在我国当前经济发展方式转变的大背景之下，需要面对诸多经济性与社会交织的复

---

[1] 关于经济法的经济性，可参见张守文《经济法总论》，中国人民大学出版社2009年版，第48—49页。

[2] 张守文：《经济法总论》，中国人民大学出版社2009年版，第60页。

杂问题，更需要综合运用经济法和社会法进行调整。当然，经济法与社会法的密切联系不仅限于社会保障税这一具体制度，还体现在很多方面，例如住房保障、社会保障基金管理等问题，都直接体现了经济法和社会法的这种关联性。限于本书的主旨，笔者并未对其他问题进行详细论述，而是以公平分配视角下的社会保障税为研究的切入点，相信这会对加强经济法与社会法的综合研究，以及当代复杂的社会经济问题的解决，有一定的启示作用。

（三）税制结构优化背景下的社会保障税法制建设

1. 公平分配、税制结构优化与社会保障税

如前所述，社会保障税与公平分配高度契合，是实现公平分配的重要工具，具有重要的经济社会平衡功能。正是因为如此，西方国家普遍重视社会保障税法制建设。从税制结构的角度来看，在一些西方发达国家，社会保障税占据财政收入的很大比例，有些国家甚至可以达到财政税收收入的一半以上，其地位非常重要。

在当前税收结构优化的背景下，我国很有必要深入研究社会保障税。2010年10月28日通过的《社会保险法》虽然没有明确规定开征社会保障税，但它规定的"社会保险费"兼具税收的性质。而且在实践中，有多个省份的社会保险费由税务部门征收，与财税体制紧密相连，对税收结构的优化产生了一定的影响。2011年3月16日全国人大通过的《中华人民共和国国民经济和社会发展第十二个五年规划纲要》也明确指出，"按照优化税制结构、公平税收负担、规范分配关系、完善税权配置的原则，健全税制体系，加强税收法制建设"，"继续推进费改税"，"逐步健全地方税体系，赋予省级政府适当税政管理权限"。当前，社会保障税的研究已经进入到税制具体设计阶段，可以合理预见，社会保障税的开征并非完全不可能。由于社会保障税的开征必然会对我国整个税制结构产生重大而深远的影响，因此，很有必要对此问题进行深入研究。

研究社会保障税可以有多个视角，其中税制优化与税权配置是非常重要的切入点，对我国当前社会保障税的法制建设具有十分重要的意义。我国当前的社会保障制度体系相当复杂，各个具体项目之间差异较大，相互关系错综复杂，而作为社会保障筹资方式的社会保障税，不仅在性质上兼具有"税"和"费"的双重复合性，还涉及个人与国家、中央与地方多

个层面的诸多利益，因此研究社会保障税法制建设，寻找一个合适的切入点非常重要。在当前社会背景下，税制结构的优化是税制改革的一个重要方面，而税制结构优化必然会涉及中央与地方的税权配置，"从一定意义上说，税权是整个税法研究的核心"，"税法学上的许多问题，都可以解释为各种不同意义上的税权如何有效配置的问题"。① 因此，从税制结构优化背景下税权配置的角度研究社会保障税与地方财税法制建设，非常重要。

2. 税制结构优化背景下的社会保障税

研究社会保障税法制建设，有必要结合税制结构优化这一大的背景。只有在这种背景之下，才能更好地认识社会保障税法制建设相关问题。税制结构，又称为税收结构，是指一个国家税收体制的内部构成及其组合，或者说，"税制结构是指一个税收体系中的税种构成以及不同税种的地位和相互关系"②。税制结构合理与否，对于一个国家的财政状况具有非常重要的意义，因为"一国的税收体系由哪些税种或税类构成，各税种或税类之间的数量比例关系及协调性、互补性如何，都是税制结构方面的问题，它们直接影响着整个税收体系内在功能的有效实现"③。从总体上看，税制有单一税制和复合税制之分，但现代国家一般采取复合税制。虽然各国在具体结构方面存在一定的差异，呈现出各自的国情特色，但仍然具有一定的共性。例如，"学者一般认为现代税收体系在具体结构上由三大课税体系构成，即所得税系、商品税系和财产税系，并且，三大税系各自包含一系列的税种"④。

从税制的具体构成来看，在西方主要发达国家，社会保障税一般占有相当大的比重，对一国的财政收入和税制结构都具有十分重要的影响。尤其是近年来，随着各国社会保障事业的进一步发展，社会保障事业所需资金支出越来越大，社会保障征收范围逐步扩展，社会保障征收比例逐步提高，社会保障税在整个税收收入中所占的比例也越来越大。据统计，"（OECD 成员国）在 21 世纪后，其在税收收入的平均比重已超过 25%，在许多发达国家（如日本、德国、法国和意大利）的税收收入中，该税

---

① 张守文：《税法学》，法律出版社 2011 年版，第 36 页。
② 李文：《优化税制结构的制约因素分析》，《税务与经济》1997 年第 5 期。
③ 张守文：《财税法学》，中国人民大学出版社 2010 年版，第 154 页。
④ 同上书，第 156 页。

所占比重已超过个人所得税,跃居为第一大税种"①。

我国现行税制结构主要由增值税、营业税、消费税、关税和所得税这些主要税种构成,社会保障税在我国税制结构中长期缺位。现行税制结构有其形成的特殊历史背景和原因,虽然在历史上曾经发挥过重要作用,但是随着我国社会经济的不断发展,现行税制已经越来越不适应现实经济生活的客观需要,亟须优化。据财政部2011年7月19日公布的数据显示,在2011年1月至6月,"全国税收总收入完成50028.43亿元,同比增长29.6%,相当于去年全年税收收入的68%",其中,"在上半年的税收中,消费税、营业税等间接税的占比高达46.6%,且绝大多数税收由企业缴纳,这种不合理的税制结构已成为我国宏观税负居高不下的主要原因,并导致税收增长和物价高度正相关,不利于通胀管理,亟须改变"②。在税务学界和税法学界,进行税制结构优化已经成为学者们的共识。

社会保障税作为一种直接税,是影响我国税制结构和税负水平的一个重要因素,在税制结构优化的大背景下,受到了社会各界广泛的关注。从税制结构优化的角度来看,社会保障税的开征对我国税制结构的优化作用主要体现在以下两个方面:

一是大幅度提高直接税在我国税制结构中所占的比例,从根本上改变我国当前的税制结构。社会保障税是一种直接税,纳税人不能转嫁税负,而且在西方国家大多被归入到所得税之中。社会保障税的开征,将会使我国税制结构真正实现"流转税和所得税双主体"的模式。社会保障税对我国税制结构的这种影响十分明显,据学者调研统计数字,"如果按与外国可比的口径,将我国的社会保险费视同外国的社会保障税(捐)纳入税收收入,那么在不太远的将来,我国税收收入占GDP的比重达到25%左右,直接税收入占税收收入的比重达到50%左右,是完全有可能实现的"③。

二是对所得税内部结构产生非常重要的影响。由于社会保障税和个人所得税都是以劳动者的工资薪金为征税对象,具有共同的税基,因此

---

① 李林木:《发达国家税制结构变迁轨迹与未来走向》,《涉外税务》2009年第7期。

② 张牡霞:《上半年税收超5万亿税制结构亟需优化》,《上海证券报》2011年7月20日F02版。

③ 孟庆丽:《社会保障税影响我国税负水平和税制结构》,《市场报》2004年4月6日。

必然会涉及如何避免和弱化社会保障税与个人所得税重复征收的问题。社会保障税与个人所得税在性质上存在很大的差异，社会保障税有明显的累退性，而个人所得税有明显的累进性，这两种不同性质的税种如何协调是社会保障税开征需要考虑的重要问题。同时，社会保障税与企业所得税也存在一定的内在关联。社会保障税以工资薪金为征税对象，因而在很大程度上受到企业计税工资制度和企业所得税的影响。

在税制优化的背景下研究社会保障税有助于我们从宏观上认识社会保障税与地方财税法制建设的整体框架。社会保障税的开征对地方财政法制建设的影响是系统的、全面的，这些将会在后面的内容中具体论述。

3. 税制结构优化与社会保障税中的税权配置

研究税制优化背景下的社会保障税法制建设，还有必要研究社会保障税中的税权配置。因为社会保障税中的税权配置影响到中央和地方的财政关系，因而对整个财税法制建设都会产生重要影响。税权可以从多个纬度进行解析，例如，税权可以分别从国际法与国内法的角度理解，其中国内法上的税权又可以分为广义和狭义的税权。通常理解中的税权，是狭义的税权，"是国家或政府的征税权（课税权）或称税收管辖权"，"其具体内容包括税收立法权、税收征管权和税收收益权（或称税收入库权）"。① 本书讨论的税权，正是从这种意义上进行理解的。从社会保障税与地方财税法制建设的角度来看，社会保障税税权配置关系到中央与地方的财政利益划分，因而对地方财税法制建设具有非常重要的影响。

社会保障税中的税权配置首先涉及税收立法权的问题。税收立法权主要包括税法的初创权、税法的修改权和解释权、税法的废止权。税收立法权的分配，可以有横向分配与纵向分配之分。对于税收立法权的分配，各国由于国情差异导致在具体实践上有一定的不同。我国的税收立法权分配在纵向分配上属于集权模式，在横向分配上属于分享模式。虽然在总体上中央垄断了税收立法权，但在具体的税收制度建设方面，地方政府仍然享有一定的权力。具体到社会保障税，由于社会保障许多项目具有一定的地域特色，因此，根据以往的经验，即使是开征了社会保障税，中央也会通

---

① 张守文：《财税法学》，中国人民大学出版社2010年版，第193页。

过授权的方式赋予地方政府一定的社会保障税立法权,这将对地方财税法制建设产生重要影响。

社会保障税税权配置还涉及税收征管权与税收收益权问题。对于社会保障税的征收管理权以及由此带来的税收收益权是属于中央还是属于地方,也就是社会保障税在性质上是中央税还是地方税的问题,学界曾经有过一定的争议,主要有三种观点。第一种观点认为,社会保障税应属中央税,由国税部门征收。他们认为,在实行分税制的财政管理体制条件下,考虑到社会保障税的特性,社会保障税应划定为中央税收,由国税机关征收管理。① 第二种观点认为,社会保障税是地方税,按照属地原则列入地方税体系,统一由税务部门征收。② 第三种观点认为,社会保障税属于中央和地方共享税,但对于由哪个部门征收,则存在一定的争议。有人认为应由国税机关负责征收,也有人认为应由地税机关负责征收。③ 总体来看,"社会保障税作为具有一定收入分配功能和经济稳定功能的税种,原则上就划归中央,同时,该税又属于受益税,因而可根据受益范围即该税种(系)的具体受益内容分属中央和地方各级政府"④。因此,把社会保障税定位为中央和地方共享税,更符合社会保障税的性质,也更符合我国当前财税法制建设的实际情况。

其实,社会保障税的这种税权配置与社会保障项目的复合性与多样性直接相关。根据税法原理,国家税收存在的重要依据之一就是公共产品理论。而依据公共产品理论,公共产品可以分为不同层次,由不同层级的政

---

① 参见郭庆旺、张德勇《开征社会保障税的深层次思考》,《税务研究》2002年第3期;朱建文《我国社会保障税制的设计构想》,《税务研究》2005年第10期;王小康《我国社会保障税税制设计若干问题的分析》,《税务研究》2002年第3期;阎坤、曹亚伟《我国社会保障税制设计构想》,《税务研究》2003年第5期。

② 参见郭传章、王磊、蔡作岩《开征社会保障税是我国经济发展的必由之路》,《税务研究》2001年第11期;杨志荣、陈绍国、高志安《开征社会保障税是完善社会保障制度的必要条件》,《税务研究》1996年第1期;齐海鹏、付伯颖《社会保障筹资管理与开征社会保障税》,《税务研究》2000年第7期;许建国《社会保险费改税的利弊分析及改革设想》,《税务研究》2001年第4期;黄旭明《试论加快开征社会保障税》,《涉外税务》2001年第1期;伍克胜《对社会保障税税制基本框架的构想》,《税务研究》2003年第11期。

③ 参见崔军《西方国家的社会保障税制》,《税务研究》2002年第3期;张磊《设立社会保障税提高社会保障水平》,《税务研究》2006年第12期。

④ 庞凤喜:《开征社会保险税相关问题研究》,《税务研究》2003年第5期。

府来提供。这已经成为学界的共识。社会保障作为一种"公共物品",具有公共物品的一般属性,但是,因为社会保障各个项目之间内容和性质存在较大的差异,致使社会保障税的"公共性"层次划分很难界定。一般认为,我国当前的社会保障项目主要有社会保险、社会救助、社会福利和社会优抚,其中社会保险又可以分为养老保险、医疗保险、工伤保险、失业保险和生育保险五类。除社会保险以外的社会救助、社会福利、社会优抚等项目,传统上一直由国家财政统一安排,属于由国家提供的国家级"公共产品",具有较强的公共属性,这部分的税收权力归属中央更加合适。但是,社会保险的"公共性"十分复杂。其中,基本养老保险涉及面广、周期长、风险大,因而由中央政府统筹并承担最终责任更加合适,《社会保险法》第64条第3款也明确规定,"基本养老保险基金逐步实行全国统筹"。因而,基本养老保险具有强烈的"国家公共产品"属性,相应的税收收入也应当归属于中央。而补充养老、医疗、失业、工伤、生育等保险项目不仅涉及个人、家庭和企业,还与地方经济发展、生态环境、投资环境紧密相连,具有一定的"地方公共产品"的性质,因此地方政府应当承担相应的责任。

4. 社会保障税与地方财税法制建设

财税法制体系是处理中央与地方以及地方各级政府之间财税关系的制度体系,因此,财税法制建设的核心就是在明确中央与地方事权和支出范围的基础上,进一步明确划分实现事权的资金来源。在当前税制结构优化的背景下,社会保障税的开征也会对地方财税法制建设产生非常重要的影响。一方面,社会保障税会改变中央与地方的财政税收关系,并导致中央与地方税收权限的重新组合,这在前面已经有相应的论述;另一方面,社会保障税还会改变地方财税体系的具体构成,在具体制度方面对地方财税法制建设提出一系列的挑战。具体来讲,社会保障税主要从以下几个方面影响地方财税法制建设:

一是如何因地制宜地制定有关社会保障税的地方性法规和规章。如前所述,社会保障是具有层级性的"公共产品",社会救助、社会福利、社会优抚等项目由中央统一提供,而在社会保险诸项目中,除了基本养老保险由中央统一提供以外,其余的社会保险项目,具有明显的地方特色,因此,各统筹地区有必要根据当地情况,制定相应的地方法规和规章来规范各地的社会保障税问题。这在税收立法的层面对地方财税法制建设提出了挑战，这是具有一定的全局性并且难度较大的挑战。

二是如何加强社会保障税的征收管理工作。社会保障税是社会保障资金的重要来源，关系到社会保障事业的兴衰成败，因此，社会保障税的征收管理工作非常重要。由于社会保障税中大部分项目的征收与地方税务系统密切相关，因此，非常有必要通过地方财税法制建设来保证社会保障税的及时足额征收。事实上，目前征缴的社会保险费，除了由社会保障行政部门征收以外，在全国各地已经有多个省市自治区是由地方税务部门进行征收。因此，可以合理预见，未来社会保障税的征收也将大部分由地方税务部门负责征收，这就对地方财税法制建设中的税收征管提出了严峻的挑战。

三是如何进一步加强地方税务人员素质与税收信息化管理建设问题。社会保障税与一般税种的一个重要区别就在于，它的涉及面极广，而且由于社会保障税不存在像个人所得税的起征点问题，所以征收进行起来会更加烦琐。这不仅对地方财税法制建设中的"软件"——地方税务部门工作的人员素质提出了较高的挑战，也对"硬件"——地方税收信息化管理建设问题提出了非常高的要求。此外，社会保障税还涉及其他社会保障行政部门，因此，地方税务部门不仅要加强与其他部门之间的协调沟通，还要加强与其他相关部门的信息共享机制建设。

四是如何加强地方社会保障资金监管与维持收支平衡问题。与一般的税种不同，社会保障税属于受益税，具有直接的受益性和返还性。社会保障资金涉及广大人民群众的切身利益，是人民的"保命钱"，而且在社会保障税中，有些项目如养老保险项目的时间跨度非常长，因此，社会保障税的资金的监管和收支平衡问题尤为重要。自从 2006 年上海社会保险基金案发生之后，社会保障资金监管问题已经成为人民群众普遍关心的问题，如何加强地方社会保障基金的有效监管，也已经成为地方财税法制建设中的重要问题。同时，社会保障资金支出属于刚性需求，具有不可替代性，而且社会保障具有一定的不可逆转性，社会保障待遇水平一旦提高就很难下降。在一些西方国家，社会保障待遇水平问题一直是决定一个政党能否顺利有效执政的重要因素。因此，社会保障资金收支的平衡问题应当是中央和地方各级政府在财税法制建设中密切关注的内容。尤其是结合当前中国老龄化社会即将到来这一现实，社会保障资金的收支平衡问题就显得更加重要。

以上只是从总体上大致描述了社会保障税对地方财税法制具体制度建设方面的主要影响。由于社会保障税目前尚未开征，因此，以上的分析仅仅是一种大体的描述，其实，社会保障税对地方财政法制建设影响的具体细节问题及其相关关系会更加复杂，有待于理论的深入研究与实践的进一步验证。但是，放眼未来，社会保障税一定会对地方财税法制建设产生重要的影响。关注未来制度体系构建，这在当前的财税法制建设中尤为重要，也是财税法学学术研究的重要价值之一。

（四）小结

社会保障资金的筹资及其工具的选择问题至关重要。从公平分配的视角来看，社会保障税更能体现公平分配的基本内涵。而且，社会保障税在西方财政税收体系中占据十分重要的地位，很值得我国借鉴。在我国当前社会保障制度迅速发展的特殊历史时期，社会保障税作为筹集社会保障资金的有效途径，是支撑我国社会保障事业发展的财力基础，因此也会在我国未来的财政税收体系中占据相应的位置。同时，社会保障税问题关系到中央与地方的税权配置，会对中央和地方的财税法制建设产生非常重要的影响，并在具体财税制度的各个层面提出相应的挑战。在当前税制结构优化的背景下，社会保障税的地位更加凸显，研究社会保障税也更有意义。

五 社会保障资金的支付及其社会保障法调整

（一）公平分配与社会保障资金的支付

社会保障资金的支付可以理解为有关部门按照社会保障制度规定的条件、标准和方式，将社会保障资金给付于社会成员，以满足其基本生活需要。如前所述，社会保障的根本目的在于保障社会成员遭受到相应的社会风险事故时的基本生活需要。而这一目的的实现最终还是要落实在社会保障资金的支付上，因此，社会保障资金的支付可以说是社会保障目的和功能真正实现和发挥的关键环节，具有十分重要的意义。从公平分配的视角来看，社会保障资金的支付使得社会财富的分配最终得以实现，不仅有利于社会的和谐稳定，也有利于经济的持续发展，因而在整个社会经济层面具有积极的意义。此外，从个体的层面来看，社会保障资金的支付使得社会成员的生存公平权得到保障，同样具有积极的意义。

需要注意的是，社会保障资金的支付可以从广义和狭义的角度进行理解。广义上的社会保障资金支付可以理解为社会保障资金的支出，是"社会保障资金在各个社会保障项目上的分配运用"，① 从这种意义上讲，社会保障资金的支付不仅包括财政部门向有关部门拨付社会保障资金，还包括社会保障管理服务费的支出。狭义上的社会保障资金支付仅指社会保障待遇的直接给付，是指社会保险经办机构向符合条件的社会成员支付的社会保险待遇以及民政部门支付的社会救助、社会优抚等社会保障待遇的行为。为了研究方便，本书采用狭义上的社会保障资金支付。

如果从狭义的角度来理解社会保障资金的支付，那么社会保障资金的支付主要由社会保障法予以调整，基本上不涉及经济法。其中，社会保险资金的支付主要由社会保险经办机构来完成，相关问题由《社会保险法》相关法律来调整；社会救助、社会优抚、社会福利等资金的支付则由民政部门等相关部门来完成，相关问题由相应领域的法律法规予以规范。

（二）社会保险资金支付的法律调整

社会保险资金的支付尤其是养老保险金的支付，是整个社会保障资金支付中数额最大的一块，因此，社会保险资金支付的法律调整问题十分重要。社会保险由于项目繁多，在各类社会保险金的支付方面存在较大的差异。2010年10月28日，第十一届全国人大第十七次会议通过了《社会保险法》，针对不同类别的社会保险金的支付问题做了较为全面的规定。

《社会保险法》首先对社会成员的社会保险权和社会保险经办机构的支付义务进行了原则规定。该法第4条第2款明确规定，"个人依法享受社会保险待遇，有权监督本单位为其缴费情况"。这从社会保险权的角度对社会保险待遇的支付进行了规定。同时，该法第8条规定，"社会保险经办机构提供社会保险服务，负责社会保险登记、个人权益记录、社会保险待遇支付等工作"。这是从支付责任主体的角度对社会保险待遇的支付

---

① 林治芬主编：《社会保障资金管理》，科学出版社2007年版，第89—90页。

进行规范。以上分别从权利和义务的角度对社会保险资金的支付进行了原则性规定。

就基本养老保险金的支付而言,《社会保险法》第 16 条至第 19 条分别从享受基本养老保险待遇的条件、特殊情况下基本养老保险金的支付、基本养老金调整机制、基本养老保险关系转移接续制度等方面对基本养老保险金支付中的主要问题进行了规范。就享受基本养老保险待遇的条件而言,该法规定了参保年限和退休两个条件,并对未达到法定年限情况下的补救措施等相关问题也进行了规定。① 就参保个人因病或因工致残、死亡这些特殊情况下的基本养老保险金支付问题,该法明确规定相关资金由基本养老保险基金支付。② 就基本养老金的调整机制而言,该法规定了职工平均工资增长、物价上涨和基本养老保险待遇水平之间的关系。③ 就基本养老保险关系转移接续问题,该法规定了"分段计算、统一支付"的原则。④ 同时,该法还规定了新型农村社会养老保险和城市居民社会养老保险等相关问题。

就基本医疗保险金的支付而言,《社会保险法》第 26 条至第 29 条分别从医疗保险待遇标准、退休时的基本医疗保险待遇、基本医疗保险基金支付、基本医疗保险费用结算的角度对基本医疗保险金支付中的主要问题进行了规范。针对医疗保险待遇标准问题,该法从原则上进行了规定;⑤ 针对退休时的基本医疗保险待遇,该法明确了退休后不再缴纳基本医疗保

---

① 《社会保险法》第 16 条规定:"参加基本养老保险的个人,达到法定退休年龄时累计缴费满十五年的,按月领取基本养老金。参加基本养老保险的个人,达到法定退休年龄时累计缴费不足十五年的,可以缴费至满十五年,按月领取基本养老金;也可以转入新型农村社会养老保险或者城镇居民社会养老保险,按照国务院规定享受相应的养老保险待遇。"

② 《社会保险法》第 17 条规定:"参加基本养老保险的个人,因病或者非因工死亡的,其遗属可以领取丧葬补助金和抚恤金;在未达到法定退休年龄时因病或者非因工致残完全丧失劳动能力的,可以领取病残津贴。所需资金从基本养老保险基金中支付。"

③ 《社会保险法》第 18 条规定:"国家建立基本养老金正常调整机制。根据职工平均工资增长、物价上涨情况,适时提高基本养老保险待遇水平。"

④ 《社会保险法》第 19 条规定:"个人跨统筹地区就业的,其基本养老保险关系随本人转移,缴费年限累计计算。个人达到法定退休年龄时,基本养老金分段计算、统一支付。具体办法由国务院规定。"

⑤ 《社会保险法》第 26 条规定:"职工基本医疗保险、新型农村合作医疗和城镇居民基本医疗保险的待遇标准按照国家规定执行。"

险费,并对未达到参保年限的处理问题进行了规定;① 针对基本医疗保险基金支付,该法规定了可以支付的项目范围;② 针对基本医疗保险费用结算,该法规定了社会保险经办机构直接结算的制度;③ 此外,《社会保险法》第 30 条至第 32 条还对不纳入基本医疗保险基金支付范围的医疗费用、④ 医疗服务协议、基本养老保险关系转移接续制度等问题进行了规范。

就工伤保险金的支付而言,《社会保险法》第 36 条至第 43 条分别从享受工伤保险待遇的条件、不认定工伤的情形、工伤保险基金负担工伤保险待遇的范围、用人单位负担工伤保险待遇的范围、伤残津贴和基本养老保险待遇的衔接、未参保单位职工发生工伤时的待遇、民事侵权责任和工伤保险责任竞合的处理、停止工伤保险待遇的情形等方面对工伤保险金支付中的主要问题进行了规范。针对工伤保险待遇的条件,该法强调职工须因工作原因受到事故伤害;⑤ 针对现实生活中不当领取工伤保险金的现象,该法排除了四种情况的适用;⑥ 针对工伤保险待遇的负担,该法规定了工伤保险基金负担的九类相关费用和用人单位负担的

---

① 《社会保险法》第 27 条规定:"参加职工基本医疗保险的个人,达到法定退休年龄时累计缴费达到国家规定年限的,退休后不再缴纳基本医疗保险费,按照国家规定享受基本医疗保险待遇;未达到国家规定年限的,可以缴费至国家规定年限。"
② 《社会保险法》第 28 条规定:"符合基本医疗保险药品目录、诊疗项目、医疗服务设施标准以及急诊、抢救的医疗费用,按照国家规定从基本医疗保险基金中支付。"
③ 《社会保险法》第 29 条规定:"参保人员医疗费用中应当由基本医疗保险基金支付的部分,由社会保险经办机构与医疗机构、药品经营单位直接结算。社会保险行政部门和卫生行政部门应当建立异地就医医疗费用结算制度,方便参保人员享受基本医疗保险待遇。"
④ 《社会保险法》第 30 条规定:"下列医疗费用不纳入基本医疗保险基金支付范围:(一)应当从工伤保险基金中支付的;(二)应当由第三人负担的;(三)应当由公共卫生负担的;(四)在境外就医的。医疗费用依法应当由第三人负担,第三人不支付或者无法确定第三人的,由基本医疗保险基金先行支付。基本医疗保险基金先行支付后,有权向第三人追偿。"
⑤ 《社会保险法》第 36 条规定:"职工因工作原因受到事故伤害或者患职业病,且经工伤认定的,享受工伤保险待遇;其中,经劳动能力鉴定丧失劳动能力的,享受伤残待遇。工伤认定和劳动能力鉴定应当简捷、方便。"
⑥ 《社会保险法》第 37 条规定:"职工因下列情形之一导致本人在工作中伤亡的,不认定为工伤:(一)故意犯罪;(二)醉酒或者吸毒;(三)自残或者自杀;(四)法律、行政法规规定的其他情形。"

三类费用;① 针对伤残津贴和养老保险待遇的衔接问题，该法规定了相应的处理办法;② 针对未参保单位职工发生工伤、民事侵权和工伤保险责任竞合的情况，该法从对劳动者合法权益倾斜保护的角度进行了规范。③

就失业保险金的支付而言，《社会保险法》第45条至第52条分别从失业保险金标准、享受失业保险金期间的基本医疗保险待遇、领取失业保险金的程序、停止领取失业保险待遇的情形、失业保险关系的转移接续等方面对失业保险金支付中的相关问题进行了规范。

就生育保险金的支付而言，《社会保险法》第54条至第56条分别从生育保险待遇、生育医疗费的项目和享受生育津贴的情形等方面对生育保险金支付中的相关问题进行了规范。

（三）其他社会保障资金支付的法律调整

社会保险金以外的其他社会保障资金的支付主要由民政部门负责。由于我国目前尚未制定正式的《社会救助法》《社会优抚法》和《社会福利法》等相关法律，因此，有关这些方面的社会保障资金的支付散见于我国相关行政法规和部门规章之中。由于种类繁多，此处仅从宏观上对这些社会保障资金支付的法律调整进行概括性描述。

---

① 《社会保险法》第38条规定："因工伤发生的下列费用，按照国家规定从工伤保险基金中支付：（一）治疗工伤的医疗费用和康复费用；（二）住院伙食补助费；（三）到统筹地区以外就医的交通食宿费；（四）安装配置伤残辅助器具所需费用；（五）生活不能自理的，经劳动能力鉴定委员会确认的生活护理费；（六）一次性伤残补助金和一至四级伤残职工按月领取的伤残津贴；（七）终止或者解除劳动合同时，应当享受的一次性医疗补助金；（八）因工死亡的，其遗属领取的丧葬补助金、供养亲属抚恤金和因工死亡补助金；（九）劳动能力鉴定费。"第39条规定，"因工伤发生的下列费用，按照国家规定由用人单位支付：（一）治疗工伤期间的工资福利；（二）五级、六级伤残职工按月领取的伤残津贴；（三）终止或者解除劳动合同时，应当享受的一次性伤残就业补助金。"

② 《社会保险法》第40条规定："工伤职工符合领取基本养老金条件的，停发伤残津贴，享受基本养老保险待遇。基本养老保险待遇低于伤残津贴的，从工伤保险基金中补足差额。"

③ 《社会保险法》第41条规定："职工所在用人单位未依法缴纳工伤保险费，发生工伤事故的，由用人单位支付工伤保险待遇。用人单位不支付的，从工伤保险基金中先行支付。从工伤保险基金中先行支付的工伤保险待遇应当由用人单位偿还。用人单位不偿还的，社会保险经办机构可以依照本法第六十三条的规定追偿。"第42条规定："由于第三人的原因造成工伤，第三人不支付工伤医疗费用或者无法确定第三人的，由工伤保险基金先行支付。工伤保险基金先行支付后，有权向第三人追偿。"

1. 社会救助资金的支付

从社会救助资金的支付来看，相应的资金支付包括最低生活救助金、自然灾害救助金和城市流浪乞讨人员救助金的支付等相关问题。这些资金的支付分别由 1997 年国务院《关于建立城市居民最低生活保障制度的通知》、1999 年国务院《城市居民最低生活保障条例》、2007 年国务院《关于在全国建立农村最低生活保障制度的通知》、2007 年原劳动与社会保障部和国土资源部《关于切实做好被征地农民社会保障工作有关问题的通知》、2006 年《农村五保户供养工作条例》、2006 年民政部《关于公布农村五保户供养标准的公告》、2007 年民政部《关于农村五保供养服务机构建设的指导意见》、2003 年《城市生活无着的流浪乞讨人员救助管理办法》、2003 年《〈城市生活无着的流浪乞讨人员救助管理办法〉实施细则》、2006 年铁道部和民政部《关于加强铁路站车上城市生活无着的流浪乞讨人员救助管理工作的通知》、1998 年《关于救灾募捐义演等有关问题的通知》、1999 年《公益事业捐赠法》、2008 年《救灾捐赠管理办法》、2010 年《自然灾害救助条例》、2012 年国务院《关于进一步加强和改进最低生活保障工作的意见》、2014 年《社会救助暂行办法》等行政法规和部门规章予以规范。总体来看，地方各级政府民政部门和居民委员会、村民委员会是支付社会救助资金的主要单位。

其中，《城市居民最低生活保障条例》对城市最低生活保障资金的申请与发放进行了详细的规定。该《条例》第 4 条规定，"城市居民最低生活保障制度实行地方各级人民政府负责制。县级以上地方各级人民政府民政部门具体负责本行政区域内城市居民最低生活保障的管理工作；财政部门按照规定落实城市居民最低生活保障资金；统计、物价、审计、劳动保障和人事等部门分工负责，在各自的职责范围内负责城市居民最低生活保障的有关工作。县级人民政府民政部门以及街道办事处和镇人民政府（以下统称管理审批机关）负责城市居民最低生活保障的具体管理审批工作。居民委员会根据管理审批机关的委托，可以承担城市居民最低生活保障的日常管理、服务工作。国务院民政部门负责全国城市居民最低生活保障的管理工作"。第 7 条规定，"申请享受城市居民最低生活保障待遇，由户主向户籍所在地的街道办事处或者镇人民政府提出书面申请，并出具有关证明材料，填写《城市居民最低生活保障待遇审批表》。城市居民最低生活保障待遇，由其所在地的街道办事处或者镇人民政府初审,并将有关材料和初审意见报送县级人民政府民政部门审批。管理审批机关为审批城市居民最低生活保障待遇的需要,可以通过入户调查、邻里访问以及信函索证等方式对申请人的家庭经济状况和实际生活水平进行调查核实"。

2. 社会优抚资金的支付

就社会优抚资金的支付来看,这类资金的支付分别由 2004 年《军人抚恤优待条例》、2007 年《伤残抚恤管理办法》、2011 年《烈士褒扬条例》、1981 年《关于军队干部退休的暂行规定》、1983 年《志愿兵退出现役安置暂行办法》、1984 年《关于老干部离职休养制度的几项规定》、1987 年《关于军队高级专家离退休若干问题的通知》、1988 年《现役军官服务条例》、1999 年《士官退出现役安置暂行办法》、2001 年《军队转业干部安置暂行办法》等行政法规和部门规章予以规范。这些相关规定的系统性并不强。随着我国依法治国进程的全面推进,社会优抚资金管理与支付等方面将会进一步规范化。①

3. 社会福利资金的支付

就社会福利资金的支付来看,这类资金的支付分别由《未成年人保护法》《预防未成年人犯罪法》《老年人权益保障法》《妇女权益保障法》《母婴保健法》《残疾人保障法》等法律以及国务院的相关行政规章和国务院各部委的部门规章进行规定。

(四) 小结

社会保障资金的支付问题直接关系到社会保障目的的实现,具有十分重要的意义。从公平分配的视角来看,社会保障资金的支付同样关系到公平分配的实现。本部分从社会保障资金支付的含义出发,分别探讨了社会保险、社会救助、社会优抚、社会福利等相关社会保障资金支付的法律调整问题。由以上分析可以看出,社会保障资金的支付主要由社会法中的社会保障法予以调整。

---

① 党的十八届四中全会《关于全面推进依法治国若干重大问题的决定》,提出"深入推进依法治军从严治军",社会优抚的法治化应当成为"依法治军"的重要环节。

六　本章结语

　　社会保障在本质上属于社会再分配的范畴。在当前公平分配日益成为人们普遍关心的社会经济热点问题的背景下，从公平分配的视角研究社会保障资金收支的法律调控问题更具有现实意义。本章首先分析了公平分配的基本理论，对公平、分配的具体含义进行解析，并分析了公平分配中公平与效率的平衡问题。在公平分配基本理论分析的基础上，又从公平分配的角度对社会保障资金的收支运行及其法律调整体系进行解析，把公平分配问题和社会保障资金的收支问题纳入到经济法与社会法的调整体系框架之下。接下来，本章就有关社会保障资金收支平衡的预算法调整、社会保障资金筹资的税法调整以及社会保障资金支付的社会保障法调整等相关问题进行了具体分析。

第三章

可持续发展视角下的社会保障资金投资营运法

> 发展是人类面临的最重大挑战。
> ——世界银行：《1991年世界发展报告》

社会保障作为一项具有代际转移支付性质的重要社会制度，需要从制度运行的长期性与可持续性的角度予以考虑。从这种意义上来讲，社会保障资金的顺畅运行与社会保障资金本身的可持续发展直接相关。当然，如果从更深的层次来看，社会保障制度的顺利运行还与一个国家经济与社会整体的可持续发展密切相关。如前所述，社会保障具有经济与社会的双重功能，然而，无论是社会保障的经济功能还是社会功能的实现力度，都取决于经济、社会以及社会保障资金可持续发展性的强弱。实践也证明，当前世界各国在社会保障制度运行方面的多数问题，都与其经济、社会和社会保障资金的可持续发展性不足有关。社会保障资金的可持续发展性不仅对经济的可持续发展产生重要的影响，也对社会的和谐稳定与可持续发展具有十分重要的意义，是连接经济与社会可持续发展的重要节点，因此，从可持续发展的角度分析社会保障资金运营相关问题很有必要。

除了社会保障制度本身所要求的可持续发展问题，社会保障制度还面临着一系列的制度外压力。例如，随着世界人口老龄化问题的出现以及社会保障资金运行中通货膨胀压力的不断增大，当前各国社会保障资金运行都出现了不同程度的可持续性不足等相关问题。对于现收现付制的国家而言，人口老龄化的到来使其财政支付呈现出严重的危机；对于完全积累制的国家而言，通货膨胀的压力使原有的社会保障制度面临崩溃；对于半积累制的国家而言，则要面临人口老龄化和通货膨胀的双重压力，形势也十分严峻。就中国当前的现实而言，除了人口老龄化与通货膨胀的双重压力之外，还需要应对相应的制度转轨成本。以上各种问题，大体上都可以归入到社会保障资金可持续发展的范畴。

为此，本部分以可持续发展为视角，从经济与社会可持续发展的相关理论出发，并分别以环境税收立法和劳动就业为例，分析可持续发展的经济法促进与社会法保障问题。接下来，本部分从社会保障的可持续发展问题出发，分析社会保障资金投资运营的模式与工具选择问题，构建社会保障资金投资运行的法律调整体系。在此基础上，以可持续发展为视角，分别对全国社会保障资金投资运营的法律调整以及社会保险资金投资运营主体的法律定位问题进行具体研究。

一　可持续发展及其法律促进与保障机制

（一）可持续发展基本理论分析

1. 可持续发展理论的产生与发展

可持续发展基本理论兴起于工业时代后期。在近代工业发展的早期，人与自然之间的矛盾并不突出，人们关注的重点是如何有效促进科学技术的发展以及财富的公平分配等相关问题，可持续发展问题并未引起应有的关注。但到了后工业时代，人与自然、环境、资源的矛盾日益突出，可持续发展问题才逐渐引起人们的重视。据学者考证，可持续发展作为一个概念，最早出现于1980年的《世界自然资源保护大纲》；可持续发展作为一种理论，形成于1987年挪威前首相布伦特兰主持的《我们共同的未来》；可持续发展作为一项发展战略，则确认于1992年世界环境与发展大会通过的《21世纪议程》。①

由此可见，可持续发展及其理论的产生是近几十年以来的事情，以环境与生态问题的全球化为其产生的现实基础。随着各种经济与社会问题的日益凸显，可持续发展作为一种理论和发展战略，其内涵也在不断丰富，适用领域也在不断扩展。可持续发展理念和理论很快超出了环境与生态的领域，被经济和社会相关领域的研究广泛引用。在经济学研究相关领域，有学者认为实现可持续发展就要明晰产权、开展"新农村运动"、促进技

---

① 赵建军：《可持续发展理论形成的背景透视》，《自然辩证法研究》1999年第1期。

术进步、实施"比较优势战略"。① 在社会学研究领域,有学者从社会可持续发展和社会稳定的角度对可持续发展理论进行了解读。② 此外,还有学者从经济与社会综合考虑的角度,提出我国经济社会的可持续发展面临就业、防止通货膨胀、自主创新、发展循环经济四大问题。③

可持续发展理论一经提出,中国官方随即予以积极回应。1994年的《中国21世纪议程》明确提出了可持续发展问题,这是可持续发展在中国官方文件中的最早表述。随后,多个中央文件都高度重视并不断丰富可持续发展理论,并在此基础之上,进一步系统地提出了科学发展观的理论。

2. 可持续发展理论的哲学基础

学界一般都承认可持续发展理论作为一种系统科学的理论,具有深厚的哲学基础,但在具体表述方面,有所差异。例如,有学者从关系论的角度进行研究,认为人、自然与社会的辩证关系是可持续发展的哲学基础;④ 有学者从发生论的角度进行研究,认为极限意识、反省意识、道德意识、主体意识是可持续发展的哲学前提;⑤ 有学者从哲学范式的角度进行分析,认为可持续发展观的哲学基础在于生态哲学、人本主义理念的更新、环境伦理;⑥ 有学者则从中国古代哲学思想中寻求,认为中国的天人合一哲学是可持续发展观的哲学基础。⑦ 由此可以看出,虽然学者们对可持续发展理论的哲学基础的具体表述有所差异,但在整体观念和思路方面却是高度一致的,即一般都强调人与自然的和谐统一。

3. 可持续发展理论的现实意义

可持续发展理论的提出具有深厚的现实基础。在当前经济社会发展的重要时期,可持续发展更加具有十分重要的现实意义。可持续发展不仅是经济与环境的协调发展,还是经济与社会的平衡协调发展。我国当前经济

---

① 林毅夫:《从经济学角度看可持续发展》,《甘肃环境科技纵横》2002年第4期。
② 具体分析请参见周毅《中国社会可持续发展——社会稳定机制对策研究》,四川教育出版社1999年版。
③ 厉以宁:《我国经济社会可持续发展的四大问题》,《改革与开放》2008年第3期。
④ 张江明、刘景泉:《人、自然与社会的辩证关系:可持续发展的哲学基础》,《学术研究》2003年第3期。
⑤ 刘福森:《可持续发展观的哲学前提》,《人文杂志》1998年第6期。
⑥ 余谋昌:《可持续发展观与哲学范式的转换》,《新视野》2001年第4期。
⑦ 蒙培元:《中国天人合一哲学与可持续发展》,《中国哲学史》1998年第3期。

发展中的环境问题十分突出，不仅影响到了经济的可持续发展，还影响到了人们的健康和生活。① 此外，改革开放 30 多年来，我国经济建设方面虽然取得了举世瞩目的成就，但在社会建设方面仍然存在很多不足，经济与社会严重失衡。可持续发展理论的提出，有助于以上问题的解决。

4. 可持续发展理论的前景和未来

目前，可持续发展理论作为一种观念已经被学界和政府部门广泛接受和认可。但在实现可持续发展的机制构建方面仍然需要继续探索。这需要我们从可持续发展的基本理念出发，认真研究影响可持续发展理念实施的现实因素，并在此基础上构建科学理论，以保证可持续发展的顺利实现。

从法学研究的角度来看，可持续发展理论构建离不开对经济法、环境法、社会法的深入研究，尤其是对经济法、环境法、社会法的综合研究。从可持续发展的理论来看，经济法、环境法、社会法之间具有十分密切的联系，对促进可持续发展的实现具有十分重要的意义。从这种意义上讲，可持续发展理论也为经济法、社会法、环境法的有效发展提供了重要的支持。

以上对可持续发展基本理论进行了简要分析。作为应对当前中国经济与社会问题的重要理论，可持续发展理论可以广泛应用于多学科的研究。无论是经济学、社会学还是管理学都重视相关领域中的可持续发展问题，法学当然也不例外。在整个法学领域，经济法、社会法、环境法对现实生活中经济、社会、环境发展中的可持续发展问题的解决更具有直接的意义。此部分对可持续发展基本理论的阐释，一方面是要指出当前社会保障资金运行的经济与社会背景，另一方面也是为接下来有关可持续发展的经济法与社会法保障问题的研究进行铺垫。

（二）可持续发展的经济法促进——以环境税收立法为例

如前所述，可持续发展不仅是经济的可持续发展，还是社会的可持续发展。因此，在考虑可持续发展相关问题时，应当注意经济与社会的平衡协调发展，经济建设与社会建设并重。经济法以促进经济的可持续发展为重要目标，社会法以促进社会的可持续发展为重要目标。要达到经济与社

---

① 例如，2013 年 1 月中下旬，中国出现的持续的、大面积的雾霾天气，不仅影响了人们的生活，还对人们的健康造成了严重的影响。在此期间，很多人患上了呼吸道疾病。

会的平衡协调与可持续发展,就必须注重经济法与社会法的综合运用。具体来讲,可持续发展中的经济与社会法律平衡体系主要包括财税法律制度、金融法律制度、劳动法律制度、社会保障法律制度。这些法律制度需要密切配合才能真正实现经济与社会的平衡。就经济法而言,在整个经济法制度中,环境税法对可持续发展的促进不仅在于对经济可持续发展的促进,还包括对自然环境可持续发展的促进,具有典型意义,因此,下面就以环境税收立法为例进行分析。

在当今中国,随着环境污染问题的日益突出,开征环境税已经成为理论界和实务界广泛关注的热点问题,中央对此也高度重视。2011年3月全国人大通过的《中华人民共和国国民经济和社会发展第十二个五年规划纲要》明确指出,"优化能源结构,合理控制能源消费总量,完善资源性产品价格形成机制和资源环境税费制度","积极推进环境税费改革,选择防治任务繁重、技术标准成熟的税目开征环境保护税,逐步扩大征收范围"。这些纲领性规定,对我国当前环境税收改革和环境税收立法具有重要的指导意义。从当前理论研究成果来看,学界已经对环境税开征的必要性和可行性等基础性问题进行了较为充分的研究和论证。从现有的地方实践来看,江西、湖南、湖北等省也相继开展环境税征收试点工作,积累了一定的实践经验。这些理论研究成果和地方实践经验,为当前我国环境税收立法工作的顺利进行奠定了坚实的基础。因此,在当前环境税收立法工作已经进行到实质性构建阶段的背景下,理论研究和讨论的重点已经集中在环境税收立法模式与时机选择、环境税收的目标以及环境税设置等具体问题上。其中,环境税收的目的和功能在整个环境税收立法中具有十分重要的意义,也更能体现出经济法对经济与社会可持续发展的促进作用。

依据课税目的的不同,可以把税收分为财政税和调控税。凡侧重于以取得财政收入为目的而征收的税,为财政税;凡侧重于以实现经济和社会政策、加强宏观调控为目的而征收的税,为调控税。[①] 一般都认为,税收兼具有财政收入和宏观调控的目的和功能,环境税收当然也不例外,兼具有这两种调控目标,但到底以哪种目标为主,学界有不同的理解。从理想的角度来看,环境税应该以宏观调控为主要目标,对污染环境行为及生产、使用引起污染的产品进行课税,从而达到调控人们行为的目标。但从

---

① 张守文:《税法学》,法律出版社2011年版,第14页。

中国现实情况来看，非常有必要考虑财政收入目标，兼顾财政收入和宏观调控两大目标。

一方面，环境税收具有明显的宏观调控功能。从国际经验来看，环境税的调控功能已经受到各国的普遍重视。而且通过征收各种环境税来调控人们对环境的污染行为和对环境污染产品服务的生产与使用，在事实上也起到了十分明显的效应。在我国，虽然法学界对环境税的理论研究时间不是很长，但自20世纪80年代以来，我国就已经有一些经济学家从生态经济综合平衡和国民经济政策调节的角度，提出了环境税的调节机制，从经济学的角度对环境税的调节功能进行了比较详细的分析。从环境法学的角度来看，环境税收制度的首要目的是通过国家公权的介入，对环境资源这一公共产品进行"国家定价"，将环境的成本纳入市场交换价格。[1] 宏观调控是环境税的首要目标或者至少是重要目标之一，这一点已经得到了学界和实务界的广泛认同。这种宏观调控的最终目的，一方面是使资源配置最优化，另一方面是要通过环境税收政策来减少环境污染，改善我们的环境质量。另外，如何充分实现环境税的宏观调控目标也是应当深入考虑和密切关注的问题。这要求环境税在具体税收要素的规定方面必须遵循税收合法、税收合理和税收绩效三原则。环境税的宏观调控目标在现实生活中常常被异化成财政收入的手段，也是应当警惕的问题，这方面内容在以下关于环境税财政收入功能和目标的部分会有论述。

另一方面，环境税收还具有一定的财政收入功能。尽管有人认为，环境税不应当以财政收入为其目标，并列举了主要理由，认为这会导致环境税收的资源枯竭，不是增加财政税收的最佳方法，会对环境税收制度的广泛适用带来阻碍效果，而且，环境税收的资金不一定会真正用到环境改善方面，[2] 但环境税在事实上具有财政收入的功能。从环境税收入在各国总税收收入中所占的比例来看，2001年，OECD的20个成员国的环境税收收入占税收总收入的平均比例约7%，而且这个比例还在逐年上升。[3] 由此可见，环境税的征收在事实上能够增加国家的财政收入，而该收入理论

---

[1] 参见王京星《环境税收制度的价值定位及改革方向》，《西南政法大学学报》2005年第5期。

[2] 参见王慧《环境税如何实践？——环境税类型、功能和结构的考察》，《甘肃政法学院学报》2010年第5期。

[3] 参见闫泽滢《环境税问题：文献综述》，《经济》2010年第3期。

上应当用来改善国家的环境问题。从这种意义上讲，环境税为我国环境治理提供了稳定的资金来源，应当具有财政收入的功能。从现实的情况来看，虽然省一级相关部门的资金和财力相对雄厚，但基层部门的环境保护治理资金十分紧张。而环境保护的实施，在很大程度上依赖基层部门的积极作为。因此，环境税的征收，有助于缓解资金紧张状况。从这种意义上看，环境税的财政收入功能不可小觑。当然，环境税的这种财政收入功能和其他税种的财政收入功能有着明显的区别。正如前面所述，环境税属于特定目的税，环境税收的资金应当专款专用。另外，既然环境税收具有财政收入的功能，那么财政收入资金的归属问题就有必要明确。总体上看，环境税收财政收入资金归属应定位为中央和地方共享。一方面，环境问题具有很强的外部性，往往会由地域性问题转化为跨区域性问题，环境税收应当提取一部分归中央统筹治理跨区域环境污染问题。另一方面，大多数环境问题需要由地方政府来解决，而地方政府尤其是基层政府治理环境财力相对薄弱，有必要赋予地方部分征税自主权和资金使用权，但必须严格管理，明确限定范围以确保资金用到环境治理上。总之，环境税应为中央与地方共享税，中央的环境税财政收入集中财力治理跨地区、跨流域的污染，而地方的环境税收入则可以用于治理区域性的污染。

需要说明的是，宏观调控和财政收入二者之间并不矛盾。环境税收在通过改变生产者和消费者行为以达到宏观调控目标的同时，也能够通过取得相应的财政收入来补偿治理环境的支出、为环境保护项目筹集资金、提高征服环境保护计划实施的可行性。从另一个方面看，这种财政收入的增加也有助于进一步提高政府在环境保护方面的宏观调控能力。由此可见，无论是从财政收入功能还是从宏观调控功能来看，环境税收立法都在客观上具有促进经济、社会、环境可持续发展的重要作用。

事实上，除了前述的环境税收立法，经济法的其他领域对经济与社会的可持续发展同样起到重要的促进作用。例如，科学完善的金融法律制度、市场规制法律制度都能够在一定程度上起到促进社会财富的合理分配、协调经济与社会发展的重要作用。限于本书的主旨，此处不再具体分析。

（三）可持续发展的社会法保障——以劳动就业为例

改革开放30多年来，我国经济建设虽然取得了举世瞩目的成就，但仍然存在诸多的问题。① 这些问题的存在，严重制约了我国经济的进一步发展。加快经济发展方式转变，确保转变经济发展方式取得实质性进展，已经成为我国当前迫切需要解决的重要问题。中央对此高度重视，《中华人民共和国国民经济和社会发展第十二个五年规划纲要》中明确指出，"十二五"期间要"以科学发展为主题，以加快转变经济发展方式为主线，深化改革开放，保障和改善民生"。同时，中央还明确提出了确保转变经济发展方式的"五个坚持"，即"坚持把经济结构战略性调整作为加快转变经济发展方式的主攻方向"，"坚持把科技进步和创新作为加快转变经济发展方式的重要支撑"，"坚持把保障和改善民生作为加快转变经济发展方式的根本出发点和落脚点"，"坚持把建设资源节约型、环境友好型社会作为加快转变经济发展方式的重要着力点"，"坚持把改革开放作为加快转变经济发展方式的强大动力"。这些具体的方针政策会进一步推动我国经济发展方式的转变进程。

经济发展方式的转变固然是一个经济问题，但同时也具有明显的社会属性。一方面，经济发展方式转变本身包含了社会财富分配的内容，而社会财富分配又与整个社会运行密切相关，经济发展方式转变的顺利实现离不开整个社会机制变迁的配合；另一方面，经济发展方式的转变不仅对经济产生深远的影响，还会产生新的社会关系并引起社会结构的变迁，产生诸多的社会问题，对整个社会产生十分重要的影响。从这种意义上讲，经济发展方式的转变具有经济和社会的双重效应，从经济与社会平衡发展的角度系统研究经济发展方式的转变尤为重要。

从社会的层面来看，虽然我国经济发展方式转变的实践会涉及社会的各个领域，但在这一转变过程中，劳动就业问题十分突出。劳动就业不仅是经济发展的前提和基础，同时也是民生之本，是重要的社会问题，经济发展方式的转变必须保证劳动就业的充分。劳动就业问题的解决，对经济发展方式转变的顺利实现具有十分重要的意义。2012年1月24日，国务院印发了《关于批转促进就业规划（2011—2015年）的通知》，明确指

---

① 《中华人民共和国国民经济和社会发展第十二个五年规划纲要》指出："我国发展中不平衡、不协调、不可持续问题依然突出，主要是，经济增长的资源环境约束强化，投资和消费关系失衡，收入分配差距较大，科技创新能力不强，产业结构不合理，农业基础仍然薄弱，城乡区域发展不协调，就业总量压力和结构性矛盾并存，物价上涨压力加大，社会矛盾明显增多，制约科学发展的体制机制障碍依然较多。"

出,要"深入贯彻落实科学发展观,适应加快转变经济发展方式的要求,紧密结合保障和改善民生、构建和谐社会的需要,切实把就业作为民生之本,作为经济社会发展的优先目标,以充分开发和合理利用人力资源为出发点,健全劳动者自主择业、市场调节就业、政府促进就业相结合的机制,实施更加积极的就业政策,创造平等就业机会,构建和谐劳动关系,提高就业质量,努力实现充分就业"。要实现以上目标,就必须充分重视社会法对劳动就业的保障作用,加强劳动就业法律制度建设。具体来讲,对于当前经济发展方式转变中的劳动就业问题,社会法的保障作用主要体现在以下几个方面。

第一,社会法中有关就业促进、职业培训与反对就业歧视方面的立法,以扩大就业来促进经济持续发展,为经济发展方式转变的顺利实现提供了有力支持。经济发展方式转变的实现离不开科技进步、劳动者素质提高和管理创新转变等各项条件,因此,全面提升劳动者职业素质和就业能力以扩大就业、提高就业质量,是经济发展方式转变过程中需要解决的重要现实问题。社会法中的《就业促进法》《反就业歧视法》等相关法律、法规不仅可以对经济发展方式转变过程中的充分就业问题起到积极的促进作用,同时还能够在一定程度上消除劳动就业领域中的不正当歧视现象,促进就业领域公平与公正的实现。近些年来,我国在就业促进立法方面取得了一定进展,尤其是随着2007年8月30日《就业促进法》的出台,政府对促进就业方面的义务有了明确的规定。接下来除了要进一步充实《就业促进法》的内容之外,还要尽快通过《反就业歧视法》以规范当前就业领域所普遍存在的就业歧视现象。制定《反就业歧视法》,首先要明确界定就业歧视的概念,就业歧视范围的界定是《反就业歧视法》立法的逻辑起点。[①] 而学界恰恰对就业歧视这一基本概念的理解存在一定的争议,尤其是关于就业歧视的认定标准和界定规则等问题。随着经济发展方式转变的不断推进,就业歧视的概念会进一步明晰,相关立法进程也会进一步加快。此外,在经济发展转变过程中,高校毕业生作为具备较高文化素养的人力资源,其就业问题应当引起特别重视,需要在相关立法中予以明确。

[①] 张姝:《论就业歧视的狭义界定——我国就业歧视法律规制的起点》,《现代法学》2011年第4期。

第二，社会法中有关劳动关系的立法，为经济发展方式转变的平稳过渡提供了必要的条件。劳动关系的和谐对经济发展方式的转变具有十分重要的意义。通过构建和发展和谐稳定的劳动关系，构建公平、稳定、持续发展的劳动关系协调机制，有利于经济发展方式转变的顺利实现。社会法中的《劳动合同法》《集体合同法》等相关法律、法规通过规范劳动就业领域中的劳动关系，不仅可以稳定劳动关系，同时还能够在一定程度上保护劳动者的合法权益，为经济发展方式转变提供稳定的经济和社会环境。随着我国经济改革的不断推进，劳动关系已经成为当前我国最基本的社会关系之一。建立健全适应社会主义市场经济体制的劳动关系协调机制，已经成为一个迫切需要面对的问题。2007年6月29日，全国人大常委会通过了《劳动合同法》，[①] 随后国务院又在2008年9月18日通过了《劳动合同法实施条例》，这些立法为我国个别劳动关系的调整提供了法律依据。然而，在集体劳动关系的法律调整方面，我国的相关立法尚不健全，立法层次也有待提高。在当前经济发展方式转变的背景下，制定一部《集体劳动合同法》尤为必要。正如有学者指出，立足我国现有的制度框架，真正建立以劳资利益博弈为主要内容的"三方"协商对话机制，强化作为用人单位的企业社会责任意识，充分发挥管理与服务相结合的政府职能，加强劳资争议处理中的各方联动，是实现劳资关系协调发展的重要选择。[②]

第三，社会法中有关职业安全卫生方面的立法，为经济发展方式转变的顺利实现提供了安全保障。社会法中的《安全生产法》《职业病防治法》等相关法律、法规通过规范劳动安全卫生问题，不仅可以保障劳动者在就业领域的安全卫生问题，还有利于促进生产力的发展和劳动生产率的不断提高，起到促进经济发展方式转变的作用。随着我国经济的不断发展，职业安全卫生问题越来越重要。全国人大常委会于2001年10月27日和全国人大分别颁布了《职业病防治法》和《安全生产法》，这些法律与国务院发布的劳动安全卫生法规，以及有关部门制定的劳动安全卫生的规章、标准，共同构成了我国的劳动安全卫生法律制度体系。近年来，我

---

① 虽然《劳动合同法》的相关内容仍然需要进一步完善，而且由于它的实施恰逢世界金融危机，可以说生不逢时、历经劫难，但从整体上看，它的出台仍然是一件具有里程碑意义的大事。

② 郭捷：《集体劳动关系的协调机制》，《温州大学学报》（社会科学版）2011年第6期。

国矿难事故不断发生，有关职业病纠纷的案例也屡见不鲜，不仅严重威胁到了劳动者的人身安全，同时也造成了严重的财产损失。因此，在当前经济发展方式转变的背景下，进一步加强职业安全卫生方面的立法尤为必要。2011年12月31日，全国人大常委会对《职业病防治法》进行了修改，扩大了职业病保护范围，加强了监管力度，理顺了监管机制，完善了职业病诊断、鉴定程序，较之以前法律有显著的进步。① 在当前有关劳动安全卫生法律制度的建设方面，《安全生产法》的修改尤为迫切，也引起了社会法学界的广泛关注。总体来看，修订《安全生产法》，主要应当从完善安全生产投入保障制度、强化生产经营单位责任、提高安全管理人员任职资格、细化隐患排查治理责任、统筹违法责任行为等方面着手。②

第四，社会法中有关劳动就业争议处理的相关立法，为经济发展方式转变的顺利实现提供了保障。社会法中的《劳动争议调解仲裁法》等相关法律、法规通过规范就业领域中的争议处理，不仅可以保护劳动者的合法权益，还能够在一定程度上减少经济发展方式转变过程中劳资冲突的发生，因而具有十分重要的意义。2007年12月29日，全国人大常委会通过的《劳动争议调解仲裁法》，为劳动争议的调解与仲裁提供了相应的法律依据。此外，最高人民法院于2001年4月16日颁布的《关于审理劳动争议案件适用法律若干问题的解释》、2006年8月14日颁布的《关于审理劳动争议案件适用法律若干问题的解释（二）》、2010年9月13日颁布的《关于审理劳动争议案件适用法律若干问题的解释（三）》，为劳动争议案件的诉讼提供了法律依据。由此可以看出，就当前劳动就业领域中个别劳动争议处理法律制度建设来看，虽然仍有诸多需要完善之处，但在整体框架上已经较为完整，而有关集体劳动争议的立法却很不完备。由于集体劳动争议的冲突性较强，组织程度较高，涉及面较广、影响力较大，③ 在当前经济发展方式转变的背景下，我国有关劳动就业领域争议立法的重点应当放在集体劳动争议处理机制建设方面，通过建立完善的集体劳动争议处理法律制度，为经济发展方式的转变提供有力的保障。

---

① 这次立法修改仍然存在一定的不足，如对劳动者的权利主体地位强调不够。此外，对于一些历史遗留问题如何妥善解决，这次修改并未能予以规范。

② 舒建华：《〈安全生产法〉修订建议》，《劳动保护》2012年第1期。

③ 以2010年发生的"富士康事件"为例，这次集体劳动争议的规模和社会影响力都是空前的。

(四) 小结

可持续发展是当前世界各国普遍面临的一个重大课题。在整个社会保障资金的运行过程中，社会保障资金的可持续发展问题十分突出，成为困扰世界各国社会保障制度运行的核心问题之一。本部分从可持续发展基本理论出发，分析当前可持续发展问题的经济社会背景，然后分别以环境税收立法和劳动就业问题为例，对可持续发展的经济法促进与社会法保障进行分析，为接下来分析社会保障资金的可持续发展与投资营运问题及其法律调整提供理论支撑。

二 可持续发展与社会保障资金的投资营运

(一) 社会保障及其资金运行的可持续发展问题

社会保障制度的可持续发展既是整个可持续发展系统的重要组成部分，也是可持续发展系统中其他组成部分的重要保障。这是因为，社会保障制度广泛涉及人口、经济与社会等多个方面，直接影响到一个国家经济与社会的发展，是整个经济与社会和谐稳定的关键。从可持续发展的角度来看，"社会保障制度可持续发展涉及面广、政策性强，是一项复杂的社会系统工程，它不仅关系到社会的稳定，而且影响劳动力市场、金融市场的发育乃至整个经济的稳定"[①]。社会保障制度的可持续发展不仅以经济与社会的可持续发展为基础，还对经济与社会的可持续发展起到重要的促进作用，二者之间是双向互动的。

社会保障制度的可持续发展需要遵循一定的原则。这些原则主要包括动态发展上的可持续原则、效率基础上的公平原则、低起点与刚性的原则、宏观调控基础上的目标性原则。[②]

从社会保障资金来看，由于它是社会保障制度顺畅运行的物质基础，因此，社会保障制度的可持续发展离不开社会保障资金的可持续发展。在当前人口老龄化和通货膨胀的双重压力下，各国都普遍重视社会保障资金

[①] 林毓铭：《社会保障可持续发展论纲》，华龄出版社2005年版，第13页。

[②] 同上书，第15—17页。

的可持续发展问题，积极探索实现社会保障资金可持续发展的有效途径，通过各种方法加强对社会保障资金投资运营的安全性、流动性和效益性的综合平衡。一方面，人口老龄化的问题使得社会保障资金的缺口越来越大，严重影响社会保障资金运行的可持续性；另一方面，通货膨胀使得社会保障资金不断贬值缩水，严重影响社会保障制度本身的可持续发展。因此，从这种角度来看，社会保障资金之所以需要投资营运，和它的可持续发展需求有着最直接的密切联系。正是因为社会保障资金的这种可持续发展需求，才使得社会保障资金的营运问题日益凸显。

（二）社会保障资金投资营运的模式与工具问题

社会保障资金投资营运模式的选择，具有明显的国情特色，而且随着时间的推移也在不断变化。此外，基于不同的社会保障模式，社会保障资金投资营运的具体方式也会有所差别。对于以北欧为代表的现收现付制国家而言，由于社会保障的积累资金非常少，因此基本上不存在社会保障资金的投资营运问题，主要是社会保障资金来源的可持续问题。而在以新加坡为代表的完全积累制国家，由于社会保障资金实质上是一种强制储蓄，社会保障资金的积累数额巨大，因此社会保障资金的营运问题就显得特别重要。需要注意的是，在社会保障资金内部，不同类型的社会保障资金投资运营的具体模式也会有所差别。以社会保险资金为例，养老保险资金数额巨大且具有明显的积累性，因此其投资运营就显得非常重要，而工伤保险资金和失业保险资金数额较小且积累性较弱，因而基本上不存在大规模资金的投资运营问题。

社会保障资金的投资营运还要考虑投资工具的选择问题。一般来讲，社会保障资金的投资营运工具可以分为金融工具和实物工具两大类。其中，金融工具包括银行存款、政府债券、企业债券、公司股票等，除此之外还有各种金融创新工具；实物工具包括房地产、基础设施等。[①] 以上投资工具在收益性、安全性和流动性方面各具特色，因此，大多数国家在社会保障资金的投资工具选择方面都比较慎重，一般都会综合选择以上工具，只是在具体的组合比例方面有所差别。

此外，关于社会保障资金投资工具的创新问题，很值得特别关注。

---

① 参见《全国社会保障基金投资管理暂行办法》第2条之规定。

目前学界和实务界比较关注的是社会保障资金的信托问题。有学者从中国社会保险基金信托法律体系构建的角度进行了研究。例如，有学者从社会保险基金的法律性质出发，对我国社会保险基金的现状和问题进行了分析，认为社会保险基金管理的改革方向是通过信托进行管理。该学者还对社会保险基金信托的可行性进行了分析，对社会保险基金信托的关键制度要素进行了研究，并设计了社会保险基金的法律架构。[①] 也有学者从比较的视角对社会保障资金的信托问题进行了研究。例如，有学者对美国社会保障信托基金的运行进行了研究，认为美国的社会保障资金信托有严格的监管、重视技术分析、慎重投资等方面的经验值得我们借鉴。[②] 在社会保障资金信托具体方式的运用方面，不少学者主张采用公益信托的方式予以解决。[③] 还有学者对社会保障基金信托的特殊性及相关法律规制等问题进行了研究。[④] 毫无疑问，以上对社会保障基金信托问题的相关研究为社会保障资金投资运营的工具创新提供了十分有益的思路，在实践中也存在相关的实务探索，因此，信托应该是解决社会保障资金投资运营难题的重要途径。

（三）社会保障资金投资营运的法律调整体系构建

由于社会保障资金的投资运营广泛涉及社会保障资金投资主体的选择、投资模式和具体工具等相关问题，因此，从法律部门的角度来看，社会保障资金投资营运的法律调整体系应当包括经济法、社会法、民商法和行政法等法律部门。例如，就经济法而言，社会保障资金的投资营运不可避免地涉及金融法等领域；就民商法而言，社会保障资金的投资

[①] 参见彭丽萍《社会保障基金信托法律问题研究》，法律出版社2013年版。

[②] 参见邓大松《美国社会保障信托基金的运行和启示》，《中国保险干部管理学院学报》2001年第2期。

[③] 参见刘青峰、巩建华《公益信托：社会保险基金运营管理的全新模式》，《行政论坛》2011年第2期；李凌云《论公益信托在社会保险基金管理中的作用》，《湖北行政学院学报》2007年第2期；卓武扬《社会捐赠的公益信托模式及现实途径》，《特区经济》2009年第12期。

[④] 参见张淳《论社会保障基金投资信托受托人的特殊义务》，《中州学刊》2009年第3期；张淳《论我国〈信托法〉适用于社会保障基金投资信托的障碍及其排除》，《政治与法律》2008年第11期；张淳《我国社会保障基金投资信托法律规制研究——兼论有关信托特别法的制定》，《江西社会科学》2009年第1期。

营运不可避免地涉及信托法、证券法等相关领域；就行政法而言，社会保障资金的投资营运还涉及行政许可法等相关问题。但就总体而言，社会保障资金投资营运的法律调整应当以社会法为主。这不仅因为社会法作为一个新兴的法律部门，与民商法、行政法等部门法律具有深厚的渊源和密切的联系，还与社会法的现代性与综合性密切相关。因此，接下来有关社会保障资金投资营运的内容就以社会法为中心展开。

（四）小结

社会保障资金运营问题的产生在根本上可以归结为社会保障资金的可持续发展问题，因此，很有必要从可持续发展的角度对社会保障资金的运营进行分析。本部分首先探讨了社会保障资金运行中的可持续发展问题，然后从可持续发展的视角分析社会保障投资方式与工具问题，并在此基础上构建社会保障投资营运法律调整体系。

三　全国社会保障基金投资营运的法律调整

（一）全国社会保障基金的法律性质

全国社会保障基金是指"全国社会保障基金理事会负责管理的由国有股减持划入资金及股权资产、中央财政拨入资金、经国务院批准以其他方式筹集的资金及其投资收益形成的由中央政府集中的社会保障基金"。[①] 由此可见，全国社会保障基金不同于一般的社会保障资金，它不是为了进行社会保障的日常支付，而是一种为了应对未来支付危机（主要是人口老龄化和社会保险转轨成本）而设立的具有战略储备功能的基金。全国社会保障基金由国务院于2000年8月设立，同时设立的还有全国社会保障基金理事会，负责全国社会保障基金的管理运营。2010年10月28日第十一届全国人民代表大会常务委员会第十七次会议通过的《中华人民共和国社会保险法》进一步明确了全国社会保障基金的法律地位。该法第71条明确规定："国家设立全国社会保障基金，由中央财政预算拨款

---

① 潘锦堂主编：《社会保障通论》，山东人民出版社2012年版，第46页。

以及国务院批准的其他方式筹集的资金构成，用于社会保障支出的补充、调剂。全国社会保障基金由全国社会保障基金管理运营机构负责管理运营，在保证安全的前提下实现保值增值。"

（二）全国社会保障基金的投资营运管理

为了有效规范全国社会保障基金的投资运营，2001 年 12 月 13 日，财政部、原劳动和社会保障部发布了《全国社会保障基金投资管理暂行办法》，对全国社会保障基金的投资管理进行了详细规定。该《办法》首先明确了全国社会保障基金投资运作的基本原则和基金的性质，明确规定，"社保基金投资运作的基本原则是，在保证基金资产安全性、流动性的前提下，实现基金资产的增值"，"社保基金资产是独立于理事会、社保基金投资管理人、社保基金托管人的资产"。[①] 该《办法》还明确了全国社会保障基金理事会的四项职责：制定社保基金的投资经营策略并组织实施；选择并委托社保基金投资管理人、托管人对社保基金资产进行投资运作和托管，对投资运作和托管情况进行检查；负责社保基金的财务管理与会计核算，编制定期财务会计报表，起草财务会计报告；定期向社会公布社保基金资产、收益、现金流量等财务状况。[②] 此外，该《办法》还对社保基金投资管理人、托管人、社保基金的投资、社保基金委托投资管理合同和托管合同、社保基金投资的收益分配和费用、社保基金投资的账户和财务管理、报告制度等相关问题进行了详细规定。为了规范全国社会保障基金的海外投资，2006 年 5 月，财政部发布了《全国社会保障基金境外投资管理暂行规定》，对全国社会保障基金境外投资的原则、投资管理人、资产托管人、境外投资、境外投资的外汇管理、报告制度等问题进行了详细规定。

（三）全国社会保障基金投资营运法律制度的完善思路

全国社会保障基金作为一种战略储备性质的社会保障资金，在投资营运方面与一般的社会保障资金不同。首先，从所有权性质来看，全国社会保障基金不同于社会保险资金。全国社会保障基金属于国家所有，而社会

---

① 参见《全国社会保障基金投资管理暂行办法》第 3、4 条之规定。

② 参见《全国社会保障基金投资管理暂行办法》第 6 条之规定。

保险资金中的个人账户实际上是属于个人所有的。其次，全国社会保障基金也不同于社会救助、社会优抚、社会福利等相关社会保障资金，因为全国社会保障基金具有战略储备的性质。

就全国社会保障基金投资营运法律制度的完善思路来讲，核心就是要解决好全国社会保障基金投资的信托法律制度问题。全国社会保障基金数额庞大，要实现其保值和增值，不可能完全靠全国社会保障基金理事会自身完成，因此，全国社会保障基金与资本市场的衔接以及全国社会保障基金信托法律制度的完善问题就显得十分重要。

（四）小结

全国社会保障基金不同于一般的社会保障资金，在法律性质和管理制度方面都具有一定的独特性。本部分从全国社会保障基金的法律性质入手，对全国社会保障基金的投资营运管理以及其法律制度完善提出相应的思路。

四 社会保险资金投资营运主体的法律定位问题

（一）社会保险经办机构与社会保险资金的投资营运

《社会保险法》的制定、出台和实施，是我国社会保障立法史上具有里程碑意义的一件大事，具有十分重要的历史和现实意义。这部关系到千家万户切身利益的法律一经出台，就在整个社会引起了强烈反响。历史和现实的交织、新旧体制的转轨、国际竞争的挑战，使人们对《社会保险法》赋予了诸多期盼。法律的生命在于实施，衡量一部法律优劣的最终标准还在于其实施的效果。因此，在当前特殊的时代背景下，《社会保险法》能否顺利实施以及由此相关的社会保险体系能否良好运行，直接影响到和谐社会的构建，已经成为国家和社会民众普遍关注的问题，其意义十分重大。从系统论的角度来看，一个系统能否良好运行，与其运行流程中的关键点和关键环节直接相关。社会保险经办机构作为连接社会保险各个环节的关键点，对整个社会保险系统以及社会保险资金的运行起着独特而又关键的作用。从一定意义上讲，社会保险经办机构体制和立法定位决定着社会保险体系的运行是否顺畅，从而也决定着《社会保险法》的实施效果。

然而，我国以前的相关立法对社会保险经办机构的法律定位尤其是社会保险经办机构性质和职能的法律定位并不明确，《社会保险法》中也并未完全解决这一问题，现实生活中人们对于社会保险经办机构性质和职能的理解和看法也并不统一。这一问题的存在，不仅对社会保险法理论的进一步深入研究构成了障碍，同时也不利于现实生活中社会保险相关问题的顺利解决，直接影响到社会保险体系的有效运行和《社会保险法》的实施。因此，非常有必要在理论上对社会保险机构相关问题进行认真梳理和准确定位，并在立法上予以明确，这不仅有助于推进社会保险法理论研究，也有利于理顺社会保险体系中的各种关系，正确处理社会保险运行过程中的各种争议，为保证社会保险体系的良好运行创造必要的条件。另外，从社会保险行政管理的视角来看，社会保险经办机构承担了大量的社会保险公共事务，承担着相应的行政管理和服务职能，从这种意义上讲，对社会保险经办机构进行准确的法律定位，有助于实现公共管理的法治化，真正实现社会保险业务管理的依法行政，提高社会保险行政管理的效能。

（二）我国社会保险经办机构现状分析

对社会保险经办机构角色的准确定位，离不开对社会保险经办机构历史和现状的把握，尤其是要认真分析我国社会保险机构的现状。要从现实生活中发现问题，进而提出改进和完善的路径。

从词源的角度来看，"社会保险经办机构"一词是改革开放以来使用的词语。我国官方文件中有关"社会保险经办机构"的正式表述，最早见于1993年《国务院批转国家体改委关于一九九三年经济体制改革要点的通知》中，[①] 此后虽然在我国其他规范性文件中广泛使用，但均未对其具体含义进行明确界定，对其地位和职能也未作具体定位。2001年，原劳动和社会保障部发布的《社会保险行政争议处理办法》也只是从实务操作方便的角度对社会保险经办机构的概念进行了归纳，并未对其法律性

---

① 出现在该通知第10条第6段："结合机构改革建立统一的社会保障管理体制。社会保险实行政事分开，社会保险管理部门从宏观上进行政策、制度、标准管理；社会保险经办机构具体承办社会保险业务并承担资金保值、增值责任。继续搞好改革开放试验区、经济特区和一些省市建立统一社会保障管理体制的试点。"

质和职能进行界定。①《社会保险法》中虽然多次出现了"社会保险经办机构"一词，并且在该法第9章中专门对社会保险经办机构的设置和经费、管理制度和支付社会保险待遇的职责、登记和保管缴费信息资料并提供服务、社会保险信息系统建设等方面做了详细的规定，但未对社会保险经办机构的概念和性质进行明确界定。② 因此，虽然"社会保险经办机构"一词被广泛使用，但在我国立法上，"社会保险经办机构"实际上是一个内涵和外延模糊的概念，其法律性质和职能并不明确。

社会保险经办机构的性质和职能不仅在立法上不明确，在实践中也存在一定程度的混乱。虽然我国社会保险经办机构在实际运行中有一个大致的范围，但并无统一的模式。这体现在：第一，从当前社会保险工作的实际情况来看，我国的社会保险工作仍然是按照1993年《国务院批转国家体改委关于一九九三年经济体制改革要点的通知》中规定的模式，在社会保险工作机构功能方面遵循"政事分开"的原则。社会保险工作机构包括社会保险行政部门和社会保险经办机构。社会保险行政部门（归属于人力资源与社会保障部门）主要负责社会保险有关政策、法规的制定，而社会保险经办机构主要负责贯彻落实国家有关社会保险的政策和法律、法规，并承办有关社会保险的具体工作。第二，从社会保险经办机构的具体设置来看，社会保险经办机构又可以分为中央、省（自治区、直辖市）、市、县（区）四级机构，在乡、镇和城镇中的社区设立社会保险工作站。其中，中央的社会保险经办机构（即人力资源和社会保障部社会保险事业管理中心）并不承担具体社会保险经办业务，主要是对地方社会保险经办机构实行业务指导，地方社会保险经办机构具体办理社会保险业务。③ 第三，从社会保险经办机构的行政隶属来看，中央社会保险经办机构隶属于人力资源和社会保障部，地方各级社会保险经办机构一般隶属于同级人力资源与社会保障行政管理部门，但也有例外，例如上海、陕

---

① 该《办法》第2条第2款规定："本办法所称的经办机构，是指法律、法规授权的劳动保障行政部门所属的专门办理养老保险、医疗保险、失业保险、工伤保险、生育保险等社会保险事务的工作机构。"

② 具体内容参见《社会保险法》第72条至第75条。

③ 从这种意义上看，人力资源和社会保障部社会保险事业管理中心不承办具体社会保险业务，因此并不是真正意义上的"经办"机构，只能是行使社会保险业务管理的机构。

西、黑龙江等省市对省级以下社会保险经办机构实行垂直管理。① 第四，从社会保险经办机构的名称来看，中央的社会保险经办机构称为社会保险事业管理中心，属于司（局）级单位，而地方社会保险经办机构在名称上五花八门，有的地方称为社会保险管理中心，② 有的地方称为社会保险局，③ 还有其他名称如社会保险公司、机关事业社会保险局、农村社会保险公司、医疗保险结算中心、医疗保险管理中心、医疗保险局等等。④ 社会保险经办机构内部设置以处、科、部、室等来区分，极易混淆社会保险行政机关与社会保险经办机构之间的界限。第五，从社会保险经办机构的级别来看，中央社会保险经办机构属于司（局）级直属事业单位，而地方社会保险经办机构的级别并不统一。以省级社会保险经办机构的级别为例，有的省份是副厅级单位，⑤ 而有的省份则是处级单位。⑥ 据人力资源和社会保障部统计，截至 2009 年年底，全国各级经办机构规格，副厅级 25 个，处级 771 个，科级及以下 6652 个。⑦ 第六，从社会保险经办机构的业务范围来看，中央社会保险经办机构统一管理社会保险的所有险种，而地方存在较大差异，有的地方实行"五险合一"，只设立一个社会保险经办机构，有的地方则按险种分设企业养老保险、机关事业养老保险、医疗、工伤、农村养老保险等多个经办机构。第七，从社会保险经办机构的职权来看，虽然社会保险经办机构负责社会保险基金的管理和支付，但在社会保险费的征缴方面则存在较大的差异，有的地方由社会保险经办机构全面负责社会保险费的征缴，而在有的地方则由税务部门全部或部分代征

---

① 参见海南省人事劳动保障厅网站《我国社会保险业务经办的基本情况和主要问题》，http://hi.lss.gov.cn/web/default/article.jsp?articleId=1442，2013 年 2 月 2 日访问。

② 如江西省社会保险管理中心、大连开发区社会保险管理中心、厦门社会保险管理中心等名称。

③ 如吉林省社会保险局、重庆市社会保险局、长春市社会保险局、深圳市社会保险局等名称。

④ 如深圳市社会保险公司、福建省机关事业社会保险局、福州市农村社会保险公司、天津市医疗保险结算中心、福州市医疗保险管理中心、黑龙江省社会医疗保险局等名称。

⑤ 如湖南省社会保险管理服务局、海南省社会保险事业局、江西省社会保险事业管理局为副厅级单位。

⑥ 如河南省社会医疗保险中心、海南省农村社会保险管理局为处级单位。

⑦ 参见人力资源和社会保障部组织编写《中华人民共和国社会保险法讲座》，中国劳动社会保障出版社 2011 年版，第 223 页。

社会保险费。

由以上分析可以看出，在实践中社会保险经办机构存在诸多问题，这些问题又可以进一步概括为两个主要问题：一是社会保险经办机构的法律性质定位不明晰，社会保险经办机构到底是行政机构还是事业单位在实践中并不明确，由此带来社会保险经办机构在各地的归属和具体名称存在诸多乱象；二是社会保险经办机构的职责不明确，是定位于管理职能还是服务职能十分模糊，其具体职责是否包括社会保险费的征缴和社会保险基金的管理，这在立法上并不统一，各地的具体实践也存在较大差异。这两个主要问题，严重影响了社会保险体系的良好运行。社会保险经办机构的性质，一般是指社会保险经办机构在组织法上是属于行政机关还是非行政机关的公共服务单位。社会保险经办机构的职能，一般是指社会保险经办机构是管理机构还是服务机构，承担的是管理职能还是服务职能。社会保险经办机构的法律性质在一定程度上决定了它的职能，而社会保险经办机构的职能也体现了它的法律性质。因此可以说，社会保险经办机构的法律性质和职能实质上是一个问题的两个方面。从我国现状来看，对社会保险经办机构进行法律性质定位，就是要明确社会保险经办机构究竟是属于行政机关还是属于事业单位，对社会保险经办机构职能进行定位，就是要明确社会保险经办机构承担的是管理职能还是服务职能，或是同时承担管理和服务的职能。

（三）社会保险经办机构性质与职能的法律定位

社会保险经办机构的性质，与一国的社会保险制度紧密相连。基于历史、文化、政治、经济等方面的差异，在不同国家和地区，社会保险经办机构有不同的定性，在具体的名称和设置上也存在一定的差异。但从整体上看，在当代法治国家，多倾向于把社会保险经办机构定位为非行政机关的公共服务单位。[①] 从我国当前的情况来看，中央一级的社会保险经办机构性质的法律定位相对明确。虽然《社会保险法》未对社会保险经办机构明确规定，但从人力资源和社会保障部官方网站介绍来看，人力资源和社会保障部社会保险事业管理中心是综合管理全国社会

[①] 当然，这取决于对社会保险机构本身的理解，如果像有些国家把征收社会保障税的税务机关也包括在社会保险经办机构之内的话，则应另当别论。

保险基金和社会保险经办业务工作的部属事业单位,① 这是对社会保险事业管理中心（中央社会保险经办机构）性质的定位。但地方社会保险经办机构的法律性质和职能在立法上并不十分明确。《社会保险法》对社会保险经办机构法律性质的规定主要体现在关于社会保险经办机构的设置和经费保障方面。该法第72条规定,"统筹地区设立社会保险经办机构。社会保险经办机构根据工作需要,经所在地的社会保险行政部门和机构编制管理机关批准,可以在本统筹地区设立分支机构和服务网点。社会保险经办机构的人员经费和经办社会保险发生的基本运行费用、管理费用,由同级财政按照国家规定予以保障"。该条规定实际上是非常模糊的,谁来设立社会保险经办机构,也就是设立社会保险经办机构的主体,并未明确,对社会保险经办机构的性质也未明确说明,更是给人们留下了诸多想象空间。

  我们可以依据不同的思路来做一个简单的法律逻辑推理。如果按照地方与中央统一的原则,既然中央社会保险经办机构的性质为事业单位,不妨认定地方社会保险经办机构也是事业单位。但这种推理具有两个明显的缺陷：一是社会保险经办机构是否可以如此类推,其依据不足；二是中央和地方社会保险经办机构的实际职能是不一致的,地方社会保险经办机构要处理大量的具体社会保险事务。另外一种思路是按照排除法的方式来定性。我国《民法通则》中把法人分为四类：企业法人、机关法人、事业单位法人和社会团体法人。社会保险经办机构承担社会保险业务的办理,与商业保险业务的办理在性质上有明显的区别,因此不能被认为是企业单位。社会保险经办机构也很难归入到行政机关之中。依照行政法基本原理,"行政机关是依宪法或行政组织法的规定而设置的行使国家行政职能的国家机关,这一点使它与法律法规授权的组织和其他社会公权力组织区别开来",② 而社会保险经办机构目前在我国宪法和行政组织法中并无依据,因此,社会保险经办机构不能被认为是独立的行政机关,虽然它隶属于社会保险行政机关,与行政机关有着千丝万缕的联系,同时也在事实上

---

  ① 来源于人力资源和社会保障部官方网站,http：//www.mohrss.gov.cn/page.do？pa=8a81f3f13170c04f013173a03fef060e,2013年2月2日访问。

  ② 姜明安主编：《行政法与行政诉讼法》,北京大学出版社、高等教育出版社2007年版,第117页。

行使着一定的行政权。① 当然，从我国现实情况来看，社会保险经办机构也不能被认为是社会团体。从整体上来看，社会保险经办机构更接近于事业单位，但我国《社会保险法》对此未予明确，有必要在今后的配套法律法规中进一步完善。

此外，社会保险经办机构职能的法律定位也十分重要。如前文所述，社会保险经办机构的职能与其性质紧密相连。在一个法治国家，不仅社会保险经办机构的性质需要明确定性，其具体职能的定位也要明确具体。由于中央和地方的社会保险经办机构在具体职能上面存在较大差异，因此有必要把二者分开论述。总体上看，中央一级的社会保险经办机构的职能定位相对明确。虽然《社会保险法》未对中央社会保险经办机构的职能专门规定，而且其有些关于社会保险经办机构的规定实际上不适用于中央社会保险经办机构，但人力资源和社会保障部对其职责进行了专门规定，据其官方网站公布，人力资源和社会保障部社会保险事业管理中心承担的具体职责包括19个方面。② 这些职责从性质上来讲，都可以归入行政管理的范畴，主要包括政策规则的制定以及社会保险业务的指导两个方面，很少涉及服务性质方面的职能。

对社会保险经办机构的具体职能，《社会保险法》虽未明确说明是针对地方社会保险经办机构的规定，但是可以从我国社会保险工作的体制判断出，因为中央社会保险经办机构实际上是不承担具体的社会保险经办业务的。关于地方社会保险经办机构的职责，相关条文规定可以概括为9个方面的内容：(1) 社会保险登记。《社会保险法》第57条规定，"用人单位应当自成立之日起三十日内凭营业执照、登记证书或者单位印章，向当地社会保险经办机构申请办理社会保险登记。社会保险经办机构应当自收到申请之日起十五日内予以审核，发给社会保险登记证件。用人单位的社会保险登记事项发生变更或者用人单位依法终止的，应当自变更或者终止之日起三十日内，到社会保险经办机构办理变更或者注销社会保险登记。工商行政管理部门、民政部门和机构编制管理机关应当及时向社会保险经

---

① 关于社会保险经办机构的权利和职能，下文会有论述。根据行政法原理，行政机关以外的组织可以依据法律、法规的授权或者行政机关的委托行使一定的行政权，因此，不能说行使行政权的就一定是行政机关。

② 具体参见人力资源与社会保障部网站，http：//www.mohrss.gov.cn/page.do?pa＝8a81f3f13170c04f013173a03fef060e，2013年1月31日访问。

办机构通报用人单位的成立、终止情况,公安机关应当及时向社会保险经办机构通报个人的出生、死亡以及户口登记、迁移、注销等情况"。第58条规定,"用人单位应当自用工之日起三十日内为其职工向社会保险经办机构申请办理社会保险登记。未办理社会保险登记的,由社会保险经办机构核定其应当缴纳的社会保险费。自愿参加社会保险的无雇工的个体工商户、未在用人单位参加社会保险的非全日制从业人员以及其他灵活就业人员,应当向社会保险经办机构申请办理社会保险登记……"(2)社会保险建档。《社会保险法》第74条第2款规定,"社会保险经办机构应当及时为用人单位建立档案,完整、准确地记录参加社会保险的人员、缴费等社会保险数据,妥善保管登记、申报的原始凭证和支付结算的会计凭证"。(3)社会保险个人权益记录。《社会保险法》第74条第3款规定,"社会保险经办机构应当及时、完整、准确地记录参加社会保险的个人缴费和用人单位为其缴费,以及享受社会保险待遇等个人权益记录,定期将个人权益记录单免费寄送本人"。(4)社会保险咨询服务。《社会保险法》第74条第4款规定,"用人单位和个人可以免费向社会保险经办机构查询、核对其缴费和享受社会保险待遇记录,要求社会保险经办机构提供社会保险咨询等相关服务"。(5)社会保险待遇支付。《社会保险法》第73条第2款规定,"社会保险经办机构应当按时足额支付社会保险待遇"。(6)公布和汇报社会保险基金相关情况。《社会保险法》第70条规定,"社会保险经办机构应当定期向社会公布参加社会保险情况以及社会保险基金的收入、支出、结余和收益情况"。第80条第2款规定,"社会保险经办机构应当定期向社会保险监督委员会汇报社会保险基金的收支、管理和投资运营情况。社会保险监督委员会可以聘请会计师事务所对社会保险基金的收支、管理和投资运营情况进行年度审计和专项审计。审计结果应当向社会公开"。(7)社会保险稽核。《社会保险法》第58条第1款规定,"用人单位应当自用工之日起三十日内为其职工向社会保险经办机构申请办理社会保险登记。未办理社会保险登记的,由社会保险经办机构核定其应当缴纳的社会保险费"。(8)受理有关社会保险的举报、投诉。《社会保险法》第82条规定,"任何组织或者个人有权对违反社会保险法律、法规的行为进行举报、投诉。社会保险行政部门、卫生行政部门、社会保险经办机构、社会保险费征收机构和财政部门、审计机关对属于本部门、本机构职责范围的举报、投诉,应当依法处理;对不属于本部门、本机构职责范围的，应当书面通知并移交有权处理的部门、机构处理。有权处理的部门、机构应当及时处理，不得推诿"。(9) 加强社会保险经办机构内部管理。《社会保险法》第 73 条第 2 款规定，"社会保险经办机构应当建立健全业务、财务、安全和风险管理制度"。

  以上关于社会保险经办机构具体职能的规定，虽然也十分详细，但并不完整，同时，《社会保险法》回避了社会保险经办实践中迫切需要明确的问题。其具体体现在三个方面：第一，社会保险经办机构的职责是服务还是管理，并不明确。《社会保险法》第 8 条规定，"社会保险经办机构提供社会保险服务，负责社会保险登记、个人权益记录、社会保险待遇支付等工作"。这一条被认为是对社会保险经办机构职责的概括性规定，但这条规定看似明确，实际不然。虽然我们根据此条规定可以推断出社会保险经办机构承担社会保险服务的职能，但是社会保险服务的外延到底又有多宽？《社会保险法》并未明确。另外，除了社会保险服务的职能以外，社会保险经办机构是否还承担行政管理方面的职能？并不能从该条文中得出明确的结论。第二，社会保险经办机构职责是否包括征收社会保险费，也不明确。现实生活中社会保险费的征收机构各个地方差异明显，迫切需要统一规定，但《社会保险法》却回避了这一重要问题。《社会保险法》第 59 条规定，"县级以上人民政府加强社会保险费的征收工作。社会保险费实行统一征收，实施步骤和具体办法由国务院规定"。通过这一授权规定，《社会保险法》把皮球踢给了国务院。第三，社会保险经办机构的职责是否包括社会保险基金的管理，并不明确。虽然人力资源和社会保障部明确规定了中央社会保险经办机构具有管理社会保险基金的职能，但《社会保险法》并未明确确认，仅仅在第 70 条和第 80 条分别规定了社会保险经办机构对社会保险基金信息公开和汇报的义务。

  由以上分析可以看出，社会保险经办机构在整个社会保险系统运行中扮演着十分重要的角色，随着社会保险事业的逐步推进，这个角色会更加重要，因此，社会保险经办机构的性质和职能必须尽快明确。从我国特有的现实国情出发，结合我国社会保险事业发展前景，借鉴世界其他国家的有益经验，应该把社会保险经办机构定位为执行一定行政管理职能的事业单位。在这一定位的基础上，社会保险经办机构的职能应该以服务为主，并逐步剥离其行政管理方面的职能，使其真正成为服务社会的公共机构。限于篇幅和主旨，与社会保险经办机构法律定位相关的问题并未展开，比如社会保险经办机构定位与社会保险体制之间的关系、社会保险经办机构征收社会保险费的利弊和模式选择问题、社会保险经办机构在社会保险争议处理中的法律地位，等等。这些问题的回答，都要建立在对社会保险经办机构的准确法律定位之上，但又反过来影响到社会保险经办机构的定位。对于这些问题的思考和讨论，将会为《社会保险法》的充实和完善提供有益的思路，同样也有助于实践中社会保险资金投资运营制度的完善。

（四）小结

社会保险经办机构不仅在整个社会保险资金运行中起到关键的作用，还对社会保险资金的投资运营具有十分重要的意义。因此，本部分在分析我国社会保险经办机构现状的基础上，从主体法律定位的角度对社会保险经办机构性质和职能的法律定位进行了分析。

五　本章结语

可持续发展不仅是当今世界各国经济社会发展中所面临的重要问题，也是社会保障资金运行中的重要问题，是社会保障资金投资运营的重要动因。因此，本章从可持续发展基本理论出发，分析了可持续发展理论的产生和发展、哲学基础、现实意义、前景和未来等相关基础理论问题。然后把可持续发展问题引入经济法与社会法的调整框架中，以环境税收立法和经济发展方式转变中的劳动就业为例，论证经济法与社会法在可持续发展实现中的重要作用。在此前提和框架之下，对可持续发展中的社会保障资金投资营运进行分析，分别对全国社会保障基金和社会保险资金这两类重要的社会保障资金的投资营运中的相关法律问题进行分析和研究。

第四章

危机应对视角下的社会保障资金监管法

社会犹如一条船，每个人都要有掌舵的准备。

——易卜生

风险来自你不知道自己正在做什么！

——沃伦·巴菲特

中国经济与社会的转型使当今中国面临一系列的经济风险和社会风险。风险的不断积聚带来了严重的经济危机和社会危机。如何有效应对当前中国社会的双重危机是我们迫切需要解决的重大理论和实践问题。社会保障资金的运行同样面临一系列的经济风险和社会风险，以及由这些风险带来的一定程度上可以认为是危机的经济与社会失衡。从某种意义上讲，社会保障资金监管之所以必要，与社会保障资金运行中的经济风险和社会风险紧密相关。这些风险一方面来自社会保障资金在金融市场上天然具有的不确定性，同时也与社会保障资金本身的"社会保障"性质有直接的联系，还和社会保障资金管理中的人为因素有密切的联系。正是这些经济风险和社会风险的普遍存在，才使社会保障资金运行的法律监管具有存在的价值和意义。因此，从风险和危机应对的角度研究社会保障资金的法律监管问题，能够更加准确地把握社会保障资金管理中的主要问题，为社会保障资金监管的科学决策和相关法律制度的完善提供合理的依据。

本章从风险社会与危机应对的基本理论出发，分析风险社会中社会管理体制创新和当前社会诚信危机的社会法应对等相关问题；然后分别对当前中国经济危机的经济法应对与社会危机的社会法应对进行分析；最后从危机应对的角度对社会保障资金运行的法律监管进行研究，主要探讨社会保障资金运行法律监管的模式选择、监管主体的法律定位以及监管职责权限和手段选择等相关问题。

一 危机应对与社会管理体制创新

(一) 风险社会与危机应对

风险是一种损失的发生具有不确定性的状态。① 因此,从时空的维度来看,风险广泛存在于古往今来人类社会的政治、经济、社会、文化生活的各个领域和各种层面。而现代社会的到来,进一步加剧了风险的程度、扩散了风险的领域,成为当前理论界和实务界普遍关心的问题。1986年,德国著名社会学家乌尔里希·贝克正式提出了风险社会的概念,并进行了系统阐述。贝克认为,"风险是个知名自然终结和传统终结的概念。或者换句话说,在自然和传统失去它们的无限效力并依赖于人的决定的地方,才谈得上风险。风险概念表明人们创造了一种文明,以便使自己的决定将会造成的不可预见的后果具备可预见性,从而控制不可控制的事情,通过有意采取的预防性行动以及相应的制度化的措施战胜种种(发展带来的)副作用"。② 他还认为,现代工业文明在不遗余力地利用各种科技手段创造财富的同时,也处处产生和遗留了不可胜数的"潜在的副作用",当这些副作用变得明显可见,并将当代社会置于一种无法逃避的结构情景时,风险社会也就登上了历史舞台。③ 贝克风险社会理论的提出,引起了学界的广泛关注,该理论也被广泛应用到经济学、管理学、伦理学、法学等研究领域之中。风险理论的提出对当前中国经济社会问题的解决具有十分重要的意义。

风险社会的到来使危机存在于社会的各个领域,因而,在现代社会,危机应对成为必要。在公关管理学中,"危机是一种严重威胁社会系统的基本结构或者基本价值的形势。在这种形势中,决策者必须在很短的时间内和极不确定的情况下做出关键性决策",④ 对危机的研究主要从管理者

---

① 孙祁祥:《保险学》(第四版),北京大学出版社2009年版,第4页。
② Ulrich Beck, *Democracy without Enemies*, Malden, MA: Polity Press, 1998: 26.
③ [德]乌尔里希·贝克:《风险社会》,何博闻译,译林出版社2004年版,第156页。
④ 中国现代国际关系研究所危机管理与对策研究中心编著:《国际危机管理概论》,时事出版社2003年,第5页。

的视角展开。在经济学中，经济学家侧重于运用经济学原理对现实生活中的危机事件进行分析，如有的学者从危机的不确定性出发，认为尽可能实现信息的完全性；针对影响广泛的公共危机，应当运用有效的公共政策予以应对；要正确分析不同类型的危机及其经济影响，及时采取正确的经济政策，防止经济严重衰退。① 从法学的角度来看，危机应对一方面要确立危机预防的法律机制，同时还有构建有效应对危机的法律机制。

（二）风险社会中的社会管理体制创新

在我国当前社会风险日益增大的背景下，社会管理体制创新显得尤为重要。随着我国经济体制、社会结构、利益格局、思想观念的深刻变迁，各种社会矛盾进一步凸显，社会管理体制创新已经成为中央和地方各级政府无法回避和迫切需要解决的重大现实问题。

面对这一严峻形势，党中央就社会管理及其创新问题做出了一系列的战略部署和纲领性指导。2004年6月党的十六届四中全会提出，"加强社会建设和管理，推进社会管理体制创新"。2007年10月党的十七大报告指出，"完善社会管理，维护社会安定团结"，"建立健全党委领导、政府负责、社会协同、公众参与的社会管理格局"。2011年3月《中华人民共和国国民经济和社会发展第十二个五年规划纲要》明确提出，"适应经济体制深刻变革、社会结构深刻变动、利益格局深刻调整、思想观念深刻变化的新形势，创新社会管理体制机制，加强社会管理能力建设，建立健全中国特色社会主义社会管理体系，确保社会既充满活力又和谐稳定。"2011年7月1日，胡锦涛总书记在庆祝中国共产党成立90周年大会上的讲话中指出，"要加强和创新社会管理，完善党委领导、政府负责、社会协同、公众参与的社会管理格局，建设中国特色社会主义社会管理体系，全面提高社会管理科学化水平，确保人民安居乐业、社会和谐稳定"。这些纲领性文件和讲话精神为我国当前的社会管理体制创新实践确立了目标、指明了方向。

从另外一个角度来看，也正是在这一特定背景之下，社会管理体制创新更加迫切需要多个学科理论研究的支撑和指导。不可否认，社会管理及其体制创新是政治学和公共管理学研究的重点之一，传统的相关理论成果

---

① 樊纲：《危机应对的经济学原理》，《北京社会科学》2003年第3期。

也多集中在这两个学科。客观地讲,是政治学和公共管理学学者较早注意到了社会管理体制及其创新问题,并对其进行了较为深入系统、成效显著的研究,在社会管理实践中起到了重要的理论指导作用。但是,在当今时代,社会管理及其体制创新问题已经远远超出了传统政治学和公共管理学的研究领域,扩展到了社会学、经济学、法学等各个学科领域,并且对相应的学科领域产生了重要的影响。因此,从多学科的角度深入研究和思考,有助于真正理解社会管理及其创新。

在社会管理及其体制创新的多学科综合研究中,法学是一个非常重要的视角。社会管理体制创新与法制建设尤其是社会法制度建设有着十分密切的联系,它的实现离不开法律制度尤其是宪法、行政法、社会法的支撑。这是因为,一方面,在当今法治社会,任何创新都需要在宪法和法律的框架体系之内进行,社会管理体制创新当然也不例外;另一方面,社会管理体制的创新尤其需要法律制度予以保障。同时,社会管理及其体制创新也会深刻影响到法制建设尤其是社会法制度建设,并为其完善提供有益的思路。这是因为,社会管理及其体制创新在客观上引起社会结构的变迁和社会权利义务关系的重组,必然会影响到法律和社会政策,而社会法以解决社会问题为目标,是社会政策的法制化,与社会管理更是有着十分密切的联系,因而社会管理及其体制创新必然影响到社会政策与社会法。

(三) 社会管理及其创新的法制化

1. 社会管理的法制化

"社会管理"一词在不同的场合有不同的含义,大致可以分为广义、中义和狭义的理解。从广义的角度来看,"所谓社会管理,就是在一定的共同价值基础上,人们处理社会事务和提供社会公共服务的过程"①。这种意义上的社会管理,包括了多元主体以多样化形式进行的管理活动以及这些活动的全过程。从中义的角度来看,"社会管理是政府机构、社区和社会组织为维持社会系统有序运转,借助公众的参与和协助,使用法律规范、公共舆论及道德习俗等手段,对社会系统的组成部分、社会生活的不同领域以及社会发展的各个环节进行组织、协调、监督和控制的过程或活

---

① 丁元竹:《中国社会管理的理论建构》,《学术月刊》2008年第2期。

动"①，或者说，"一般而言，社会管理是指以政府为主导的包括其他社会组织和公众在内的社会管理主体在法律、法规、政策的框架内，通过各种方式对社会领域的各个环节进行组织、协调、服务、监督和控制的过程"②。这种意义上的社会管理把管理的主体扩展到了政府以外的社区和社会组织，强调社会管理的目的、手段和内容。从狭义的角度来看，社会管理是政府依法对社会进行管理和服务的全过程。这种意义的社会管理强调社会管理是政府的重要职能之一。

总体上看，人们在使用"社会管理"一词的时候，主要是从中义上来讲，是与"经济管理"相对应的一个概念。"社会管理"以社会为管理对象，具有不同于"经济管理"的诸多特点。经济管理以市场机制为基础，以经济运行为其管理对象，遵循市场经济运行的一般规律，而社会管理则以社会为管理对象，管理的对象广泛涉及公益性服务、经营性服务和半公益与半经营性服务等内容，尤为复杂。以教育和医疗卫生领域的社会管理为例，基础教育、基本医疗卫生在性质上应当属于公益性服务，而专业性教育和医疗属于经营性服务。正是由于教育和医疗卫生在性质上具有这种复合性，使其在社会管理机制运行上更加复杂。由以上对"社会管理"概念的界定可以看出，虽然人们对社会管理概念的理解和具体表述存在一定的差异，但是各种概念界定与表述在整体上一般都承认社会管理是一个过程，都认可社会管理中政府处于主导地位，都强调社会管理要依法进行。既然承认社会管理是一个过程，那么体制创新就是"社会管理"概念之中的应有之意；既然认可社会管理中政府处于主导地位，那么政府就要在社会管理体制创新中处于主导地位；既然强调社会管理要依法进行，那么社会管理法制化也就成了社会管理的内在必然要求。

社会管理的目的是有效解决市场经济运行中出现的各种社会问题，因此，社会管理必须在法治的体系和框架下进行，唯有如此，才能保证社会管理的正确方向。从这种意义上讲，依法进行社会管理是依法治国基本理念在社会管理领域中的具体体现。我国的社会管理经历了并且正在经历着一个法制化的历史进程。改革开放以前，我国实行高度集中的计划经济体

---

① 参见唐军、胡建国、李君甫《社会管理体制改革与创新的理论思考》，《北京工业大学学报》（社会科学版）2011年第2期。

② 国家发展与改革委员会经济体制综合改革司：《创新社会管理体制——新形势下改革新任务》，《中国经济导报》2011年7月9日B01版。

制，行政管理和经济管理长期依附于政治管理，在这一时期，不需要独立的社会管理，当然也不需要社会管理相关的法律。改革开放以后，随着我国社会经济生活的巨大变迁，社会管理规范化、法制化成为一项迫切的现实需要。于是，有关部门相继制定并颁布了一系列社会管理方面的法律法规，以规范相关行政管理。在这些法律法规中，除了《宪法》进行了原则性的规定以外，《中华人民共和国城市居委会组织法》《中华人民共和国村民委员会组织法》《基金会登记管理条例》《人民调解委员会组织条例》《民办非企业单位登记管理条例》《社会团体登记管理条例》《城市街道办事处组织条例》等相关法律法规专门对社会管理中的相关问题作了进一步的具体规定。此外，《劳动法》《劳动合同法》《社会保险法》《工会法》《教育法》《劳动争议调解仲裁法》等法律也涉及了社会管理的法律问题。

应当说，这些法律法规在社会管理中发挥了十分重要的作用。但总体上看，现有的这些规定在整体上滞后，在理念上陈旧，远远不能满足当前社会管理实际工作的需要，尤其是在教育、医疗卫生、住房、环境、社会保险、社会福利、社会救助、社会优抚、社会组织管理、社区管理等方面，仍然缺少详细完备的制度建设。从我国当前社会管理的现实需求来看，很有必要加强相关领域的立法，真正实现社会管理的法制化。

2. 社会管理体制创新的法制化

如前文所述，社会管理体制创新已经成为我国当前重大的理论问题和实践问题，学者们对此进行了较为深入的讨论。在这些讨论中，社会管理体制创新的背景、原则、重点和路径成为学者们研究和关注的重点，这些无不与法治、法制化紧密相连。

首先，社会管理体制创新的起因和时代背景与法治化紧密相连。学界普遍认同在当前特定的历史时期，我国社会管理体制创新具有深刻的社会原因。虽然在具体观点方面存在一定的差异，但一般认为，社会管理体制创新的直接动因在于改革开放以来我国社会管理遇到的挑战。这些挑战包括：一是单位制的功能弱化和公社的取消，导致社会管理的基层组织依托几近丧失；二是改革开放带来利益分化，增加社会管理的难度；三是大规模的人口流动，给公共服务提供和社会秩序维持带来巨大压力。[①] 面对这

---

① 参见葛延风《我国社会管理体制改革与创新》，《中国机构改革与管理》2011年第2期。

些挑战和问题，原有的社会管理模式与管理方法越来越难以适应时代的要求和新的诉求。在新的时代背景下，如何有效协调当前复杂化的社会关系、规范多元化的社会行为、解决多样化的社会问题、化解综合化的社会矛盾，进而全面实现社会公正、有效应对社会风险、彻底保证社会稳定？社会管理体制创新已经成为解决上述问题的必由之路。需要注意的是，在法治已经成为当今时代标志的历史时期，法治理念得到了社会的普遍认可，法治与法制化构成了当前社会管理体制创新的重要背景，这是中国以前任何时代社会管理体制创新所不具有的。

其次，社会管理体制创新的原则与法制化密不可分。学者们普遍认可社会管理体制的创新涉及整个社会的方方面面，需要遵循一定的原则。当然，在具体表述方面存在一定的差异。例如，有学者认为，社会管理体制创新应该遵循坚持以人为本、坚持政府主导与社会广泛参与、坚持社会正义与效率效益的有机统一、坚持管理有序与社会活力激发的有机统一、坚持统筹兼顾与循序渐进、坚持党的领导下全社会共建六项原则。[①] 总体上看，在社会管理体制创新的原则中，政府主导与法治原则是不可或缺的。

再次，社会管理体制创新的重点与当前法治化的历史潮流高度契合。关于社会管理体制创新的重点，有学者进行了总结概括，认为应该包括四个方面：一是大力推进教育体制的改革和发展；二是深化医疗卫生体制改革；三是完善社会保障体系；四是城乡基础设施投资体系。[②] 这些重点都与民生密切相连，属于社会法规范的重点内容，体现了社会管理体制创新与社会法的高度契合。

最后，社会管理体制创新的路径与法制化路径殊途同归。社会管理体制创新不仅是一个重大的理论问题，还是一个重要的实践问题，因此，社会管理体制创新理论研究的最终落脚点是探寻一条真正能够在实践中走得通的路径。学者们对社会管理创新的路径分别从不同的侧面进行了研究。有学者从机制的角度对社会管理创新进行了研究，认为社会管理创新需要建立和完善四个机制，即社会发展综合决策和执行机制、社会影响评估机

[①] 参见黎昕《改革创新社会管理体制的若干思考》，《福建论坛》（人文社会科学版）2007年第11期。

[②] 郑新立：《改革和创新社会管理体制》，《中国社会科学报》2010年1月5日第9版。

制、社会安全网机制和社会风险管理机制。① 有的学者从社会管理创新着力点的角度进行了研究,认为社会管理创新要在深化认识、达成共识,深入研究、推动创新,厘清思路、有序推进三个方面下功夫。② 还有的学者从和谐社会的角度探讨社会管理体制创新的路径,认为社会管理体制创新的基本思路有四个方面:一是要转变政府职能,建设服务型政府;二是要更新管理理念,改革管理方式;三是要建立有效的社会运行机制;四是要培育和发展各类社会组织,吸纳社会组织参与社会管理。③ 由此可以看出,无论是何种具体的社会管理体制创新路径,都离不开依法行政,这与当今中国法制化路径可谓是殊途同归。

由以上分析可以看出,从社会管理体制创新的背景、原则、重点和路径来看,社会管理体制创新无不与法治、法制化有着紧密的联系。这是因为,社会管理体制属于上层建筑的范畴,与同属上层建筑的法律有着相同的经济基础并共同反作用于经济基础。社会管理体制创新不仅要在宪法的框架下进行,也需要宪法这个根本大法予以保证。社会管理体制创新涉及行政体制和各种具体行政行为,因此同样需要相应的行政法律制度予以支撑。同时,社会管理体制创新还关系到社会治理和社会安全,需要直接以解决社会问题为出发点的社会法法律制度予以配合。

3. 社会管理体制创新与社会法制度建设

社会管理体制创新不仅仅是一个重大理论问题,还是一个重要的制度实践问题。如前文所述,社会管理体制创新的实现离不开法律制度尤其是宪法、行政法、社会法的支撑。基于本书主旨所限,此处对社会管理体制创新与宪法、行政法制度建设之间的关系不作探讨,主要对社会管理体制创新与社会法制度建设进行研究。

从具体制度层面来看,社会管理体制创新与社会法之间有着天然的密切联系。社会管理与社会法调整的对象都是复杂的社会,二者在调整对象方面高度契合。社会法在广义上是调整在各种社会问题的发生和解决的过程中所产生的各种社会关系的法律规范的总称,④ 在这个意义上,人们把

---

① 参见丁竹元《社会管理体制创新需完善四个机制》,《文汇报》2005年11月10日第5版。
② 参见谢志强《当前社会管理体制创新的三个着力点》,《理论前沿》2005年第13期。
③ 参见伏晓《和谐社会视角下的社会管理体制创新》,《产业与科技论坛》2009年第9期。
④ 参见张守文《社会法论略》,《中外法学》1996年第6期。

社会法理解为反映社会政策目标的法。① 狭义的社会法主要包括劳动法、社会保险法、社会救助法、社会优抚法、社会福利法，广义的社会法同时还包括与教育、医疗卫生、住房、环境相关的法律等内容。从这种意义上讲，社会管理体制创新法制化的过程在很大程度上可以理解为社会法制度建设的进程，以社会管理体制创新法制化为主线，审视社会法制度建设尤为必要。社会管理体制创新法制化在制度层面要求完善各项社会法律制度。

首先，在教育、医疗卫生和住房领域，社会管理体制创新法制化要求加强相应的社会法制度建设。教育、医疗卫生、住房是我国当前民众普遍关心的三大问题，是重要的民生问题，也是我国当前社会改革的三大重要领域。推进社会管理体制创新必须重视这三大领域的管理体制创新。同时，这三大领域也是社会法的重要调整领域，在当前社会管理体制创新法制化的背景下，加强这三个领域的法律制度建设具有十分重要的意义。教育、医疗卫生、住房具有明显的社会性特质，但我国当前这三大领域的管理体制带有浓厚的转轨期烙印，因此很有必要通过构建具有社会法属性的法律制度来实现这三大领域中的社会管理体制创新。这要求我们真正把教育、医疗卫生、住房当作一种"公共物品"或者"准公共物品"来看待，制定具有社会法属性的教育法、医疗卫生法、住房保障法，通过社会法律制度来保障相应领域社会管理体制的创新。

其次，在环境保护领域，环境管理体制创新法制化同样需要加强相应的社会法制度建设。随着世界各国工业化进程的不断推进，环境问题已经成为当今时代最突出的社会问题之一，环境管理体制创新成为各国政府迫切需要解决的重大课题。社会管理不同于经济管理，它不仅要关注经济效益，还要关注社会效益，强调管理的社会效应，着重从社会整体效益的角度完善相应的社会政策。环境问题涉及人类社会共同的生存条件，具有高度的社会性，因此，环境法律制度具有明显的社会法属性。在当前社会背景下，推进环境管理体制创新法制化建设，就是要在社会法理念的指导下完善环境管理法律法规，加强环境管理方面的社会法制度建设。

再次，在劳动关系领域，劳动管理体制创新法制化要求加强劳动法律

---

① 参见［德］汉斯·F.察哈尔《德意志联邦共和国的社会法》，《国外法学》1982年第1期。

制度建设。随着改革开放的不断推进,社会主义市场经济体制下的劳动关系已经成为我国当前最基本的社会关系,劳动关系的和谐与否直接关系着我国经济的发展与社会的稳定,因而具有十分重大的意义。在当前我国体制转轨的特殊时期,劳动关系的多元化与复杂化在客观上促使我们必须加快劳动管理体制创新法制化进程。这要求我们必须在注重新形势下劳动管理体制创新的前提下,进一步充实和完善劳动管理方面的法律法规。具体来讲,就是要修改《劳动法》这一劳动领域的基本法,完善《劳动合同法》《劳动争议处理法》《就业促进法》等一系列法律法规,加快《集体合同法》《劳动安全卫生法》《工资条例》等相关法律法规的立法进程。

最后,在社会保障领域,社会保障管理体制创新法制化要求加强社会保障法律制度建设。世界各国的实践充分证明,在市场经济体制下,社会保障是经济发展和社会稳定的安全器,发挥着十分重要的社会作用。我国经济体制改革取得了世界瞩目的成功,但在社会保障建设方面却相对落后,尤其需要社会保障管理体制创新。同时,社会保障管理不仅广泛涉及社会保险、社会救助、社会福利、社会优抚等各项内容,还深入到这些内容具体事务的计划、组织、协调、控制和监督等各个环节。因而,社会保障管理体制创新尤为复杂。在当前背景下,加强社会保障管理体制创新法制化的首要任务就是完善我国社会保障法律制度建设。具体来讲,就是要进一步完善和充实《社会保险法》《妇女权益保障法》《老年人权益保障法》《未成年人权益保障法》等已有法律法规,加快《社会救助法》《社会福利法》《社会优抚法》等法律法规的立法进程。

(四)小结

探讨社会管理体制创新背景下的社会法制度建设,具有理论和实践的双重意义。从理论研究的角度来看,把社会管理体制创新纳入到法学研究并具体到社会法制度建设的层面,有利于促进管理学与法学尤其是公共管理学与社会法学的学科交叉研究,推动管理学和法学研究的深入。从实践的层面来看,一方面,社会管理体制创新法制化是当今法治社会背景下社会管理体制创新的必然要求,社会管理体制创新必然要纳入法治的轨道,探讨社会管理体制法制化有利于促进社会管理体制创新的实践;另一方面,社会管理体制创新也是法律制度建设尤其是社会法制度建设的重要动因之一,社会管理体制创新法制化从一个侧面反映了完善社会法的客观要求并实际推动着社会法制度建设的进程,研究社会管理体制创新法制化为我国当前的社会法制度建设提供了实践依据。本部分基于主旨所限,仅对社会管理体制及其法制化、社会管理体制创新法制化、社会管理体制创新与社会法制度建设相关问题进行了宏观思考,初步论证了社会管理体制创新与社会法制度建设之间的密切关系,并未对社会管理体制创新中的细节问题进行详细分析,旨在引起学者们对社会管理体制创新法制化与社会法制度建设综合研究的关注,进而推动社会法制度建设。

二 社会保障资金运行的社会背景
——社会诚信危机及社会法应对

(一) 社会诚信危机问题的提出

当前中国正处在一个复杂的变革时代。一方面,经济在飞速发展,另一方面,社会诚信水平却日益下降。近些年来,接连发生的一系列社会失信事件,引发了严重的社会诚信危机,[①] 不断侵蚀着我国的社会公信力,动摇着人们对整个社会的信心,造成了严重的社会后果。当前的社会诚信危机已经不再存在于个别行业和个别地区,而是一种具有普遍性的社会危机,具有全方位、立体化的特征,并且正在向整个社会领域全面深入地扩展。

社会诚信危机作为一种社会危机,将会带来广泛而深远的社会负面效应,必须及时有效地予以应对。这是因为,社会诚信作为一种基本社会关系,是整个社会系统正常运行的前提和基础,对社会良好秩序的维护起着十分重要的作用。社会诚信体系本身具有一定的脆弱性,一旦遭到严重破坏就会很难弥补和恢复。在当前形势下,如何有效应对日益严重的社会诚信危机,已经成为我们迫切需要面对的重要社会问题。党和政府对此十分重视,2011 年 7 月中共中央、国务院发布的《关于加强和创新社会管理的意见》中明确提出要建立健全社会诚信制度,2011 年 10 月党的十七届

---

① 例如,"三鹿奶粉事件"凸显了企业诚信危机,"郭美美事件"凸显了社会组织诚信危机,"温州动车追尾事件"凸显了政府部门诚信危机,"毒胶囊事件"等凸显了医疗卫生监管部门诚信危机。这些事件的发生反映了我国当前社会诚信危机的广泛性和严重性。

六中全会进一步提出要"把诚信建设摆在突出位置"。

社会诚信危机的应对可以从多个方面入手,政治建设、经济建设、文化建设、社会建设都是其重要维度。其中,法律作为维护社会秩序的重要手段,对社会诚信危机的应对起着独特而重要的作用。一方面,法律具有规范功能,可以通过对个人和社会组织行为的调整与规范,有效纠正其失信行为;另一方面,法律具有社会功能,可以通过对社会的法律调控,建立完善的社会诚信体系。例如,民法中被称为"帝王条款"的诚实信用原则不仅起到了彰显社会诚信理念的作用,规范了民事主体的行为,还有助于民事活动领域的社会诚信建设;商法中对公司企业诚信义务的强调,不仅有助于规范公司企业的行为,还有助于商业领域社会诚信体系建设;行政法中的"信赖利益保护"原则,不仅有助于规范行政主体的行为,还有助于行政管理领域社会诚信体系建设;金融法中对金融信用的强调,不仅有助于规范金融法相关主体的行为,还有助于构建金融领域社会诚信体系建设。

从长远来看,以上各个法律部门对社会诚信危机的应对都具有十分重要的作用。然而,从当前社会诚信危机的紧迫性来看,社会法对危机的应对更具有直接的效果和作用。这是因为,一方面,社会法作为一种危机应对法,从其产生之初就具有危机应对的天然特质和功能;另一方面,社会法与社会民生问题紧密相连,因而能更加直接地应对与社会民生紧密相关的、人民群众普遍关心的社会诚信问题。因此,从这种意义上来讲,深入研究社会诚信危机的社会法应对,不仅有利于解决我国当前普遍存在的社会失信问题,还有助于加深对社会法社会功能的理解和运用,具有理论和实践的双重意义。本书拟从社会根源入手,分析社会诚信危机的社会法应对,以探求解决之道。

(二)社会诚信危机的社会根源

当前社会诚信危机的有效应对离不开对其产生根源的分析。这是因为,社会诚信危机的根源分析是有效应对的前提和基础,只有全面深入地分析产生的根源,才有可能找到应对之道。

当今中国社会诚信危机直接体现为社会转型期的社会诚信体系缺失。改革开放以来,中国社会逐步由传统的农业社会走向工业社会。在这一转型过程中,传统社会的诚信体系逐步瓦解,而新的社会诚信体系却未能很好建立起来。在这一特殊的历史时期,整个社会诚信体系暂时处于缺失和失序状态,带来暂时的社会诚信危机。此外,社会转型期人口流动频繁程度的增加,降低了社会失信的成本,也在客观上进一步加深了社会诚信危机。

社会诚信危机的产生还具有深层次的社会根源,涉及文化、经济、政治等多方面的复杂因素。学界现有成果对社会诚信缺失原因的分析也多是从这些基本层面展开,① 虽然分析的具体视角和表述具有一定的差别。但是现有研究成果对社会诚信危机产生根源的提炼不够,多是泛泛而谈,没能准确抽象概括出社会诚信危机产生的总根源。其实,社会诚信危机的总根源完全可以概括为社会转型期中国社会与文化、经济、政治、法律等多个层面的脱节与断裂,正是这种脱节和断裂,使当代中国诚信危机的产生成为必然。

首先,从社会与文化的层面来看,当代中国社会诚信危机根源于社会发展与传统社会诚信文化的断裂。中国并不缺乏社会诚信的历史传统,相反,中国传统文化尤其是儒家文化历来重视社会诚信。② 几千年来,诚实守信一直是中国传统儒家文化的重要组成部分,孔子在《论语》中就有关于"言而有信,信则人任焉,言而无信,不知其可也"的论述,其后的儒家代表人物也都对社会诚信十分重视。正是当代中国社会与传统文化的断裂,才引发了社会诚信危机的产生。③ 有些学者指出,这种社会信任的破坏,是从 20 世纪初对儒家文化的否定开始的。④ 无疑,20 世纪初的新文化运动对中国文化的转型具有十分重要的积极意义,但它对儒家文化的全盘否定也同时破坏了儒家文化中特别强调和重视的社会诚信理念。而中华人民共和国成立后至改革开放前几十年的阶级斗争运动,尤其是十年"文化大革命",进一步破坏了社会诚信的文化基础。此外,改革开放以

---

① 参见张震《"市场经济道德建设与社会诚信机制研究"理论研讨会综述》,《道德与文明》2003 年第 6 期;若地《"社会诚信体系建设研讨会"综述》,载《社会科学研究》2004 年第 1 期;李更生《经济学视角下的诚信缺失与社会诚信建设》,《理论与当代》2009 年第 12 期;王林燕《中国经济社会诚信缺失现象的文化因素分析》,《河南社会科学》2010 年第 1 期;左强《当代中国社会诚信缺失问题研究》,《黑河学刊》2012 年第 1 期。

② 张树骅:《儒家诚信观与现代社会诚信建设》,《发展论坛》2003 年第 8 期。

③ 当然,也有学者指出,中国传统文化中儒家文化本身具有一定的局限性,表现为缺乏外在的约束力,缺乏有效的实践途径。这些缺陷使人格分裂和信仰实用化,成为社会诚信建设的隐患。具体表述参见景枫《社会诚信研究》,中国社会科学出版社 2005 年版,第 89—92 页。

④ 张维迎:《信息、信任与法律》,生活·读书·新知三联书店 2003 年版,第 1 页。

后,西方文化中拜金主义、享乐主义的大量涌入也进一步加大了中国社会诚信危机状况。当代中国文化与传统社会诚信文化的断裂,使当今中国文化缺少社会诚信传统文化的支撑,在社会诚信文化层面陷入严重的危机之中。

其次,从社会与经济的层面来看,当代中国社会诚信危机根源于社会发展与经济发展的失衡与断裂。市场经济中的利益驱动与信息偏差虽然是导致社会诚信危机的直接动因,但这并不意味着它们就一定会导致社会诚信危机,并不意味着市场经济就一定会排斥社会诚信。恰恰相反,一个成熟的市场经济体制更加重视社会诚信,因为它可以为市场经济降低交易成本。在经济与社会发展平衡的情况下,社会诚信与市场经济之间能够进行充分的良性互动。然而,我国改革开放40年恰恰是经济与社会发展严重断裂的40年。虽然我国的经济发展取得了举世瞩目的成就,[①] 但改革开放的40年同时也是贫富差距日益扩大的40年,是民生问题日益凸显的40年,是社会发展停滞不前的40年。经济与社会的断裂,断绝了市场经济与社会诚信之间的良性互动,"使社会问题越来越严重,社会危机的潜在因素越来越显性化"[②],带来了恶性循环,引发了市场经济背景下的社会诚信危机。

再次,从社会与政治的层面来看,当代中国社会诚信危机根源于社会发展与政治发展的失衡。改革开放以来,我国的政治体制改革和发展取得了重大进展,但政治改革不彻底,政治进一步发展也受到一定的限制,仍然存在一些突出的问题,其中最突出的就是政府违法行政、地方保护主义等问题。在中国许多地方,尤其是基层行政机关依法行政的实施力度仍然不够,"在基层的行政执法中,不少当事人在一开始都不会规规矩矩地接受处罚,而是要到处找人说情"[③]。而另一些地方,出于地方保护主义的需要,行政机关非法运用行政手段公开维护本地企业的利益。此外,中国是一个幅员辽阔的大国,各地政治发展不平衡,地方政策的制定也存在较大的随意性。正是以上问题的普遍存在,使地方政府的诚信受到质疑,而

[①] 我国经济发展过程中也存在诸多的问题,例如产业结构不合理、经济发展与环境保护矛盾突出等,但从整体上看,改革开放40年是我国经济飞速发展的40年,这一点已经成为人们的共识。

[②] 参见王全兴《社会法学的双重关注:社会与经济》,《法商研究》2005年第1期。

[③] 李英峰:《法治诚信是社会诚信的根基》,《光明日报》2012年5月7日。

"政府公信力的流失,势必使政府与社会公众之间产生无形的隔阂"①,引发诚信危机。

最后,从社会与法律的层面来看,当代中国社会诚信危机根源于社会发展与法律制度体系建设的脱节。社会诚信具有明显的法律属性,社会发展与法律体系之间的这种张力是导致社会诚信危机的重要根源。中华人民共和国成立以来,尤其是改革开放以来,我国的法律制度体系建设取得了长足进展。2011年3月的全国人大会议上,全国人大常委会委员长吴邦国宣布中国特色社会主义法律体系已经形成。然而,需要注意的是,这一法律体系的正式形成并不意味着它已经十分完善。实际上,我国有关社会诚信的法律仍然严重缺位,缺少对当今中国社会失信问题的法律规制。正是这种中国社会发展与社会诚信相关法律制度建设的脱节,使我国社会诚信危机日益凸显。因此,"我国迫切需要制定社会信用法,以解决市场经济条件下信用缺失问题"。②

以上从总体上分析了当代中国社会诚信危机产生的社会根源,这些方面又可以概括为当代中国社会发展与政治、经济、文化、法律发展的不平衡。正是当代中国社会发展与文化发展的不平衡,使得社会诚信缺少了文化的"软约束";当代中国社会发展与经济发展的不平衡,使社会诚信缺少了"半软半硬约束";而当代中国社会发展与政治、法律发展的不平衡,则使得社会诚信缺少了制度的"硬约束"。因此,社会诚信危机实质上是一种由社会与政治、经济、文化、法律发展的不平衡带来的社会危机,具有明显的社会性。社会法作为一种社会危机应对法,很有必要对社会诚信危机进行有效的应对和调整。

(三) 社会诚信危机的社会法属性

对社会诚信危机的属性分析可以从多个角度展开,正如前面内容所反映,社会诚信危机与政治、经济、文化、社会紧密相连,因而分别具有相应的政治、经济、文化、社会属性。但就社会法的视角来看,与个人诚信危机相比,社会诚信危机具有明显的社会法属性。这是因为,"社会法在广义上是调整在各种社会问题的发生和解决的过程中所产生的各种社会关

---

① 邓子庆:《政府诚信是社会诚信之基》,《光明日报》2010年4月2日。
② 吴志攀:《社会诚实信用法律制度亟待建立》,《人民日报》2007年9月5日。

系的法律规范的总称"①,社会法的具体内涵和范围虽然是一个动态变化的过程,随着我国经济社会生活的变迁不断适当调整,②但从总体上看,社会法具有明显的社会性和危机应对性。社会诚信危机既不同于个人诚信危机,具有高度的社会性;也不同于一般的社会问题,具有明显的危机性;同样也不同于一般的道德问题,具有明显的法律属性。从这种意义上讲,社会诚信危机具有社会法的属性,属于社会法的调整范围。

首先,社会诚信危机具有高度的社会性,这与社会法的社会性高度契合。社会诚信危机是一种社会危机,与个人诚信危机不同的是,它具有明显的社会性。按照社会学的定义,社会是"以共同物质生产活动为基础而相互联系的人类生活有机体"③,社会性是"社会成员参与、适应个人之间或群体之间的关系的必然倾向和本质属性,是人们受社会因素影响制约的结果,也是人类区别于动物的基本标志"④。在某种意义上,各类诚信危机都具有一定的社会性,无论是个人诚信危机还是社会诚信危机,都与整个社会相连。⑤但与个人诚信危机相比,社会诚信危机的社会性更加突出,影响和波及整个社会领域,其社会影响力的范围之广、力度之大,远非个人诚信危机所能比拟。当个人诚信危机出现之时,可以通过民法的调整予以应对,通过民法的基本原则⑥和违反诚信

---

① 参见张守文《社会法论略》,《中外法学》1996年第6期。

② 广义的社会法还包括教育、医疗卫生、住房、环境相关的法律等内容。但从总体来看,立法机关和政府所界定的社会法范围,大致涵盖了劳动法、社会保障法和特殊人群权益保护法三大领域。2011年10月27日,国务院新闻办发布的《中国特色社会主义法律体系》白皮书指出,"社会法是调整劳动关系、社会保障、社会福利和特殊群体权益保障等方面的法律规范,遵循公平和谐和国家适度干预原则,通过国家和社会积极履行责任,对劳动者、失业者、丧失劳动能力的人以及其他需要扶助的特殊人群的权益提供必要的保障,维护社会公平,促进社会和谐。"这一概念是官方对社会法范围的最新界定。

③ 当代社会科学大辞典编委会:《当代社会科学大辞典》,南京大学出版社1995年版,第591页。

④ 邓伟志:《社会学辞典》,上海辞书出版社2009年版,第9页。

⑤ 个人诚信危机只有在社会语境之下才有意义,因此具有一定的社会性。此外,按照社会学的社会互动理论,个人诚信危机的恶性循环会带来社会层面的社会诚信危机,这也体现了个人诚信危机的社会性。

⑥ 例如,在民法中诚实信用原则被称为民法的"帝王条款",君临民法之全部领域,在宏观上制约着现实生活中的个人失信行为。

的责任机制来化解。① 而当整个社会诚信都出现问题的时候，已经不再是民法所能够解决的了。因此，社会诚信危机的高度社会性使得其具有明显的社会法属性。

其次，社会诚信危机具有明显的危机性，这与社会法的危机应对功能紧密联系。危机具有"危"和"机"的双重含义，从这种意义上讲，危机可以被认为"是一种兼具有巨大破坏力和关键转折点、危险性和机遇性并存的形势情境"②，但"危机"一词在使用的时候一般都强调其"危"的一面。危机按照其作用的领域可以分为政治危机、经济危机、文化危机、社会危机。③ 所谓社会危机，可以是指社会领域的危机。社会诚信危机具有明显的社会性，可以归入到社会危机的范畴。社会诚信危机作为当前社会危机的组成部分，具有危机的一般特征,④ 而社会法具有危机应对的天然特质，正是这种天然特质使社会法区别于其他法律部门，能够较为有效地应对当前普遍存在的社会诚信危机。从这种意义上讲，社会诚信危机具有明显的社会法属性。因此，中国当前的社会诚信危机在本质上是社会问题和社会危机的一种，需要相应的社会法予以应对。

再次，社会诚信危机具有明显的法律属性，这与社会法的法律属性相一致。社会诚信危机固然是一种道德危机，具有道德的属性，但其又从属于法治范畴，具有明显的法律属性。从社会学的角度来看，社会具有两个基本属性，一个是组织性，一个是秩序性，而维持社会组织性和秩序性的基本手段就是道德和法律。在当代法治社会，法律已经成为维持社会秩序的最主要手段。社会诚信危机从表面上看是一种道德危机，属于道德的范畴，但从深层次上讲是一种法律制度的危机，具有明显的法律属性。例如在现实生活中，拖欠工资、逃避社会保险费缴纳、随意违反劳动合同约定等社会失信事件，不仅是对道德的一种践踏，更是对

---

① 又例如，在合同责任理论中，缔约过失责任就是对个人在订立合同中失信行为的一种事后救济。

② 唐明勇、孙晓晖：《危难与应对》，中共党史出版社2010年版，第3—4页。

③ 需要注意的是，这里所指的"社会"，是狭义上的"社会"，即与政治、经济、文化相对应的"社会"，而不是广义上的社会。

④ 关于危机的特征，学者们有不同意见。如有学者认为，危机的特征主要有机构不良、风险性和不确定性，参见杨冠琼《危机事件的特征、类别与政府危机管理》，《新视野》2003年第6期；还有学者认为，危机具有突发性和紧急性、不确定性和易变性、社会性和扩散性、危害性和破坏性四个特征，参见龚维斌《公共危机的内涵及特点》，《西南政法大学学报》2004年第5期。

法律底线的挑战，具有道德和法律的双重属性。社会诚信危机的应对需要道德的"软约束"，更需要法律的"硬约束"。此外，从道德与法律的关系来看，法律具有其内在的道德因素，社会诚信危机的法律属性本身并不排斥其道德属性。社会诚信危机的这种法律属性与社会法的法律属性相一致，并使社会诚信危机纳入社会法的调整范围成为可能。

由此可以看出，社会诚信危机中的"社会""诚信""危机"三个组成要素无一不与社会法紧密相连，这使社会诚信危机具有明显的社会法属性。此外，在整个社会诚信危机应对中，有关社会民生问题的诚信问题尤为重要和突出，亟待认真有效的应对，而这些领域恰恰属于社会法调整的范围。因而，运用社会法的理论和制度应对社会诚信危机，不仅是可能的，而且是必要的。

（四）社会法的社会诚信危机应对功能

社会诚信危机可以通过多个法律部门进行应对，其中社会法的效果最为明显。这是因为，社会法作为一种"危机应对法"，无论是从历史的角度还是现实的角度来看，都具有明显的社会诚信危机应对功能。

首先，从社会法的发展历史可以看出，社会法具有明显的社会诚信危机应对功能。社会法从其产生之初就与相应的社会危机紧密相连，是伴随各种社会危机逐步产生和发展起来的新兴法律部门，具有较强的"社会危机应对性"。[①] 例如，19 世纪中叶的德国出现了严重的社会危机，工人运动此起彼伏，为了有效应对这些社会危机，德国先后通过了《疾病保险法》《工伤保险法》《养老和伤残保险法》等法律法规，并以此为基础建立了德国近代社会法体系，为德国社会的安全和稳定提供了有力保障，有效化解了当时社会危机。在美国，1929 年至 1933 年的资本主义经济大危机严重摧毁了该国经济，致使国内矛盾空前尖锐，社会危机空前严重，为此，1935 年通过了《社会保障法》，并以此为基础建立了社会保障法体系，有效应对了世界经济危机和社会危机。在英国，第二次世界大战使该国经济社会受到重创，面临严重的社会危机，为此，英国于 1945 年开始实施《贝弗里奇报告》，进行了一系列的社会保障立法，并以此为基础建

[①] 需要说明的是，社会危机应对是社会法最初的功能，但并不意味着社会法就仅仅具有社会危机应对功能，实际上，在当代社会，社会法还具有一定的经济功能、政治功能和其他社会功能，如社会管理、民生保障等各项功能。

立了英国的社会保障体系,有力地化解了战后的社会危机。需要注意的是,以上重大历史转折时期这些复杂的社会危机,本身就包含了社会诚信危机,因为社会危机本身也是一种信任危机,是一种社会群体对社会公信力和他人信用的怀疑所带来的社会危机。从这种意义上讲,社会法应对社会危机的历史,也可以被看作是社会法应对诚信危机的历史。

其次,在当代中国社会诚信危机事件的应对过程中,社会法同样发挥着十分重要的作用。例如,社会法中的劳动法相关法律制度,对当前中国劳动就业领域中的社会诚信危机能够起到重要的应对作用。劳动就业是社会民生之本,而劳动就业中的诚信危机则是我国当前重要的社会问题之一。我国当前劳动就业中的社会诚信危机突出表现在劳动合同签订、工资支付等方面。曾经一段时期,我国就业领域劳动合同签订过程中严重缺乏诚信,任意违反劳动合同约定的事件时有发生,[①] 已经蔓延成为一种严重的社会诚信危机。2007年6月29日,全国人大常委会通过了《劳动合同法》,明确规定了违反劳动合同所应当承担的法律责任,在一定程度上有效应对了我国劳动就业领域的诚信危机。再例如,社会法中的社会保障法律制度,对当前中国社会保障领域中的社会诚信危机同样起到了重要的应对作用。社会保障广泛涵盖社会保险、社会福利、社会救助、社会优抚等领域,对我国社会的安全与和谐稳定起着十分重要的作用。我国社会保障领域的诚信危机突出表现在社会保险费的征收、社会救助的发放、社会慈善组织的诚信等方面。前些年,漏逃社会保险费现象十分严重,数目惊人。[②] 2010年10月28日通过的《社会保险法》,对社会保险费的征缴问题进行了相应的规范,有力应对了社会保险费征缴中的诚信危机。

由此可见,无论是从历史还是现实,从国外到国内,社会法作为"危机应对法"和"民生保障法",在劳动就业、社会保障等领域社会诚信危机问题的应对过程中都起着十分重要的作用,为这些领域中社会诚信危机的妥善解决做出了重要贡献。而这些领域中的社会诚信危机又恰恰是我国当前亟须化解的重要社会危机,这更加凸显了社会法的重要地位。

---

① 参见李国、李建《重庆大学生就业合同遭遇诚信危机》,《工人日报》2003年12月23日;秦伟《透过"面霸"现象看毕业生就业中的诚信危机》,《出国与就业》2010年第10期。

② 吴晓向:《北京四年追缴七亿漏逃社会保险费》,《工人日报》2006年3月1日。

（五）我国社会诚信危机的社会法应对路径

当然，从另外一个角度来看，随着我国社会转轨和经济转型步伐的加快，我国社会诚信危机问题日益严重，程度进一步加深，范围也进一步扩大，这对我国社会法提出了新的挑战。近些年来，我国社会法制度建设虽然取得了明显的进步，但仍然存在许多不足和缺陷，很多方面仍有待于完善和健全。从社会诚信危机应对的角度来看，进一步加强社会法制度建设，是有效应对和及时化解我国社会诚信危机的必由之路。具体来讲，社会诚信危机的社会法应对需要从以下几个方面着手。

一是要深入社会法基础理论研究，在整体上构建社会诚信危机应对机制。社会诚信危机应对从管理学的角度来看，属于社会管理的领域范畴。"所谓社会管理，就是在一定的共同价值基础上，人们处理社会事务和提供社会公共服务的过程。"[①] 社会管理的目的是有效解决市场经济运行中出现的各种社会问题，因此，社会管理必须在法治的体系和框架下进行，唯有如此，才能保证社会管理的正确方向。尤其是在当前社会管理体制创新的背景下，[②] 从社会法理论的角度研究社会管理，构建和完善运用社会法进行社会管理的理论体系，这对有效应对包括社会诚信危机在内的社会危机具有十分重要的意义。

二是要加强劳动法律制度完善，为劳动就业领域中的社会诚信危机应对提供法律依据。随着改革开放的不断推进，社会主义市场经济体制下的劳动关系已经成为我国当前最基本的社会关系，劳动关系的和谐与否直接关系着我国经济的发展与社会的稳定，因而具有十分重大的意义。近些年来，我国劳动就业领域中的社会诚信危机日益突出，已经严重影响到了我国和谐劳动关系的构建。例如，我国劳动领域中工资支付

---

① 参见丁元竹《中国社会管理的理论建构》，《学术月刊》2008年第2期。

② 2011年3月《中华人民共和国国民经济和社会发展第十二个五年规划纲要》明确提出，"适应经济体制深刻变革、社会结构深刻变动、利益格局深刻调整、思想观念深刻变化的新形势，创新社会管理体制机制，加强社会管理能力建设，建立健全中国特色社会主义社会管理体系，确保社会既充满活力又和谐稳定。"2011年7月1日，胡锦涛总书记在庆祝中国共产党成立90周年大会上的讲话中指出，"要加强和创新社会管理，完善党委领导、政府负责、社会协同、公众参与的社会管理格局，建设中国特色社会主义社会管理体系，全面提高社会管理科学化水平，确保人民安居乐业、社会和谐稳定"。这表明，社会管理体制创新已经成为我国当前经济社会发展中的重要问题。

方面的社会诚信问题比较突出，变相克扣工人工资现象时有发生，随意拖欠工人工资现象十分普遍。前些年媒体报道的温家宝总理替农民工讨债一事，① 就充分说明了当前工资支付领域中诚信危机的严重性和普遍性。因此，很有必要通过相应的工资立法有效应对工资支付领域中的社会诚信危机。② 此外，劳动就业领域的社会诚信危机问题也仍然十分突出，因此，要进一步修改《劳动法》这一劳动领域的基本法，完善《劳动合同法》《劳动争议处理法》《就业促进法》等一系列法律法规，加快《集体合同法》《劳动安全卫生法》《工资条例》《反就业歧视法》等相关法律法规的立法进程，为我国当前劳动就业领域中社会诚信危机的应对提供法律依据。

三是要加强社会保障法律制度完善，为我国社会保障领域中的社会诚信危机应对提供法律依据。世界各国的实践充分证明，在市场经济体制下，社会保障是经济发展和社会稳定的安全器，对包括社会诚信危机在内的社会危机应对发挥着十分重要的作用。我国经济体制改革取得了世界瞩目的成功，但在社会保障建设方面却相对落后，尤其需要社会保障管理体制创新。社会保障广泛涉及社会保险、社会救助、社会福利、社会优抚等各项内容，在这些领域，社会诚信危机问题十分突出。例如，当前我国骗取"低保金"③ 现象十分突出，社会救助已经成为社会保障领域诚信危机的重灾区。因此很有必要出台《社会救助法》，④ 针对这些问题进行严格规范，应对社会救助领域中的社会诚信问题。针对当前现实生活中骗取保障性住房⑤的现象，也很有必要通过制定一部统一的《住房保障法》予以应对。尤其值得注意的是，在社会保障领域中，社会慈善组织的诚信问题已经成为公众瞩目的重点问题，⑥ 很有必要通过《慈善法》或者《慈善组

---

① 魏雅华：《总理为农民工讨债彰显了什么？》，《经理日报》2003年11月11日。
② 参见肖京、朱洵《我国当前工资立法的困境与出路》，《中国劳动关系学院学报》2012年第1期。
③ 周利芳：《谁在骗取"低保"救命钱》，《西部大开发》2006年第5期。
④ 我国尚未正式出台统一的《社会救助法》，现行的社会救助法律制度体系包括最低生活保障法律制度、农村五保户法律制度、流浪乞讨人员救助法律制度、灾害救助法律制度等方面的内容。
⑤ 王建新：《北京首次追回骗购经济适用房》，《人民日报》2007年4月4日。
⑥ 社会慈善组织的诚信问题因"郭美美事件"迅速引起社会各界的关注，对社会慈善组织的相关活动造成了严重的不利影响。

织法》予以规范,应对社会慈善组织的诚信危机。此外,还要进一步完善和充实《社会保险法》《妇女权益保障法》《老年人权益保障法》《未成年人权益保障法》等已有法律法规,加快《社会福利法》《社会优抚法》等法律法规的立法进程。

此外,在教育、医疗、卫生、住房领域,同样需要进一步加强相关立法,以有效应对这些领域中的社会诚信危机。教育、医疗、卫生是我国当前民众普遍关心的问题,是重要的民生问题,也是我国当前社会改革的重要领域。这些领域还是我国社会诚信危机的"重灾区"[①],加强这三个领域的法律制度建设具有十分重要的意义。教育、医疗、卫生具有明显的社会性特质,很有必要通过加强相应的社会法制度建设予以应对。这要求我们尽快制定具有社会法属性的教育法、医疗卫生法等法律法规,通过相应的社会法律制度来有效应对这些领域中的社会诚信危机。

(六) 小结

有效应对社会诚信危机是我国当前迫切需要面对的问题,在社会管理体制创新和经济发展方式转变背景下,更具有特殊的意义。党中央对此高度重视,学界对此也普遍关注并作了较为深入的研究。社会诚信危机作为社会危机的一种,需要相应的法律予以回应。而社会法作为一种"危机应对法"和"民生保障法",能够更加直接和有效地应对民生领域中的社会诚信危机。本书从我国当前社会诚信危机的现象和危害出发,分析社会诚信危机的社会根源,并从社会法的角度探讨社会诚信危机的社会法应对。

社会诚信危机应对是一个宏大的课题,笔者基于本书主旨和篇幅所限,并未对其各种表现进行具体描述,也未对其内容进行详细分类,更未全面深入探讨社会诚信危机应对的各种措施,仅从社会诚信危机的"社会危机"特征与社会法的"社会危机应对"这一关键连接点出发,分析民生领域社会诚信危机的社会法应对。从这种意义上来讲,笔者只是对社会诚信危机应对进行一种探索性研究,希望引起学界对社会法社会危机应对功能的关注,在研究相关社会危机应对的同时也关注社会法本身的研

[①] 例如,"教育危机"事件中的社会诚信问题,"医患危机"事件中的社会诚信问题,无不反映了这些领域中社会诚信危机的严重性。

究，进一步推动社会法研究的深入和社会法制度建设的完善。

三 社会保障资金运行风险的法律应对

（一）社会保障资金运行中的经济风险与社会风险

社会保障资金承载着经济与社会的双重功能，因此，在社会保障资金运行中经济风险与社会风险的应对问题就显得特别重要。

经济风险在当前社会普遍存在。经济风险"一般含义是指在商品生产及交换过程中，由于经营管理不善、价格增减变动或消费要求变化等各种有关因素造成的，致使各经济主体的实际收益与预期收益相背离，产生超出预期经济损失或收益的可能性。简言之，经济风险是指在市场经济中，经济行为主体的预期收益与实际收益的偏差"。经济风险具有客观性、随机性、两可性、连带性、强破坏性、可控性等特点。经济风险按照不同的标准可以分为宏观风险和微观风险、客观风险与主观风险、静态风险与动态风险等不同种类。

社会风险与经济风险相对，是指社会运行过程中所具有的不确定性。一般是指负面社会影响的不确定性。社会风险除了具有风险的一般特性之外，还具有明显的社会性，例如年老、疾病、工伤、失业、生育、贫穷等社会风险，不仅是社会成员个人需要面对的风险，也是普遍的社会问题。这种社会风险是社会化大生产的产物，经济发展的水平越高，社会风险程度越高。[①]

社会保障资金运行中风险问题的一个突出特征就在于，经济风险与社会风险相互交织。经济风险不是单纯的经济风险，还掺杂了社会风险；而社会风险也不是简单的社会风险，往往与经济风险紧密相连。因为当经济危机到来之时，往往会带来相应的社会危机，所以经济风险与社会风险的综合应对问题就显得特别重要。

---

① 2008年金融危机导致了广泛的社会危机，这在一定程度上也体现了经济发展水平与社会风险程度之间的这种密切关系。

(二) 社会保障资金运行中经济风险的经济法应对

从经济法的视角来看,社会保障资金运行中的风险存在于社会保障资金运行的各个环节,广泛涉及财税法、金融法、反垄断法、价格法等一系列法律制度。在当前形势下,经济法尤其应当进一步加强和完善以下几个方面的理论和制度,为经济风险的法律应对提供相应的机制。

一是要完善财政法律制度。财政法律制度的范围相当广泛,至少应当包括预算法、财政支出法、财政收入法、财政监督法等相关内容。总体上看,我国的财政法律制度相当不健全,尤其是在财政支出法方面更是如此。财政支出法对公平分配具有十分重要的意义。当前我国分配不公的一个重要体现就是地区收入分配差距拉大。从当前来看,我国解决地区收入差距的重要措施就是加大财政转移支付。但是,由于相关制度不健全,财政转移支付实际效果并不理想。因此,必须加强财政转移支付相关立法。另外,虽然改革开放以来我国的经济发展取得了很多成就,但从总体上看,政府用于教育、医疗卫生等公共财政投入仍然存在诸多问题,这也在一定程度上影响了民众的收入,尤其是低收入群体的收入。因此,有必要健全相应法制,进一步明确政府的公共财政投入责任,逐步加大政府对公共财政的投入,以减轻低收入人群的相应支出。

二是要进一步完善税收法律制度。税收能有效地调节收入分配,实现收入分配的社会公平。"税法是对各类主体的利益的平衡,是分割社会财富的利器。"[①] 适应各国财政收入不断扩大化的趋势,税法作为税收这一主要财政收入来源的法律保障,具有十分重要的意义。同时,虽然税收对保障公平分配的实现具有十分重要的积极意义,但税收毕竟是对当事人财产的无偿征收,在实质上是一种剥夺对方相应财产权的行为,因此更要依法进行,否则就有可能走向事物的反面,造成更大的社会不公。我国当前的税法制度尚不健全,并未完全实现对收入的公平分配。尤其是个人所得税、遗产税、物业税、垄断企业特别收益税等税种,对调节收入分配、实现社会公平具有直接的作用,更应当及时完善。另外,除了在实体法方面健全以外,还需要注意加强税收征管制度

---

① 张守文:《财富分割利器——税法的困境与挑战》,广州出版社2000年版,第338页。

建设，真正实现税法的公平分配功能。①

三是要完善反垄断法律制度。虽然我国已经在2006年通过反垄断法，但是现实生活中垄断行业的畸高收入仍然影响着公平分配的实现。据统计数字，电力、电信、金融、保险、水电气供应、烟草等垄断行业职工的平均工资是其他行业职工平均工资的2—3倍，再加上工资外收入和职工福利待遇上的差异，实际收入差距可能在5—10倍。②"而根据去年统计局公布的数据，中国证券业的工资水平比职工平均工资高6倍左右，收入最高和最低行业的差距达11倍。人力资源和社会保障部工资研究所发布的最新数据，这一差距又扩大到15倍。如果把证券业归到金融业一并计算，行业差距也高达6倍。"③导致这种收入差距的原因并非是这些垄断行业的效率比其他行业高，也不是这些行业的职工比其他行业的职工付出了更多的劳动和技术，而是这些企业的垄断地位。这种收入差距严重影响了分配公平的实现。因此，建立完善的反垄断法律制度，引入有效的竞争机制，切断垄断企业通过垄断地位获得垄断利润的途径，消除垄断行业职工畸高收入的根源，是公平分配实现的重要经济法机制之一。

四是要进一步完善金融法律制度。金融法律制度对公平分配的重要作用，长期以来并未受到应有的重视。实际上，金融法律制度对财富的分配意义重大。④在市场经济中，财富的分配是通过货币这一价值形态实现的，而现实社会中货币量的多少直接影响着财富的分配。严重的通货膨胀实际上是对社会财富的一种畸形分配，不仅不利于公平分配的实现，还会导致更严重的不公平，影响到经济的正常运行和社会稳定。因此，必须加强金融法律制度建设，尤其是银行法律制度建设，完善对货币供应量和流通量的法律规制。

五是要进一步完善价格法律制度。虽然价格机制主要是通过市场竞争

---

① 在现实生活中，很多单位偷税漏税现象十分严重，这已经是公开的秘密。2011年年初，北京市开始对非北京户口人员在北京购房进行限制，将购房与其纳税情况挂钩。至此，这一公开秘密浮出水面，进入公众视野。

② 参见《垄断行业员工的收入有多高》，《人民日报》2006年6月5日。

③ 参见《最新数据显示我国行业收入差距扩大至15倍》，《经济参考报》2011年2月10日。

④ 2008年开始，至今尚未完全消除影响的金融危机就很能说明金融法对公平分配的重要意义。

实现的，但是由于市场的天然缺陷，价格并不一定真正反映供求机制。①这种畸形的价格必然影响财富的分配，使一部分人通过价格优势占有另外一部分人的收入，严重影响公平分配的实现。因此，有必要通过价格法律制度对不正当的价格波动进行规制，尤其是对一些关系国计民生的商品价格，更是如此。②另外，从社会经济总体来看，也需要对价格水平的总量进行控制，避免价格水平过快增长拉动通货膨胀。

（三）社会保障资金运行中社会风险的社会法应对

我国当前经济发展方式转变中经济结构的调整与科技的更新，不仅会产生明显的经济效应，还会带来强烈的社会效应：加剧已有风险，产生新的风险。市场经济的优胜劣汰制度不能有效化解经济发展方式转变产生的社会风险，必然需要相应的配套法律制度予以保障，化解社会矛盾，保障社会整体安全，从而为经济发展方式转变的顺利进行提供有力的保障。

社会法从其产生之初就具有明显的社会风险应对性。德国19世纪80年代的社会法立法就是以当时的社会风险和危机为背景，而美国20世纪30年代的社会法立法同样是以当时的资本主义世界经济大危机为背景。社会法的这种危机应对与风险防控的特质，为当前我国经济发展方式转变提供了重要保障。具体来讲，在经济发展方式转变过程中，社会法对社会风险问题的应对主要体现在以下几个方面。

第一，社会法中的社会保险法相关法律法规，为经济发展方式转变中的生、老、病、死等社会风险防控提供了法律保障。在传统农业社会，家庭保障的功能较强，个人的生老病死等风险由家庭予以承担。而在工业社会，家庭保障功能弱化，社会保障功能凸显，社会成员的生、老、病、死等家庭风险转化为社会风险，通过社会保险予以应对。所谓社会保险，是指"国家通过征税或征费建立社会保险基金，实行统筹互济"③，"通过国家立法形式，以劳动者为保障对象，以劳动者的年老、疾病、伤残、失业、死亡、生育等特殊事件为保障内容，以政府强制实施为特点的一种保

---

① 2010年被戏称为"豆你玩、糖高宗、蒜你狠"的绿豆、糖、大蒜价格的非正常上涨即为此种情况。

② 例如，2011年3月日本发生地震，核辐射谣言引起中国国内食盐价格在短期内迅速高涨，在这种情况下，政府就完全有必要进行干预。

③ 潘锦棠：《社会保障学概论》，北京师范大学出版社2012年版，第3页。

障制度"①。这种制度的突出特点就是通过国家强制力防控社会风险，化解社会矛盾，为经济发展提供和谐稳定的社会环境。因此，世界各国普遍重视社会保险立法。在我国当前经济发展方式转变背景下，经济的转轨使社会矛盾和风险进一步凸显，社会保险法的这种风险防控作用更加明显。我国在2010年10月28日通过了《社会保险法》，这部法律为我国社会保险制度的建立和完善提供了重要的法律保障。② 随后，2011年6月29日，人力资源和社会保障部又发布了《实施〈中华人民共和国社会保险法〉若干规定》《社会保险基金先行支付暂行办法》，进一步细化了有关规定。

第二，社会法中的社会救助相关法律法规，为经济发展方式转变中贫穷等社会风险的防控提供了法律保障。贫穷不仅是一个经济问题，还是一个重要的社会问题。贫穷产生的原因是多方面的，有的是自然灾害原因导致的，有的是经济、社会原因导致的。所谓的社会救助，是指社会成员因受自然灾害及其他经济、社会原因而导致无法维持最低生活水平，由国家或社会按照法定的标准而给予物质帮助的一种社会保障形式。经济发展方式转变过程中，经济结构的调整与科学技术的更新加大了某些群体暂时或者长期贫困的社会风险。因此，无论是从基本人权的角度来看，还是从社会风险防控的角度来看，都有必要对这些贫穷社会成员提供援助。我国目前虽然尚未有统一的《社会救助法》，③ 但是有相应的社会救助法律体系。我国现行的社会救助法律制度体系广泛包括最低生活保障法律制度、农村五保户法律制度、流浪乞讨人员救助法律制度、灾害救助法律制度等方面的内容。这些法律法规为我国经济发展方式转变中贫穷社会风险的防控提供了相应的保障。

第三，社会法中的社会福利等相关法律法规，为经济发展方式转变中住房危机等社会风险的防控提供了法律保障。社会福利在经济发展方式转变过程中起着非常重要的作用。社会福利有广义和狭义之分。广义的社会福利是指由政府和社会举办和出资、旨在改善人民物质和文化生活的一切

---

① 孙祁祥：《保险学》，北京大学出版社2009年版，第355页。

② 虽然该法律对社会保险的具体制度规定过于笼统，也回避了一些重要问题，但它毕竟是我国社会保障领域的一部重要立法，具有里程碑的意义，对我国社会保险制度的建立起到了宏观指导作用。

③ 2008年8月15日，国务院法制办公布了《中华人民共和国社会救助法（征求意见稿）》。《社会救助法》的制定已经成为当前社会法立法中的重要问题之一。

措施，包括政府举办的文化、教育、医疗卫生、城市住房事业和各种服务业以及各项福利性财政补贴。狭义的社会福利仅指由国家出资或给予税收优惠而兴办的、以低收费或免费形式向一部分需要特殊照顾的成员提供物质帮助或服务的制度。这种"社会福利"从表面上看是一种"福利"，但实际上这种"福利"与特定的社会风险紧密相连。一方面，教育、卫生、医疗等"公共物品"的提供，不同于一般商品，所涉及的相关当事人之间的矛盾和冲突实际上已经具有了社会风险的基本特征；① 另一方面，对于住房等相对稀缺的"生活必需品"，住房供需双方之间的矛盾冲突同样具有社会风险的基本属性。② 在经济发展方式转变中，这些特定的社会风险会进一步凸显，很有必要通过立法的方式予以防控。我国的《教育法》《义务教育法》《职业教育法》《高等教育法》《民办教育促进法》《传染病防治法》《住房公积金管理条例》《城镇最低收入家庭廉租住房管理办法》《经济适用住房管理办法》《廉租房保障办法》，以及正在准备制定的《住房保障法》等一系列法律法规，可以对这些社会风险予以适当调控，从而保障经济发展方式转变的顺利实现。

第四，社会法中的特殊群体③权益保护相关法律法规，为经济发展方式转变中社会失衡等相关社会风险的防控提供了法律保障。优胜劣汰是市场机制运行的必然结果，但这种机制会带来相应的社会风险，产生相应的社会问题。社会机制的运行需要考虑相应特殊群体的利益，以维持社会的均衡与可持续发展。在经济发展方式转变的背景下，残疾人、老年人、未成年人、妇女等特殊群体的权益保护问题尤其重要。由于这些群体在社会中本来就处于相对弱势的地位，如不对其进行特殊保护，随着经济发展方式的转变，这些群体的不利地位必然会进一步加剧，严重时还会造成社会的失衡与群体事件的发生。因此，各国都非常重视对社会特殊群体保护的相关立法。我国的《残疾人保障法》《未成年人保护法》《老年人权益保障法》《妇女权益保障法》等法律法规分别对残疾人、未成年人、老年

---

① 例如，近年来医患冲突引发社会事件的例子屡见不鲜，这充分说明了医疗领域中相关问题的社会风险属性。

② 例如，近年来房价的飞速上涨严重影响了普通民众的基本生活，以至于中央在出台"限购令"的同时，还通过建造保障性住房这种"社会福利"方式来化解这种社会风险。

③ 虽然学界对社会特殊群体的具体界定问题存在一定的分歧，但一般认可残疾人、老年人、未成年人、妇女为社会特殊群体。

人、妇女等特殊社会群体的特殊权益进行保护，弥补了市场经济本身的不足与缺陷，在一定程度上为经济发展方式转变的顺利实现提供了有力保障。

（四）小结

在当今中国，经济发展方式转变已经成为我们迫切需要面对和深入研究的重要课题。经济发展方式的转变首先是一经济问题，广泛涉及我国经济发展的各个层面，学者们已经从经济学和经济法的角度进行了较多的研究和论述。然而，经济发展方式的转变不仅是一场重要的经济变革，还会引起相应的社会变革，带来社会问题。在我国当前经济发展方式转变的过程中，体现得较为明显和突出的社会问题就是劳动就业问题、工资分配问题和社会风险防范问题。这些问题不仅是重要的民生问题，还是经济发展方式转变过程中需要面对的社会问题。只有妥善解决这些社会问题，才能保障我国经济发展方式转变的顺利进行。

从产生历史和调整范围来看，社会法都与社会问题的解决紧密相连。劳动就业、工资分配和社会风险防范同样也是社会法研究的重点问题。因此，本部分以这些具体问题为切入点，力图从整体上概括出经济发展方式转变过程中相关社会问题的社会法应对。一方面是希望引起学界对经济发展方式转变中相关社会问题的重视，为这些客观存在的社会问题的解决寻找相关途径；另一方面也希望从经济发展方式转变的角度审视我国当前社会法制度建设的现状与问题，为我国社会法法律制度的修改与完善提供有益的思路。当然，基于本书主旨和篇幅所限，本部分并未对经济发展方式转变中的所有社会问题进行罗列，也未对经济发展方式本身进行深入研究。从这种意义上来讲，本部分只是运用社会法审视我国现实问题的一种尝试，今后仍有待于对相关研究进一步拓宽和深入。

四　社会保障资金运行监管的法律调整

（一）危机应对与社会保障资金运行的法律监管模式

1. 危机应对与社会保障资金运行的法律监管

社会保障资金运行的法律监管与当前世界各国普遍面临的经济与社会

危机紧密相连。正是因为经济和社会的双重危机，使社会保障资金运行的安全性和效益性的平衡显得更加重要。社会保障制度产生的主要动因之一是为了有效应对日益严重的社会危机，但社会保障制度本身也蕴含了严重的危机，这在社会保障资金运行中体现得更加明显。社会保障资金运行中经济风险以及由此可能带来的社会危机，使社会保障资金运行的法律监管显得尤为必要。因此，从这种意义上来看，社会保障资金运行的法律监管与危机的应对具有十分密切的联系。

2. 社会保障资金运行的监管模式

社会保障资金运行的监管模式与社会保障制度模式以及相应的社会保障资金管理模式紧密相连。如前所述，社会保障制度以其筹资方式可以分为现收现付模式、完全积累模式和部分积累模式三种，社会保障资金管理体制大致可以分为政府集中型、私营竞争型和混合型三种。对于政府集中型社会保障资金管理体制而言，由于管理职能属于政府部门，因此资金管理的安全性相对有保证，社会保障资金运行法律监管的重心应当放在对政府部门行政权力的监督方面，以防止行政管理部门有关人员的贪污与渎职行为；而对于私营竞争型社会保障资金管理体制而言，由于市场竞争的原因，资金管理的效率相对有保证，社会保障资金运行法律监管的重心应当放在市场行为的规制方面，以防止私营竞争型的社会保障资金管理机构因追求短期利益的不当行为引起的安全性问题。混合型社会保障资金管理模式则兼具有以上两类管理模式的特征。此外，社会保障资金运行的法律监管模式还与社会保障资金的种类、资本市场的成熟度等相关因素有密切的联系。

基于不同的社会保障资金管理模式，世界各国对社会保障资金的监管模式大致可以分为三类：严格监管模式、引导监管模式以及混合监管模式。总体来看，第一类主要适用于政府集中型社会保障资金管理体制的国家，第二类主要适用于私营竞争型社会保障资金管理体制的国家，第三类主要适用于混合型社会保障资金管理体制的国家。

3. 我国社会保障资金监管中的特殊问题

从比较的视角来看，社会保障资金的监管具有明显的国情特色。基于不同的国情，社会保障资金监管的重点也会有所差异。就我国社会保障资金监管而言，有以下几个方面的特殊问题需要注意。一是社会保障资金多元化问题。由于我国当前存在多种不同性质的社会保障资金，其管理模式也存在一定的差别，因此在社会保障资金监督管理中需要特别注意社会保障资金运行的个体差异。二是社会保障资金的财务管理问题。由于我国行政部门的权力较大，因此经常会出现社会保障资金被挪作他用的现象，尤其是近些年来有关社会保障资金的大案要案的出现，使社会保障资金的安全性问题更加突出。三是社会保障资金的地方监管问题。我国当前社会保障的统筹层次不高，社会保障资金分属各地政府管理，因此在社会保障资金的地方监管方面需要特别注意。

4. 我国的社会保障资金法律监管模式

基于中国当前社会保障制度的基本模式和社会保障资金管理的模式，我国对社会保障资金的法律监管选取了严格监管的模式，这一模式在相关法律中也得到了相应的体现。例如，2010年10月28日通过的《社会保险法》第6条明确规定，"国家对社会保险基金实行严格监管。国务院和省、自治区、直辖市人民政府建立健全社会保险基金监督管理制度，保障社会保险基金安全、有效运行。县级以上人民政府采取措施，鼓励和支持社会各方面参与社会保险基金的监督。"此外，《社会保险法》还具体规定了社会保险资金的监督管理等相关问题。例如，该法第76、77、78条分别规定了人大监督、行政部门监督和财政审计监督等有关事项，这些都体现了我国社会保障资金运行的严格监管原则。

（二）社会保障资金运行监管主体的法律定位

社会保障资金运行的监管必须在法律上对监管的主体进行明确规定，唯有如此，才能对社会保障资金运行进行合法有效的监督，否则，相关部门监管本身的合法性就会受到质疑。我国目前尚未有统一的法律对所有类型的社会保障资金运行监管主体进行全面规定，现行的相关规定散见于各个单行法律之中。例如，《社会保险法》第76、77、78、80条分别规定了人大、社会保险行政部门、财政部门、审计部门和社会保险监督委员会等监督主体。第76条规定，"各级人民代表大会常务委员会听取和审议本级人民政府对社会保险基金的收支、管理、投资运营以及监督检查情况的专项工作报告，组织对本法实施情况的执法检查等，依法行使监督职权。"第77条规定，"县级以上人民政府社会保险行政部门应当加强对用人单位和个人遵守社会保险法律、法规情况的监督检查。社会保险行政部门实施监督检查时，被检查的用人单位和个人应当如实提供与社会保险有关的资料，不得拒绝检查或者谎报、瞒报"。第78条规定,"财政部门、审计机关按照各自职责,对社会保险基金的收支、管理和投资运营情况实施监督。"第80条第1款规定,"统筹地区人民政府成立由用人单位代表、参保人员代表,以及工会代表、专家等组成的社会保险监督委员会,掌握、分析社会保险基金的收支、管理和投资运营情况,对社会保险工作提出咨询意见和建议,实施社会监督"。

(三) 社会保障资金运行法律监管的措施

社会保障资金运行监管的措施同样十分重要。这是因为,社会保障资金法律监管的具体措施直接关系到社会保障资金运行监管的实效问题。我国目前对社会保障资金法律监管的措施同样尚未有统一规定,各种具体监管措施散见于单行法律法规中。例如,《社会保险法》第79条规定了社会保险行政部门对基金的监督措施,该条规定,"社会保险行政部门对社会保险基金的收支、管理和投资运营情况进行监督检查,发现存在问题的,应当提出整改建议,依法做出处理决定或者向有关行政部门提出处理建议。社会保险基金检查结果应当定期向社会公布。社会保险行政部门对社会保险基金实施监督检查,有权采取下列措施:(一)查阅、记录、复制与社会保险基金收支、管理和投资运营相关的资料,对可能被转移、隐匿或者灭失的资料予以封存;(二)询问与调查事项有关的单位和个人,要求其对与调查事项有关的问题做出说明、提供有关证明材料;(三)对隐匿、转移、侵占、挪用社会保险基金的行为予以制止并责令改正。"第80条第2、3款规定,"社会保险经办机构应当定期向社会保险监督委员会汇报社会保险基金的收支、管理和投资运营情况。社会保险监督委员会可以聘请会计师事务所对社会保险基金的收支、管理和投资运营情况进行年度审计和专项审计。审计结果应当向社会公开。社会保险监督委员会发现社会保险基金收支、管理和投资运营中存在问题的,有权提出改正建议;对社会保险经办机构及其工作人员的违法行为,有权向有关部门提出依法处理建议"。由此可以看出,我国现行有关单行法律中对社会保障资金运行的监管措施方面主要还是运用行政手段。

(四) 小结

以上从危机应对的视角大致分析了社会保障资金运行中的法律监管模

式、主体定位、监管措施等相关问题。这些问题一方面与当前的经济危机与社会危机紧密相连，另一方面也是社会保障资金法律监管中的核心问题。

五　本章结语

风险社会是当代社会的主要特征之一，风险社会的到来进一步加深了社会保障资金运行中的经济社会危机，使社会保障资金运行中的法律监管问题显得更加重要。本章首先对风险社会中的社会管理体制创新及其法制化问题进行了探讨，然后分析了社会法对社会危机的应对问题，探讨社会诚信危机的社会根源、社会法属性以及社会诚信危机的社会法应对路径等相关问题。本章接下来又从危机应对的视角分析社会保障资金法律监管法律制度相关问题，重点对社会保障资金运行法律监管模式、监管主体的法律定位、监管措施等相关问题进行分析。

第五章

社会变迁视角下的社会保障争议处理法

> 永恒只能够从流变中把握。
> ——［英］怀德海：《过程与实在》

在当今转轨时期的中国，社会变迁的轨迹显得特别清晰。因此，社会变迁的视角在诸多社会科学研究中具有十分重要的意义。法学作为社会科学领域的一个分支学科，同样也要考虑社会变迁因素，需要从社会变迁的角度研究法律及其发展规律。其实，法律作为一种制度文明，一直与整个社会制度的变迁紧密相连，它是社会制度变迁的产物，又反过来影响着社会制度的变迁。虽然从短期来看，社会变迁对具体法律制度的影响也许并不明显，但是从长期来看，社会变迁尤其是社会制度变迁直接影响并决定着法律制度的发展变化。

其实，社会保障资金运行法律制度乃至整个社会保障法律制度，无不与社会变迁密切相关。社会保障制度和社会保障资金运行法律制度本身就是社会变迁的产物，具有明显的时代特色。就当代中国而言，社会保障资金运行法律制度同样是在整个社会变迁大背景之下产生和发展的。因此，从社会变迁的视角观察和研究社会保障资金运行相关法律制度的完善，不仅可以更加清晰地看到社会保障资金运行法律制度变迁的历史轨迹，而且可以在此基础上把握社会保障资金运行的发展规律，为社会保障资金运行法律制度的完善提供有益的思路。

中国社会保障制度社会变迁的轨迹大致可以归结为计划经济向市场经济转变中的制度变迁，而市场经济条件下社会保障制度体系的构建具有诸多共性。因此，从这种意义上讲，探寻市场经济体制下的社会保障争议处理的一般规律，并合理借鉴西方发达市场经济国家的相关经验构建符合中国国情的社会保障争议资金处理体制，就显得尤为重要。此外，从西方一些国家的实践来看，社会保障争议处理体制的顺畅运行需要相应配套的专业化服务，日本的《社会保险劳务士法》为我国社会保障争议处理服务的专业化建设提供了有益的思路。

为此，本章从社会变迁中的社会保障制度出发，分析我国当前社会保障争议处理法律制度的现状，然后从社会变迁的视角探讨我国社会保险争议的社会化进程问题，并对我国现行社会保险争议处理制度的完善提出建议。接下来，通过对日本《社会保险劳务士法》的研究，对我国社会保障争议服务的专业化问题进行分析。

一 社会变迁与我国当前的社会保障争议制度

（一）社会变迁中的社会保障制度

"社会变迁"一词最早应用于社会学研究之中，作为一个社会学术语，它"泛指任何社会现象的变更。内容包括社会的一切宏观和微观的变迁，社会纵向的前进和后退，社会横向的分化和整合，社会结构的常态和异态变迁，社会的量变和质变，社会关系、生活方式、行为规范、价值观念的变化等。在社会学中，这一概念比社会发展、社会进化具有更广泛的含义，包括一切方面和各种意义的变化"①。因此，从其原始意义上来讲，社会变迁的含义非常广泛，涉及政治、经济、文化、社会等各个方面，在程度上包括强弱不同的变化。如今，"社会变迁"一词已经广泛应用于不同的社会科学领域，在具体含义上略有差别。

近些年来，社会变迁理论已经广泛应用于政治学、经济学、法学、史学等社会科学的各个领域，对社会科学的研究产生了非常重要的影响。社会保障制度作为整个社会制度的组成部分，与其他社会制度尤其是政治制度、经济制度和文化制度紧密相连。因此，以上相关社会制度的变迁也会影响到整个社会保障制度，进而影响到社会保障争议处理制度。

就整个世界社会保障制度的变迁轨迹而言，现代社会保障制度经历了产生、发展、成熟、危机凸显和改革调整等各个阶段。英国、智利、美国

---

① 邓伟志主编：《社会学辞典》，上海辞书出版社2009年版，第23页。

等国家都在根据时代的要求和各自的国情进行大规模的社会保障改革。①就中国当前社会保障制度来看,社会变迁的视角同样十分重要。这是因为,改革开放30多年来,中国在由计划经济走向市场经济的转轨过程中,经济与社会发生了翻天覆地的变化,社会保障作为平衡经济与社会的重要制度,也在不断进行调整。总体来看,当代中国社会保障制度正在经历着一个重要的转轨期。在这一转轨时期,矛盾更加突出,因而,相关争议的处理就显得尤为重要。从这种意义上讲,社会保障制度和社会保障争议处理制度既是整个社会变迁的产物,也是推动社会变迁的动力之一。

(二) 我国社会保障争议的概念和种类

对于社会保障争议的概念,目前我国立法尚未有明确界定。学界一般认为,社会保障争议,是指社会保障法律关系当事人因社会保障权利与义务而发生的争议。社会保障争议具有以下几个方面特征:一是社会保障争议的主体具有多元性。社会保障争议涉及多方主体,既包括社会保障行政机关,也包括用人单位和劳动者等社会成员。社会保障争议主体的多元性也决定了社会保障争议性质的复合性。二是社会保障争议的内容具有广泛性。社会保障争议的内容非常广泛,涉及养老、医疗、工伤、失业、生育、社会救助、社会福利等多项内容,关系到社会成员生活的方方面面。三是社会保障争议性质上具有复合性。社会保障争议中有些涉及劳动与社会保障行政部门,属于公法性质较强的争议,而有些只涉及社会成员与有关单位,属于私法性质较强的争议,具有复合性的特点。而这种公法与私法的融合也在一定程度上体现了社会保障争议的社会性。

社会保障争议按争议内容的不同,可以分为社会保险争议、社会救助争议与社会福利争议。其中社会救助争议与社会福利争议,由于只涉及主管部门与受保障者之间的管理关系,故从性质上接近于公法上的行政争议。至于社会保险争议,由于所涉主体较多,因此争议种类比较复杂,有的接近于公法上的行政争议,而有的接近于劳动法上的劳动争议。

社会保险争议,是指社会保险法律关系主体因社会保险权利与义务而发生的争议。社会保险争议的主体包括社会保险主管部门(经办部门)、

---

① 例如,美国总统奥巴马上任伊始就开始进行社会保障方面的改革,英国历任首相也都在进行不同程度的社会保障改革。

用人单位与劳动者。按照争议的内容，社会保险争议可以进一步划分为养老保险争议、医疗保险争议、失业保险争议、工伤保险争议与生育保险争议。社会保险争议从其具体内容的性质来看，又可以分为两类：一是公法性质较强的社会保险争议，即社会保险主管部门（经办部门）与用人单位及劳动者发生的争议。① 这些争议具有较强的行政性，依据现行法律、法规之规定，主要是通过处理行政争议的方式来解决。例如，劳动部门对用人单位拒不支付养老保险费的行为进行处罚，用人单位认为处罚错误而发生纠纷，此类争议属于社会保险争议，但也具有行政争议的性质，实务中主要是通过行政复查、行政复议或行政诉讼途径解决。二是私法性质较强的社会保险争议，即用人单位与劳动者之间发生的社会保险争议。这类争议与劳动关系联系密切，依据现有法律法规之规定，主要是按照劳动争议来解决，即先由劳动争议仲裁委员会仲裁，对仲裁裁决不服的，由人民法院司法最终解决。例如，作为受保障人的职工要求用人单位为其办理养老、医疗等社会保险手续，用人单位拒不理睬而发生的纠纷，属于社会保险争议，但也属于劳动争议案件的受案范围。

社会救助争议是指社会救助法律关系主体因社会救助权利与义务而发生的争议。例如，社会救助机构与流浪乞讨人员因救助发生的争议。社会福利争议是指社会福利法律关系主体因社会福利权利与义务而发生的争议。例如，民政部门与其辖区内的公办养老院因资金提供而发生的争议。由于这两类争议往往发生在行政主管部门与受保障人之间，与行政争议比较接近，在实践中主要是通过行政复查、行政复议和行政诉讼的方式来解决。

（三）我国当前的社会保障争议处理法律制度基本情况

1. 我国社会保障争议处理的体制

社会保障争议的范围非常广泛，涉及社会保险、社会救助、社会福利和社会优抚等各个领域，但我国现行法律对社会保障争议的处理体制并未明确规定。从现行法律、法规、部门规章的情况来看，主要规定体现在《社会保险法》《城市居民最低生活保障条例》《人力资源社会保障行政复

---

① 《社会保险行政争议处理办法》第 2 条对社会保险行政争议的概念进行了界定，"本办法所称的社会保险行政争议，是指经办机构在依照法律、法规及有关规定经办社会保险事务过程中，与公民、法人或者其他组织之间发生的争议。"

议办法》和《社会保险行政争议处理办法》之中。

《社会保险法》第83条规定，"用人单位或者个人认为社会保险费征收机构的行为侵害自己合法权益的，可以依法申请行政复议或者提起行政诉讼。用人单位或者个人对社会保险经办机构不依法办理社会保险登记、核定社会保险费、支付社会保险待遇、办理社会保险转移接续手续或侵害其他社会保险权益的行为，可以依法申请行政复议或者提起行政诉讼。个人与所在用人单位发生社会保险争议的，可以依法申请调解、仲裁，提起诉讼。用人单位侵害个人社会保险权益的，个人也可以要求社会保险行政部门或者社会保险费征收机构依法处理。"《人力资源社会保障行政复议办法》第2条规定，"公民、法人或者其他组织认为人力资源社会保障部门做出的具体行政行为侵犯其合法权益，向人力资源社会保障行政部门申请行政复议，人力资源社会保障行政部门及其法制工作机构开展行政复议相关工作，适用本办法。"《社会保险行政争议处理办法》第5条规定，"经办机构和劳动保障行政部门分别采用复查和行政复议的方式处理社会保险行政争议。"《城市居民最低生活保障条例》第15条规定，"城市居民对县级人民政府民政部门做出的不批准享受城市居民最低生活保障待遇或者减发、停发城市居民最低生活保障款物的决定或者给予的行政处罚不服的，可以依法申请行政复议；对复议决定仍不服的，可以依法提起行政诉讼。"

由此可见，我国社会保障争议处理体制并不统一。对于行政争议性质较强的社会保障争议处理，主要采用行政复查、行政复议、行政诉讼的方式进行；而对于和劳动争议联系比较密切的社会保障争议（如劳动者与用人单位之间关于社会保险的争议），则按照劳动争议的处理体制来解决。从长远来看，对于社会保障争议处理，我国需要一个完整的机制。

2. 我国社会保障争议的受案范围

对于社会保障争议的受案范围，我国相关法律法规没有统一的规定。一般来讲，对于公法性质较强的社会保障争议，例如社会保险经办机构在依照法律、法规及有关规定经办社会保险事务过程中与公民、法人或者其他组织之间发生的争议（属于社会保险争议）以及社会救助争议、社会福利争议，根据我国目前相关法律、法规明确规定可以通过行政复查、行政复议与行政诉讼途径解决。具体解决程序在2010年2月25日人力资源社会保障部通过的《人力资源社会保障行政复议办法》和劳动与社会保障部 2001 年颁布的《社会保险行政争议处理办法》中有明确规定。而对于社会保险争议中属于劳动者和用人单位之间因社会保险问题所发生的争议，按照现行法律的规定，则在劳动争议的受案范围之中。

《人力资源社会保障行政复议办法》第 7、8 条分别从正反两个方面规定了当事人向人力资源社会保障行政部门申请行政复议的范围。"有下列情形之一的，公民、法人或者其他组织可以依法申请行政复议：对人力资源社会保障部门做出的警告、罚款、没收违法所得、依法予以关闭、吊销许可证等行政处罚决定不服的；对人力资源社会保障部门做出的行政处理决定不服的；对人力资源社会保障部门做出的行政许可、行政审批不服的；对人力资源社会保障部门做出的行政确认不服的；认为人力资源社会保障部门不履行法定职责的；认为人力资源社会保障部门违法收费或者违法要求履行义务的；认为人力资源社会保障部门做出的其他具体行政行为侵犯其合法权益的。""公民、法人或者其他组织对下列事项，不能申请行政复议：人力资源社会保障部门做出的行政处分或者其他人事处理决定；劳动者与用人单位之间发生的劳动人事争议；劳动能力鉴定委员会的行为；劳动人事争议仲裁委员会的仲裁、调解等行为；已就同一事项向其他有权受理的行政机关申请行政复议的；向人民法院提起行政诉讼，人民法院已经依法受理的；法律、行政法规规定的其他情形。"

《社会保险行政争议处理办法》第 3 条规定，"公民、法人或者其他组织认为经办机构的具体行政行为侵犯其合法权益，向经办机构或者劳动保障行政部门申请社会保险行政争议处理，经办机构或者劳动保障行政部门处理社会保险行政争议适用本办法。"另外，根据《社会保险行政争议处理办法》第 7 条规定，复议事项包括九类：认为经办机构未依法为其办理社会保险登记、变更或者注销手续的，认为经办机构未按规定审核社会保险缴费基数的，认为经办机构未按规定记录社会保险费缴费情况或者拒绝其查询缴费记录的，认为经办机构违法收取费用或者违法要求履行义务的，对经办机构核定其社会保险待遇标准有异议的，认为经办机构不依法支付其社会保险待遇或者对经办机构停止其享受社会保险待遇有异议的，认为经办机构未依法为其调整社会保险待遇的，认为经办机构未依法为其办理社会保险关系转移或者接续手续的，认为经办机构的其他具体行政行为侵犯其合法权益的。

3. 我国社会保障争议处理的机构

社会保险争议的处理机构包括劳动行政部门、社会保险经办机构、劳动争议仲裁委员会和人民法院。而当社会救助或社会福利工作部门与享有救助或福利资格的受保障人发生社会救助或社会福利争议时，特定国家机关应当对该争议提供合法的解决途径。这里所述的"特定国家机关"，是由行政复议法、行政诉讼法及社会保障法所确定的国家机关，包括社会救助与社会福利工作部门的上一级主管部门、本级人民政府以及人民法院。对此，《行政复议法》第12条第1款规定："对县级以上地方各级人民政府工作部门的具体行政行为不服的，由申请人选择，可以向该部门的本级人民政府申请行政复议，也可以向上一级主管部门申请行政复议。"第5条规定："公民、法人或者其他组织对行政复议决定不服的，可以依照行政诉讼法的规定向人民法院提起行政诉讼，但是法律规定行政复议决定为最终裁决的除外。"

4. 社会保障争议处理的基本规则和程序

社会保障争议处理的规则和程序与社会保障争议的类型有关。如前所述，目前我国对社会救助与社会福利行政争议的处理形式与程序，由行政复议法、行政诉讼法及社会保障法予以确定，具体处理形式包括行政复议与行政诉讼两类。例如，国务院《城市居民最低生活保障条例》第15条规定："城市居民对县级人民政府民政部门做出的不批准享受城市居民最低生活保障待遇或者减发、停发城市居民最低生活保障款物的决定或者给予的行政处罚不服的，可以依法申请行政复议；对复议决定仍不服的，可以依法提起行政诉讼。"行政复议与行政诉讼的程序，与社会保险行政争议的处理程序基本一致，因此，接下来的有关内容，主要以社会保险争议的处理为主。①

所谓社会保险行政争议，是指经办机构在依照法律、法规及有关规定经办社会保险事务过程中，与公民、法人或者其他组织之间发生的争议。这里所称的经办机构，是指法律、法规授权的劳动保障行政部门所属的专门办理养老保险、医疗保险、失业保险、工伤保险、生育保险等社会保险事务的工作机构。经办机构和劳动保障行政部门的法制工作机构或者负责

---

① 需要注意的是，社会保险争议可以细分为两大类，一类是用人单位和劳动者之间发生的社会保险争议，按照现行法律规定，这一类争议依照劳动争议进行处理，这里不再具体阐述；另一类是社会保险经办部门与用人单位及劳动者发生的争议（即社会保险行政争议），这类争议按照我国《社会保险行政争议处理办法》的规定来解决。以下主要分析社会保险行政争议的处理程序。

法制工作的机构为本单位的社会保险行政争议处理机构（以下简称保险争议处理机构），具体负责社会保险行政争议的处理工作。经办机构和劳动保障行政部门分别采用复查和行政复议的方式处理社会保险行政争议。

关于申请行政复议的社会保险争议的范围，按照我国目前的立法，有下列情形之一的，公民、法人或者其他组织可以申请行政复议：（1）认为经办机构未依法为其办理社会保险登记、变更或者注销手续的；（2）认为经办机构未按规定审核社会保险缴费基数的；（3）认为经办机构未按规定记录社会保险费缴费情况或者拒绝其查询缴费记录的；（4）认为经办机构违法收取费用或者违法要求履行义务的；（5）对经办机构核定其社会保险待遇标准有异议的；（6）认为经办机构不依法支付其社会保险待遇或者对经办机构停止其享受社会保险待遇有异议的；（7）认为经办机构未依法为其调整社会保险待遇的；（8）认为经办机构未依法为其办理社会保险关系转移或者接续手续的；（9）认为经办机构的其他具体行政行为侵犯其合法权益的。其中属于第（2）（5）（6）（7）项情形之一的，公民、法人或者其他组织可以直接向劳动保障行政部门申请行政复议，也可以先向做出该具体行政行为的经办机构申请复查，对复查决定不服，再向劳动保障行政部门申请行政复议。此外，公民、法人或者其他组织认为经办机构的具体行政行为所依据的除法律、法规、规章和国务院文件以外的其他规范性文件不合法，在对具体行政行为申请行政复议时，可以向劳动保障行政部门一并提出对该规范性文件的审查申请。公民、法人或者其他组织对经办机构做出的具体行政行为不服，可以向直接管理该经办机构的劳动保障行政部门申请行政复议。

关于社会保险行政复议的时效，我国相关法律也作了具体规定。申请人认为经办机构的具体行政行为侵犯其合法权益的，可以自知道该具体行政行为之日起60日内向经办机构申请复查或者向劳动保障行政部门申请行政复议。申请人与经办机构之间发生的属于人民法院受案范围的行政案件，申请人也可以依法直接向人民法院提起行政诉讼。经办机构做出具体行政行为时，未告知申请人有权申请行政复议或者行政复议申请期限的，行政复议申请期限从申请人知道行政复议权或者行政复议申请期限之日起计算，但最长不得超过二年。因不可抗力或者其他正当理由耽误法定申请期限的，申请期限自障碍消除之日起继续计算。

关于社会保险行政复查与复议的申请与受理问题，按照现行立法规定，申请人向经办机构申请复查或者向劳动保障行政部门申请行政复议，一般应当以书面形式提出，也可以口头提出。口头提出的，接到申请的保险争议处理机构应当当场记录申请人的基本情况、请求事项、主要事实和理由、申请时间等事项，并由申请人签字或者盖章。劳动保障行政部门的其他工作机构接到以书面形式提出的行政复议申请的，应当立即转送本部门的保险争议处理机构。

关于社会保险行政复查的程序问题，我国现行立法规定，申请人向做出该具体行政行为的经办机构申请复查的，该经办机构应指定其内部专门机构负责处理，并应当自接到复查申请之日起20日内做出维持或者改变该具体行政行为的复查决定。决定改变的，应当重新做出新的具体行政行为。经办机构做出的复查决定应当采用书面形式。申请人对经办机构的复查决定不服，或者经办机构逾期未做出复查决定的，申请人可以向直接管理该经办机构的劳动保障行政部门申请行政复议。申请人在经办机构复查该具体行政行为期间，向劳动保障行政部门申请行政复议的，经办机构的复查程序终止。经办机构复查期间，行政复议的申请期限中止，复查期限不计入行政复议的申请期限。

关于社会保险行政复议的程序问题，我国现行立法规定，劳动保障行政部门的保险争议处理机构接到行政复议申请后，应当注明收到日期，并在5个工作日内进行审查，由劳动保障行政部门按照情况分别做出决定。经办机构做出具体行政行为时，没有制作或者没有送达行政文书，申请人不服提起行政复议的，只要能证明具体行政行为存在，劳动保障行政部门应当依法受理。申请人认为劳动保障行政部门无正当理由不受理其行政复议申请的，可以向上级劳动保障行政部门申诉，上级劳动保障行政部门在审查后，根据情况做出处理决定。劳动保障行政部门的保险争议处理机构对已受理的社会保险行政争议案件，应当自收到申请之日起7个工作日内，将申请书副本或者申请笔录复印件和行政复议受理通知书送达被申请人。被申请人应当自接到行政复议申请书副本或者申请笔录复印件之日起10日内，提交答辩书，并提交做出该具体行政行为的证据、所依据的法律规范及其他有关材料。被申请人不提供或者无正当理由逾期提供的，视为该具体行政行为没有证据、依据。申请人可以依法查阅被申请人提出的书面答辩、做出具体行政行为的证据、依据和其他有关材料。劳动保障行政部门处理社会保险行政争议案件，原则上采用书面审查方式。必要时，可以向有关单位和个人调查了解情况，听取申请人、被申请人和有关人员的意见，并制作笔录。劳动保障行政部门处理社会保险行政争议案件，以法律、法规、规章和依法制定的其他规范性文件为依据。劳动保障行政部门在依法向有关部门请示行政复议过程中所遇到的问题应当如何处理期间，行政复议中止。劳动保障行政部门在审查申请人一并提出的做出具体行政行为所依据的有关规定的合法性时，应当根据具体情况，分别做出以下处理：（1）该规定是由本行政机关制定的，应当在30日内对该规定依法做出处理结论；（2）该规定是由本行政机关以外的劳动保障行政部门制定的，应当在7个工作日内将有关材料直接移送至制定该规定的劳动保障行政部门，请其在60日内依法做出处理结论，并将处理结论告知移送的劳动保障行政部门；（3）该规定是由政府及其他工作部门制定的，应当在7个工作日内按照法定程序转送至有权处理的国家机关依法处理。审查该规定期间，行政复议中止，劳动保障行政部门应将有关中止情况通知申请人和被申请人。行政复议中止的情形结束后，劳动保障行政部门应当继续对该具体行政行为进行审查，并将恢复行政复议审查的时间通知申请人和被申请人。

申请人向劳动保障行政部门提出行政复议申请后，在劳动保障行政部门做出处理决定之前，撤回行政复议申请的，经说明理由，劳动保障行政部门可以终止审理，并将有关情况记录在案。劳动保障行政部门行政复议期间，被申请人变更或者撤销原具体行政行为的，应当书面告知劳动保障行政部门和申请人。劳动保障行政部门可以终止对原具体行政行为的审查，并书面告知申请人和被申请人。申请人对被申请人变更或者重新做出的具体行政行为不服，向劳动保障行政部门提出行政复议申请的，劳动保障行政部门应当受理。劳动保障行政部门的保险争议处理机构应当对其组织审理的社会保险行政争议案件提出处理建议，经本行政机关负责人审查同意或者重大案件经本行政机关集体讨论决定后，由本行政机关依法做出行政复议决定。劳动保障行政部门作出行政复议决定，应当制作行政复议决定书。

经办机构和劳动保障行政部门应当依照民事诉讼法有关送达的规定，将复查决定和行政复议文书送达申请人和被申请人。申请人对劳动保障行政部门做出的行政复议决定不服的，可以依法向人民法院提起行政诉讼。经办机构必须执行生效的行政复议决定书，拒不执行或者故意拖延不执行的，由直接主管该经办机构的劳动保障行政部门责令其限期履行，并按照人事管理权限对直接负责的主管人员给予行政处分，或者建议经办机构对有关人员给予行政处分。经办机构或者劳动保障行政部门审查社会保险行政争议案件，不得向申请人收取任何费用。行政复议活动所需经费，由本单位的行政经费予以保障。

（四）小结

研究和分析社会保障争议处理体制离不开对我国社会保障争议处理法律制度体系现状的分析。本部分从社会变迁中的社会保障制度入手，对我国当前社会保障处理法律制度的现状进行了大致描述。通过这些描述，为接下来社会保险争议处理体制的完善打下了基础。

二 社会变迁视角下的社会保险争议处理体制[①]

（一）社会保险权的权利救济问题

在整个社会保障制度中，社会保险处于核心地位。而在社会保险制度中，社会保险权的实现至关重要。从这种意义上讲，中国社会保障制度的变迁可以从社会保险争议处理体制的变迁得到充分体现。因此，本书在对中国社会保障制度变迁的研究中，选取了社会保险争议这样一个切入点。[②]

"无救济则无权利"，一句为法律人耳熟能详的英国谚语充分揭示了这样一个普遍真理：没有完善的权利救济制度，所谓的"权利"无非是水中月、镜中花，尽管美好无限但却只能永远存在于虚妄之至的梦幻之中。社会保险权关系到人们的基本生存问题，是一项基本的人权[③]，对全

---

① 此处有关内容曾以《社会变迁中的社会保险争议处理体制》为题发表在《北方法学》2013年第1期，此处略有文字方面的改动。

② 社会变迁中的中国社会保障法律制度是一个宏大的课题，涉及中国社会的方方面面，其中，社会保险权及其权利救济问题是一个重要的问题。本书基于研究主题和篇幅所限，主要从社会保险争议处理体制这一侧面探讨中国社会保障法律制度的社会变迁问题。

③ 参见常凯《论社会保险权》，《工会理论与实践》2002年第3期。

体社会成员都具有十分重要的意义,也越来越凸显出其社会权基本属性,受到了世界各国立法的普遍重视。在当代中国社会法学界,随着社会保险制度的不断推进,人们对社会保险权和社会保险权救济也越来越关注。近些年来,围绕《社会保险法》立法,已经有不少学者从社会保险权利司法救济的角度,对社会保险争议处理法律制度进行了宏观构建。① 这些研究对我国社会保险争议处理体制的完善,起到了非常重要的积极作用。

然而,这仅仅是问题的一个方面,从动态的角度来看,权利救济体制和它所救济的实体权利,都是一个随着社会变迁而不断变迁的历史范畴。在当今中国,社会各项制度正在以前所未有的速度不断变迁,从权利保护的角度来看,权利救济制度的构建能否跟得上社会变迁的步伐,对实体权利的实现尤为重要。尽管法律制度尤其是权利救济法律制度滞后于社会现实是一种普遍的客观存在,但是由于社会保险权是一种关系到当事人生存权的一项基本人权,尽快缩小现实需要和社会保险权救济制度之间的张力,就显得尤为必要。2010年10月28日颁布的《社会保险法》,以专门法律的形式进一步确认了社会保险权这样一种权利,并具体构建了社会保险权的基本框架,为社会保险权及其权利救济提供了坚实有力的实体法依据。可以合理预见,随着《社会保险法》在现实生活中的不断推进和社会成员维权意识的普遍提高,社会保险争议案件数量必将大幅度上升,② 这在一定程度上有利于更好保护当事人的合法权益。然而,作为一部实体法,《社会保险法》并未对社会保险权利救济程序做出详细规定,有关争议案件的处理仍然适用于旧的社会保险争议处理体制。这一体制,与我国以往的社会保险体制一样,都是中国经济体制转轨的社会产物,是在特定历史背景下为了应对国有企业改制这一特定历史问题的"附带产品",不仅在宏观结构上"缺少立法的整

---

① 参见郭捷《论社会保险权的司法救济》,《法治论坛》2009年第4期;许建宇《社会保险法应以保障社会保险权为核心理念》,《中国劳动》2010年第3期;郭曰君《社会保障权研究》,上海世纪出版集团2010年版,第254—305页。

② 《劳动合同法》实施之后第一年劳动争议案件的大幅度增长即为明证。据统计,2008年的劳动争议当期案件受理数达到了693465件,比起2007年的数350182件,几乎增长了一倍,呈现出井喷式的爆发。数据来源于《2010年中国劳动统计年鉴》,中国统计出版社2010年版,第418页。

体规划性和前瞻性",① 而且在具体制度上也缺乏相应的紧密衔接。如今，随着我国社会保险制度的日益完善，现行社会保险争议处理体制这个"旧瓶子"已经容纳不下日益扩大化和复杂化的社会保险争议这种异质"新酒"，非常有必要对现行社会保险争议处理体制进行体系重构和制度完善。

（二）社会变迁中的社会保险争议社会化进程

如前所述，社会变迁尤其是社会制度变迁，直接影响并决定着法律制度的发展变化。具体到社会保险争议处理体制来看，它与社会变迁尤其是社会保险制度的变迁，同样是密不可分的。虽然由于法律天然的滞后性，社会保险争议制度也会落后于社会保险制度的建立，但是这种脱节的时间跨度一般不会很长。而且，从社会变迁尤其是社会保险制度变迁的视角去审视我国当前的社会保险争议处理制度，有助于我们在宏观上把握社会保险争议处理制度的发展方向和整体趋势，进而探寻完善社会保险争议处理制度的有效路径。

考察我国社会保险制度变迁的历史，可以从不同的角度进行梳理。②从总体来看，我国社会保险制度变迁的主线可以概括为社会保险制度不断社会化的过程，与之相伴的是社会保险争议的社会性不断增强。③ 由于历史原因，中华人民共和国成立之后的几十年，我国长期实行以企业内部劳动保险为特色的社会保险，虽然称之为"社会保险"，但其社会性非常有限，因而当时社会保险争议的范围非常窄，社会保险争议的社会性也十分有限。例如，1993年《企业劳动争议处理条例》④ 将社会保险争议涵盖

---

① 叶静漪：《转型期的社会保障法制建设》，《人民论坛》2009年第22期。

② 例如，有学者曾把我国社会保障制度变迁概括为从"国家—单位保障制"到"国家—社会保障制"，参见郑功成《从企业保障到社会保障》，中国劳动社会保障出版社2009年版，第3页。

③ 同时，社会保险争议的专业化也越来越明显，比如社会保险缴费涉及保险精算的问题，但这可以归入到社会保险争议社会化之中，因为正是社会保险争议社会化，才会使其具有专业化的特征。

④ 该条例已经被2011年1月8日发布的《国务院关于废止和修改部分行政法规的决定》明确废止。

在劳动争议的范畴之内，① 1994年颁布的《劳动法》，就把社会保险当作是劳动法的主要内容来予以规定，② 同时还把社会保险争议纳入到了劳动争议的范畴。从当时的社会背景来看，把社会保险争议看作是劳动争议并无不当，因为当时的社会保险争议仅仅涉及劳动者和用人单位，与劳动争议基本重合。但随着改革开放的深入，社会保险的范围不断扩大，其社会性也在不断增强，社会保险已经从单一企业内部自收自支的劳动保险开始转化为具有社会统筹性质的社会保险。尤其是在1999年的《社会保险费征缴暂行条例》发布后，社会保险已经从劳动者与企业的双向关系转化为劳动者、用人单位、社会保险经办机构等部门之间的多方法律关系，而且其性质也逐渐从企业内部社会保险关系转化为国家主导的、具有强烈社会性的社会保险关系。2010年10月28日通过的《社会保险法》进一步把社会保险的保险范围扩展到整个社会成员，③ 社会保险统筹层次也在逐步提高，④ 体现出越来越强的社会性，这必然会进一步增强社会保险争议的社会性。

　　社会保险争议的社会化进程还体现在社会保险争议主体多元化方面。在计划经济体制下，社会保险作为企业内部福利的组成部分，全体职工工资和相应的社会保险都是按照统一规定的模式和计算方法予以支付，因而很少存在真正意义上的社会保险争议，在为数不多的争议中，争议内容也非常简单，基本上能够在企业内部化解。后来，随着社会主义市场经济体制的确立，市场主体开始多元化，社会保险也开始由企业内部职工福利逐渐扩展到具有一定社会化的劳动者社会保险。这时候，虽然社会保险法律

---

① 该条例第2条规定："本条例适用于中华人民共和国境内的企业与职工之间的下列劳动争议：……因执行国家有关工资、保险、福利、培训、劳动保护的规定发生的争议……"
② 《劳动法》第9章专门规定了"社会保险和福利"。
③ 《社会保险法》第20条第1款规定："国家建立和完善新型农村社会养老保险制度。"第22条第1款规定："国家建立和完善城镇居民社会养老保险制度。"第24条第1款规定："国家建立和完善新型农村合作医疗制度。"第95条规定："进城务工的农村居民依照本法规定参加社会保险。"第96条规定："征收农村集体所有的土地，应当足额安排被征地农民的社会保险费，按照国务院规定将被征地农民纳入相应的社会保险制度。"第97条规定："外国人在中国境内就业的，参照本法规定参加社会保险。"这些规定把社会保险的范围扩展到全国城乡甚至包括外国人在内的所有社会成员。
④ 《社会保险法》第64条第3款规定："基本养老保险基金逐步实行全国统筹，其他社会保险基金逐步实行省级统筹，具体时间、步骤由国务院规定。"

关系已经不仅限于劳动者和用人单位，但争议的主体仍然主要是劳动者和用人单位；争议的内容尽管已经开始复杂化，但争议的焦点仍然在用人单位未按规定为市场化的劳动者缴纳社会保险方面。在这一阶段，社会保险仍然可以看作是一种"劳动保险"，大多数社会保险争议按照劳动争议来进行处理，仍然基本可行。但是随着社会保险范围的进一步扩大，社会保险争议的主体日益多元化，尤其是《社会保险法》出台之后，社会保险争议的主体已经不仅包括社会保险行政部门、社会保险经办机构、对社会保险业务承担管理和服务的机构，而且还包括劳动者、用人单位、其他社会成员、集体组织、家庭等主体，① 甚至在某些社会保险争议中还会涉及更为复杂的主体。②

社会保险争议社会化进程同样体现在社会保险争议内容复杂化方面。社会保险争议社会化程度的提高使社会保险争议主体多元化，而多元化的社会保险争议主体在社会保险制度的实施过程中又交叉发生各种社会关系，使社会保险争议内容异常复杂。以工伤保险为例，根据工伤保险争议发生主体的不同，至少可以把工伤保险争议分为以下几类：社会保险经办机构与用人单位的争议，社会保险经办机构与工伤职工及其供养亲属之间的争议，工伤认定机构与用人单位、工伤职工及其供养亲属之间的争议，劳动能力鉴定机构与用人单位、工伤职工及其供养亲属之间的争议，用人单位与工伤职工及其供养亲属之间的争议，医疗机构、职业康复机构与社会保险经办机构、工伤职工之间的争议，等等。

这种社会保险争议的社会化以及由此带来的社会保险争议主体多元化与争议内容的复杂化，对现有社会保险争议处理体制带来了有力的冲击和挑战。

（三）社会变迁视角下的社会保险争议现状反思

关于社会保险争议的处理，我国当前并没有统一的立法，司法实践中处理社会保险争议主要依据《劳动法》《劳动争议调解仲裁法》《社会保险法》《社会保险行政争议处理办法》《社会保险费征缴暂行条例》《工伤保险条例》《民事诉讼法》《行政复议法》《行政诉讼法》等法律、法规以及最高人民法院司法解释的相关条文。具体内容主要有：《劳动法》

---

① 按照现行规定，农村养老保险与医疗保险的缴纳保险费的主体就是社会成员个人、家庭和集体组织。

② 例如，在一些医疗保险争议案件的处理中，就很有可能涉及医疗服务机构。

第 72 条规定，"社会保险基金按照保险类型确定资金来源，逐步实行社会统筹。用人单位和劳动者必须依法参加社会保险，缴纳社会保险费。"《劳动争议调解仲裁法》第 2 条规定，"中华人民共和国境内的用人单位与劳动者发生的下列劳动争议，适用本法：……因工作时间、休息休假、社会保险、福利、培训以及劳动保护发生的争议……"《社会保险法》第 83 条规定，"用人单位或者个人认为社会保险费征收机构的行为侵害自己合法权益的，可以依法申请行政复议或者提起行政诉讼。用人单位或者个人对社会保险经办机构不依法办理社会保险登记、核定社会保险费、支付社会保险待遇、办理社会保险转移接续手续或者侵害其他社会保险权益的行为，可以依法申请行政复议或者提起行政诉讼。个人与所在用人单位发生社会保险争议的，可以依法申请调解、仲裁，提起诉讼。用人单位侵害个人社会保险权益的，个人也可以要求社会保险行政部门或者社会保险费征收机构依法处理。"《工伤保险条例》第 52 条规定，"职工与用人单位发生工伤待遇方面的争议，按照处理劳动争议的有关规定处理。"该条例第 53 条规定，"申请工伤认定的职工或者其直系亲属、该职工所在单位对工伤认定结论不服的；工伤职工或者其直系亲属对经办机构核定的工伤保险待遇有异议的，可以依法申请行政复议；对复议决定不服的，可以依法提起行政诉讼。"《社会保险行政争议处理办法》第 9 条规定，"申请人认为经办机构的具体行政行为侵犯其合法权益的，可以自知道该具体行政行为之日起 60 日内向经办机构申请复查或者向劳动保障行政部门申请行政复议。申请人与经办机构之间发生的属于人民法院受案范围的行政案件，申请人也可以依法直接向人民法院提起行政诉讼。"《社会保险费征缴暂行条例》第 25 条规定，"缴费单位和缴费个人对劳动保障行政部门或者税务机关的处罚决定不服的，可以依法申请复议。"此外，在社会保险争议处理的具体程序中，《民事诉讼法》《行政复议法》《行政诉讼法》以及最高人民法院的司法解释也起着十分重要的作用。

综合这些相关规定可以看出，即使是在《社会保险法》出台之后，我国在社会保险争议的处理方面仍然是沿着两条不同的路径：一条是劳动争议处理路径，一条是行政争议处理路径。① 这两条路径划分的依据是争

---

① 《社会保险法》第 83 条仍然把个人、单位与社会保险经办机构之间的社会保险争议界定为行政争议，对于个人和用人单位之间的社会保险争议，虽然没有用"劳动争议"的词语来界定，但因为有"仲裁"的出现，所以仍然是当作劳动争议来处理。

议主体的不同，依据这一标准，社会保险争议可划分为社会保险行政争议和社会保险民事（劳动）争议两大类，不同类别的社会保险争议适用不同的法律和程序。社会保险行政争议，即社会经办机构在依照法律、法规及有关规定经办社会保险事务过程中，与公民、法人或者其他组织之间发生的争议，①通过行政复查、行政复议和行政诉讼来解决。社会保险民事（劳动）争议，即劳动者和用人单位之间因社会保险所发生的争议，②适用"一调一裁两审"的处理模式。

由此可以看出，我国现行社会保险争议处理制度实际上还是建立在传统公法、私法的理念基础之上，按照公法和私法的理念，把统一的社会保险争议强行拆分为两个部分。这种模式在以前社会保险争议并不复杂、社会化程度不高的情况下，可以起到权利救济和保护的作用，也基本能够满足当时处理社会保险争议的需要，并不会因为"分流"而产生太多问题。然而，随着社会变迁的进程，以及由此带来的社会保险争议社会化、主体多元化和内容复杂化，这一体制与现实需要之间的张力变得越来越大，其缺陷也变得越来越明显。具体来讲，当前社会保险争议处理体制的缺陷主要体现在以下两个方面：

第一，这种"分而治之"的模式实质上割裂了社会保险争议，忽视了各种社会保险争议共同具有的社会性。基于社会保险争议之间的差异性，从研究需要和解决问题的角度，对社会保险争议进行各种分类，当然是非常必要的。③但是需要注意的是，任何分类都是建立在相对区别的前提之上，而且基于区分标准的相对性，不可避免地会存在一些交叉地带。因此，应当以社会保险争议之间的共性为基础构建统一的社会保险争议处理体制，而不应当以社会保险争议的个性为基础区分成两种不同的路径。现行社会保险争议处理体制把社会保险争议强行分为社会保险民事（劳动）争议和社会保险行政争议两大类，并且适用不同处理程序模式，割裂了社会保险争议的整体性，不仅不能反映当代社会保险争议的社会性，而且还会产生许多模糊地带，也不利于对社会保险权的

---

① 参见《社会保险行政争议处理条例》第2条第1款规定。
② 参见《劳动争议调解仲裁法》第2条第4项规定。
③ 比如，我们可以从不同社会保险项目的角度把社会保险争议分为养老保险争议、医疗保险争议、工伤保险争议、失业保险争议和生育保险争议，但完全没有必要把这些争议分别适用不同性质的处理程序。

综合保护。

第二，从社会保险争议的社会性来看，这种"分而治之"的模式抹杀了社会保险争议与劳动争议、行政争议的本质区别，不利于有效保护当事人的社会保险权。把社会保险争议划分为社会保险行政争议和社会保险劳动争议并分别适用劳动争议和行政争议的处理体制，本身就是不科学的。"劳动争议及行政争议与社会保险争议在本质上存在差别，它们在争议主体、内容范围、制度体系、处理原则和程序等方面均有很大差别。"[1]在社会保险争议社会化性质越来越明显的今天，这种差别表现得更明显。人为地把社会保险争议分别归入劳动争议和行政争议，很难有效保护当事人的社会保险权。

综合以上分析，从社会变迁的视角来看，现行社会保险争议处理模式具有明显的过渡性，是经济体制改革尚未完全到位的"转轨"体制。如果说在社会保险争议社会化程度不明显的时期，这一体制尚可维持运转的话，那么在社会保险争议社会化十分明显的今天，这一体制已经走到了历史的尽头。

(四) 社会变迁与社会保险争议处理体制的完善

如前所述，社会变迁尤其是社会保险制度变迁，使我国社会保险争议逐步社会化，由此也带来了社会保险争议主体多元化和社会保险争议内容复杂化。我国当前的社会保险争议处理体制并未能反映这一现实需求，因此很有必要对其在理念上进行超越、在体制上进行重构。

这种理念超越主要体现在，要更新对社会保险争议的认识，充分认识社会保险争议的特质，真正把社会保险争议作为一类独立的争议来看待。我国社会保险争议处理体制要能够跟得上社会保险制度变迁的步伐，真正反映当前社会保险争议社会化的现实。更新对社会保险争议的认识十分重要，唯有更新认识，我们才能真正构建符合社会保险争议性质的处理体制。关于社会保险争议的含义，学界与实务界一向有不同的理解。通过社会变迁这一视角，我们更容易清晰地看到，人们对社会保险争议的理解和认识经历了并且正在经历着一个不断变化的轨迹。最初人们把社会保险等同于企业保险，把社会保险争议等同于劳动争议。后来，虽然注意到了社

---

[1] 郭捷：《论社会保险权的司法救济》，《法治论坛》2009 年第 4 期。

会保险争议中涉及社会保险经办机构的争议已经超出劳动争议的范围这一现实,但并未做出实质性扩展。① 再后来,人们对社会保险争议的理解有了实质性的突破。尤其是《社会保险法》颁布之后,社会保险争议的社会化程度越来越高,已经完全突破了以前企业的限制。虽然《社会保险法》未对社会保险争议的概念进行明确界定,但通过综合考察相关条文,我们可以把社会保险争议理解为社会保险当事人之间因社会保险缴费、账户管理和待遇支付等问题所发生的争议。② 这里的社会保险当事人包括社会保险缴费单位、个人以及社会保险经办机构及其工作人员,特殊情况下还包括其他主体。③ 社会保险争议有可能发生在社会保险缴费、待遇支付、账户管理(信息披露、权益记录、社会保险关系转移等)等社会保险体系运行过程中的各个环节。按照这种理解,可以把社会保险争议分为三类:一是社会保险缴费争议,这种争议的起因主要在于社会保险缴费单位逃缴、欠缴、漏缴社会保险费,这类争议主要发生在参加社会保险的用人单位和个人之间;④ 二是社会保险待遇支付争议,即有关领取社会保险待遇的争议,这种争议主要表现为受益资格审核和具体待遇核定;⑤ 三是社会保险管理争议,这种争议主要表现在个人和社会保险经办机构、用人单位之间关于社会保险信息管理方面的争议。⑥ 这种理解把社会保险看作一个完整的流程,把社会保险争议看作是一个完整流程中的环节问题,有利于对当事人社会保险权的综合有效保护。

体制重构主要体现在,构建体现社会保险争议社会性、独立于劳动争

---

① 最为明显的一个例子就是,当前众多的《劳动法和社会保障法》教材对劳动争议都会进行专章论述,但很少提及社会保障争议或社会保险争议,即使偶尔提及,也是一笔带过。

② 对社会保险争议的理解可以从多个角度,本书主要是从社会保险社会化的角度,针对社会保险所涉及的各个环节进行理解。之所以如此,是因为社会保险争议涉及多重法律关系,其权利义务关系过于复杂,反倒不如从社会保险所涉及环节的角度来理解更加清晰,也更能反映社会保险社会化的这一特征。

③ 例如,税务机关在征收社会保险费时,就会成为社会保险争议的主体。

④ 也有一些是因为社会保险缴费基数计算而发生的争议,这些争议发生在用人单位或者个人与社会保险经办机构之间。

⑤ 社会保险经办机构有审查参保人受益资格和核定社会保险待遇的权力,因此,如果参保人对资格审查和待遇核定有疑义,可以申请救济。

⑥ 社会保险账户是记录参保人权益和财务的管理工具,社会保险经办机构和用人单位具有保管参保人账户和提供社会保险关系携带和转移服务的责任,如果保管不善,可能出现数据丢失或数据不准确的信息,甚至故意修改的数据信息,导致参保人权益损失,引起争议。

议处理体制和行政争议处理体制的社会保险争议处理体制。由于社会保险争议的社会性越来越强，其相关利益者也越来越多，① 因此非常有必要构建独立的社会保险争议处理体制。具体来讲，这一独立体制应当重点从两个方面进行重构。一是要尽快制定一部统一的《社会保险争议处理法》，用专门的立法重构我国社会保险争议处理体制，通过立法统一规定社会保险争议的受案范围，科学设计社会保险争议的处理程序，合理设置社会保险争议的举证责任。二是要尽快建立独立的社会保险争议司法救济机构。社会保险争议处理机构应当包括行政救济机构和司法救济机构，其中行政救济机构可以按照行政诉讼法的规定，由相关行政机关负责，但司法救济机构应当是独立于普通法院的社会保险（社会保障）法院或者是在法院内部独立于普通法庭的社会保险（社会保障）争议法庭。在这方面，可以借鉴一些社会保障法制建设比较成熟国家的经验。②

（五）小结

社会变迁是一个宏大的课题，对社会变迁的考察涉及政治、经济、文化、社会的方方面面。同样，对社会变迁中的社会保险争议处理制度其实可以从多个侧面进行考察。限于主题和篇幅，笔者并未对社会变迁中社会保险争议处理制度变化的全部过程进行详细的梳理，也未详细论证社会保险争议处理制度变迁背后的深层经济、文化、社会动因，仅仅从当前已经发生并且正在发生的社会保险制度变迁角度，对社会保险争议处理制度现状和重构进路进行了初步分析。实际上，社会变迁除了影响社会保险争议处理制度，还会影响整个社会保险制度并进而扩展到社会保障制度的方方面面。而且，社会保险争议处理体制的重构也会反过来影响现有社会保险法律制度以及整个社会保障法律制度。社会变迁与社会保险争议处理体制之间这种作用与反作用的反复博弈是如此复杂，以至于笔者虽然力图从一个宏观的视角揭示社会保险争议处理体制的变迁轨迹和重构路径，但最终

---

① 比如个人和用人单位之间关于社会保险费的争议，在现行社会保险处理体制之下，按照"劳动争议"来处理，但实际上社会保险费问题不仅仅涉及劳动者个人的利益，还涉及其他参保人员的利益。

② 例如，"德国行使社会保险司法权的是社会法院，随着德国在1953年11月3日颁布的《社会法院法》的实施，社会法院从行政法院体系中分离出来，形成了一种独立的专门法院体系"。参见姚玲珍《德国社会保障制度》，上海人民出版社2010年版，第378页。

也只能进行粗略的描述。毕竟，在这个变幻莫测的世界，任何试图对社会变迁进行详细描述的文字也许最终却始终只能反映问题的一个或几个侧面，而更多更细的棱面却仍然有意或无意地游离于我们的视野之外。从这种意义上讲，笔者从社会变迁的角度提出社会保险争议处理体制超越和重构的建议，只是提供一种研究问题的进路和视角，希望能够引起学界的重视，进而推动我国社会保障法律制度的完善。

三 争议处理服务的专业化：日本《社会保险劳务士法》的启示

（一）问题的提出

对社会保障资金争议处理法律制度的相关研究不能仅停留在表面。这是因为，社会保障资金争议处理法律制度在有关国家的顺畅运行，不仅需要深厚的政治、经济、社会、文化基础，还需要相应的配套法律制度予以配合。其中，社会保障资金争议处理的软环境，即社会保障资金争议处理的社会化、专业化服务问题就很重要。为此，本部分特意结合日本《社会保险劳务士法》和我国《社会保险法》中的有关规定，对社会保障争议处理的专业化服务问题进行研究。

2010年10月28日，十一届全国人大常委会第十七次会议审议通过了《中华人民共和国社会保险法》，该法的颁布与实施，是我国社会保险法制建设中具有里程碑意义的大事，有力推动了我国社会保险事业的发展。然而，这一关系到千家万户的重要法律，在实际运行过程中却存在诸多问题，严重影响了《社会保险法》的有效实施。

这些问题的出现，除了立法方面的因素，例如《社会保险法》在整体上过于笼统，在具体的制度上仍有待细化等原因以外，一个非常重要的问题就在于社会保险相关配套制度不健全。在这些相关配套制度中，社会保险服务的专业化和社会化是影响《社会保险法》顺利实施的一个重要方面。在当前社会保险事业日益复杂化的背景下，社会保险服务的专业性和社会性要求越来越高，但实际情况恰恰相反，我国当前社会保险服务相关制度在整体上极不完善，缺乏统一的规范，远远落后于社会保险服务社会化、专业化实践的需要。这一现状的存在，在一定程度上影响了我国

《社会保险法》的顺利实施，成为我国社会保险事业发展进程中的重要障碍。因此，探索我国社会保险服务社会化、专业化的有效路径已经成为当前我们需要解决的重要问题。

2011年11月6日，日本全国社会保险劳务士会联合会会长金田修先生一行访问北京大学法学院，访问团成员包括日本全国社会保险劳务士会联合会的最高顾问大槻哲也先生、副会长大西健造先生、常务理事泽江慎一先生、总务部次长早川裕之先生和青山学院大学法学院的教授藤川久昭先生、助理教授杨林凯先生，访问团成员对日本社会保险劳务士相关法律制度进行了较为详细的介绍，其中包括日本《社会保险劳务士法》的相关内容。在这一交流过程中，笔者开始对日本《社会保险劳务士法》对中国社会保险服务社会化、专业化问题的借鉴作用进行了初步思考。日本与我国同属于东方国家，在政治、经济、文化等各个方面有着诸多相似。根据笔者直觉，日本的《社会保险劳务士法》将会对我国当前社会保险服务社会化与专业化建设具有十分重要的借鉴和参考意义。

通过实际调研，笔者了解到，在我国社会保险法律制度运行的实务中，一些地方（如上海市）在事实上存在与日本社会保险劳务士角色和职能类似的劳动社会保险师，这说明社会保险劳务士的角色在我国劳动与社会保险实践中是客观需要的，也从一个侧面进一步印证了我国借鉴日本《社会保险劳务士法》的必要性与可行性。有鉴于此，笔者对日本《社会保险劳务士法》的发展历程、职业资格准入制度、主要业务等方面的内容作了进一步的研究，并对该法对中国的借鉴意义和启示进行了初步思考，以期对中国社会保险社会化、专业化进程有所帮助。

（二）日本《社会保险劳务士法》基本情况

社会保险劳务士制度是日本社会保险服务社会化、专业化的重要制度。要了解此项制度，很有必要首先对日本《社会保险劳务士法》的基本情况进行研究。①"社会保险劳务士，就是基于社会保险劳务士法，参加每年一次的由福利劳动机构实施的社会保险劳务士考试合格的人，并且须有2年以上实际工作经验，并登录到全国社会保险劳务士联合会的名单

---

① 有关日本《社会保险劳务士法》的内容，受到了日本全国社会保险劳务士会联合会会长金田修先生为首的访问团的帮助，特此说明。

中的人员"。① 日本在1968年颁布了《社会保险劳务士法》，初步建立了完善的社会保险劳务士相关法律制度，有力地推动和促进了日本社会保险事业的发展，保障了日本社会的和谐与稳定，为日本经济的快速发展提供了重要的条件。

1. 日本《社会保险劳务士法》产生的历史背景与发展历程

研究日本的《社会保险劳务士法》，需要从该法产生的历史背景与发展历程谈起。这是因为，只有了解其历史背景与发展历程，才有可能真正把握日本《社会保险劳务士法》的实质和内涵，充分认识到该法对中国的借鉴意义和价值，也才能更好地结合中国国情借鉴该法中的有益内容。

日本社会保险劳务士制度建立于1968年，这与日本当时的经济形势和社会保险制度发展密切相关。"从20世纪60年代中期开始，日本经济飞速发展，进入了战后经济发展的黄金时期，由此推动日本的社会保险事业也进入了发展的黄金时期。1961年国民健康保险制度和国民年金（养老金）制度全面实行，实现了'国民皆保险、国民皆年金'的目标。"② 在经济不断发展、企业规模不断扩大的过程中，社会保险制度取得了长足的发展。随着社会保险需求多样化的发展，社会保险制度也变得更加复杂，迫切需要一批专门从事社会保险服务的专业人士以应对这一社会现实。

为了适应这一变化带来的需求，有力保护社会保险当事人的合法权益，日本最终于1968年通过了《社会保险劳务士法》，有力推动了日本社会保险服务的专业化和规范化。日本在颁布《社会保险劳务士法》之后，依据该法建立了一支专业化的社会保险服务队伍，广泛深入地参加到各项社会保险服务之中。由此可见，日本《社会保险劳务士法》的出台可以说是社会保险社会化发展的必然结果，但该法的出台又反过来推动了日本社会保险社会化、专业化的进一步发展，这对保障日本社会的稳定和经济的发展起到了积极的促进作用。

日本通过《社会保险劳务士法》创建社会保险劳务士制度以来，至今已有40多年的历史。其间，为了适应日本社会经济生活尤其是社会保

---

① 王洪春：《日本劳动与社会保障专业的职业资格考试及其启示》，《中国社会保障》2004年第9期。

② 穆怀中主编：《国际社会保障制度教程》，中国人民大学出版社2009年版，第152页。

险事业发展的需求，日本《社会保险劳务士法》曾经经历了七次修改，大大拓展了社会保险劳务士的业务范围，已经涉及劳动和社会保险事务的方方面面。与此同时，随着日本社会保险劳务士业务的不断扩展，劳务士的队伍也在不断扩充，据日本全国社会保险劳务士会联合会统计，当前已有 35 000 人左右。① 这些活跃在日本各地社会保险服务行业的专业人士，已经成为日本社会保险事业发展不可或缺的重要力量。

2. 日本社会保险劳务士的资格取得与管理

在日本，要成为一名社会保险劳务士，必须要经过两个环节。只有通过这两个环节，才能正式成为社会保险劳务士，从事社会保险服务相关业务。

第一个环节为专业技能考试。申请人要通过每年一次的社会保险劳务士考试，这是实质性的环节，主要考核申请人对社会保险相关业务技能的掌握程度。按照规定，日本的社会保险劳务士考试，由厚生省委托社会保险劳务士会管理。② 近些年来，日本社会保险劳务士考试竞争非常激烈，据日本全国社会保险劳务士会联合会提供的数字，2009 年日本报名参加社会保险劳务士考试的人数已经达到 67000 多人，而最终通过该项考试的合格人数只有 4019 人，通过率不足 6%。③ 由此可以看出，日本通过严格的资格考试，保证了日本社会保险劳务士队伍的专业化水平。

第二个环节是入会登记程序。通过日本社会保险劳务士考试的申请人还要在其所在地的都、道、府、县的社会保险劳务士会联合会办理相应的登记入会手续，参加当地的社会保险劳务士联合会并接受其业务管理，并且被记载于全国社会保险劳务士会联合会名册。这一环节虽然是程序性的环节，却是必不可少的重要环节。通过这一环节，既可以加强对社会保险劳务士的管理，又有助于社会保险劳务士的业务交流和能力提高。

经过以上两个环节，申请人才能成为正式的"社会保险劳务士"，被允许从事社会保险服务相关业务。需要注意的是，在第二个环节，也就是入会登记环节，原则上还要求申请人要有两年以上的劳动和社会保险方面的实务经验，同时还需要参加指定的讲座并取得结业证书。申请人成为正式社会保险劳务士之后，要接受全国社会保险劳务士会联合会和地方社会

---

① 数据由日本全国社会保险劳务士联合会会长金田修先生为首的访问团提供。
② 李葱葱：《日本、韩国资格考试制度考察报告》，《中国人力资源开发》2001 年第 7 期。
③ 数据由日本全国社会保险劳务士联合会会长金田修先生为首的访问团提供。

保险劳务士会的管理。由此可见，日本在社会保险劳务士队伍体系建设方面是非常严格和完备的。

3. 日本社会保险劳务士的主要业务

日本早期社会保险劳务士的业务相对来讲比较单一，但随着社会经济的不断发展，日本《社会保险劳务士法》也在不断扩展社会保险劳务士的业务内容。依据当前的《社会保险劳务士法》，其业务内容十分广泛，不仅包括劳动社会保险手续业务、劳动管理咨询指导业务，还有劳动与保险争议解决程序代理业务、年金咨询业务等方面的内容。此外，从服务的对象来看，日本社会保险劳务士不仅为企业管理者和劳动者服务，还为劳动者的家属提供社会保险服务。他们作为日本社会保险服务的专业人士，每天活跃在民众从出生到死亡中所有社会保险事务的全过程。

一是提供劳动与社会保险相关手续业务。劳动与社会保险相关手续服务是社会保险劳务士服务业务中最基本、最核心的内容。劳动与社会保险相关手续涉及从企业录用到员工离职的全过程，包括劳动社会保险的适用、劳动保险的年度更新、社会保险的计算基础报表、各种补助的申请、劳动者名册与工资账簿的调整制作等相关手续。从社会保险的项目内容上看，劳动社会保险相关手续不仅包括养老金手续，还包括因生育、受伤及疾病而无法工作时的各种社会保险手续。随着日本社会经济的发展，劳动社会保险相关手续对于企业的重要性也在不断提高，其原因是多方面的。首先，对于企业来讲，依法加入劳动社会保险是增强企业凝聚力、构建和谐劳动关系不可或缺的条件，这一点从企业的社会责任和合法经营的视角来讲是十分重要的。其次，随着劳动社会保险制度的不断复杂化，劳动社会保险的各种手续对于用人单位来说是一个很大的负担，需要专业人士提供服务。再次，如果企业因为繁忙或者不了解制度而未能及时履行上述手续，可能会给雇员在工伤、失业、疾病及受伤或者退休年金待遇方面，造成无法弥补的重大经济损失。因此，企业对这方面业务需求非常强烈。

二是提供劳务管理咨询指导业务。劳务管理咨询指导业务也是社会保险劳务士的重要业务。劳务管理咨询指导业务包括四个方面，即就业规则的制定及变更咨询，用工管理、人才培养等相关咨询，人事、工资、劳动时间咨询，劳动监察咨询等方面的咨询。劳务管理咨询指导业务对企业而言同样非常重要。当代企业管理需要以人为本，重视和谐劳动关系，这为劳务管理咨询指导业务提供了广阔的应用空间。而且，通过提供劳务管理咨询来促进日本劳动关系的和谐稳定也是日本社会保险劳务士制度设立的重要目的之一。《社会保险劳务士法》第1条明确规定，社会保险劳务士制度的目的是"为促进企业的健康发展与劳动者等的福祉提高"。

三是争议解决程序代理业务。争议解决程序代理业务是社会保险劳务士提供的又一业务。争议解决程序代理业务包括斡旋申请相关咨询及手续、代理人意见的陈述、与争议相对人的和解交涉及和解协议签署的代理等内容。在市场经济条件下，发生劳动与社会保险相关争议已经是在所难免。尤其是在社会保险领域，由于社会保险涉及的险种众多，而且其计算方法也十分复杂，因此很容易发生各种纠纷。当这些纠纷发生的时候，社会保险劳务士作为社会保险服务的专业人士，更熟悉这些纠纷发生的关键点和矛盾点，对社会保险相关制度也更加了解，因此在处理此类纠纷时也更有优势，可以高效、快捷、准确地处理纠纷。当前，这类业务已经也已经成为社会保险劳务士的重要业务之一。

四是年金咨询业务。年金咨询业务也是社会保险劳务士的重要业务。在日本，年金咨询业务包括年金的加入期间、领受资格等的核实业务，裁定请求书的制作与提交业务。随着日本社会经济的不断发展变化，劳动社会保险的各项具体制度日益复杂，特别是在年金制度方面，相关制度的每一次修改，都会使其计算更加复杂。普通公民很难有时间和精力去关注年金制度的每一次变化以及由此带来的复杂计算，因此很有必要就年金问题对社会保险劳务士进行咨询。这直接导致了社会保险劳务士年金咨询业务的快速发展。

以上大致介绍了日本社会保险劳务士四个方面的主要业务。这些业务虽然在具体项目方面与中国有较大差别，但在业务的种类方面与中国社会保险实务的相关内容却是基本一致的。

（三）日本《社会保险劳务士法》对我国的启示

日本《社会保险劳务士法》对日本社会保险制度乃至整个社会保障制度的顺畅运行起到了重要的作用。同时，该法及其实际运行效果，对于当前我国的社会保险制度完善，也具有十分重要的参考价值和意义。

1. 日本《社会保险劳务士法》对我国的特殊意义

《社会保险劳务士法》作为日本特有的法律制度，不仅从总体上体现了东方国家社会保障的文化传统，还体现了特定经济发展阶段的客观需求。因此，作为东方国家在经济发展中的宝贵经验，日本的《社会保险劳务士法》对我国具有十分特殊的意义。

首先，从地缘关系的角度来看，日本《社会保险劳务士法》对我国具有特殊的借鉴意义。较之于欧美其他各国，中国与日本同属亚洲国家，在很多方面都具有高度相似之处。这种地缘关系在法律制度的移植和借鉴中具有十分重要的意义，"橘生淮南为桔，生淮北为枳"，缺少了地缘关系层面的契合点，国外的相关法律制度很难在国内得到有效对接。而日本的许多法律制度由于地缘关系的原因，在社会文化层面与我国比较契合。

其次，从法律文化传统的角度来看，日本《社会保险劳务士法》对我国也具有特殊的借鉴意义。日本对中国古代法律文化非常推崇[①]，其法律制度吸收了中国古代法律的精华，与中国法律文化理念相当接近。日本作为东方国家，虽然在法律现代化进程中融入了许多西方的因素，但其相关法律制度仍然保留不少东方文明的特色，因此更加容易为我国社会所接受。

再次，从经济发展阶段和劳动用工制度现状来看，日本《社会保险劳务士法》同样对中国具有特殊的借鉴意义。随着我国社会主义市场经济体制的建立与完善，社会保障社会化水平的不断提高，我国的经济社会整体实力已经与日本接近。但从经济发展阶段的角度来看，当前我国经济发展阶段与日本20世纪六七十年代比较接近。因此，日本在这个阶段建立的相关经济与社会保障制度对我国当前相关制度的完善有十分重要的意义。

2011年3月的《中华人民共和国国民经济和社会发展第十二个五年规划纲要》也明确指出，"以科学发展为主题，以加快转变经济发展方式为主线，深化改革开放，保障和改善民生"，这充分体现了我国经济社会未来的发展方向。在当前我国经济发展方式转变和民生改善的双重背景下，社会保障社会化的进程必将加快，社会公众对社会保险服务的要求也会进一步提高，因此，有必要深入研究日本相关制度，并结合我国国情对其合理之处进行充分借鉴。

2. 日本《社会保险劳务士法》发展历程对我国的启示

日本的《社会保险劳务士法》产生和发展的历史背景告诉我们，建

---

① 刘志松、于语和：《日本人中国法律观的历史考察》，《日本问题研究》2011年第1期。

立社会保险劳务士制度是实现日本社会保险服务专业化和职业化的客观需要。同样道理,在当前社会保险社会化的中国,建立社会保险师(社会保障师)法律制度也具有客观必然性。

从国际化的视角来看,在现代社会,社会保险服务具有高度的专业性和技术性,很有必要通过建立完善的社会保险师制度予以保障。"目前,世界上绝大多数国家都建立了自己的职业资格制度,尤其是在欧美日等发达国家,已经形成了比较完善的职业资格制度,建立了专业化水平很高的资格认证机构,职业资格证书已成为各个行业上岗工作的一个最重要的标准和依据。"[1] "在日本,社会保障人才的培养已经细化到每一项工作,如分为社区、青少年、老年等多个细分专业,而且都要进行考核认证,在对人才培养上也注重实践。"[2] 由此可以看出,社会保险服务专业化和职业化已经成为世界的普遍趋势。

从中国现实情况来看,近年来,随着我国经济、社会的进一步发展,社会保障公共服务的专业化显得越来越重要。然而,当前社会保障服务的现实情况却让人不容乐观,在社会公众对社会保障服务需求量日益增加的背景下,无论是公共社会保险服务机构还是社会化的社会保险服务机构,都未能提供充分专业的社会保障服务,各种社会保险服务机构的社会保障服务的专业化水平都很低。

从公共社会保障服务机构的性质、职能和定位来看,"相关立法对于社会保险经办机构的法律定位尤其是社会保险经办机构性质和职能的法律定位并不明确,《社会保险法》中也并未完全解决这一问题,现实生活中人们对于社会保险经办机构性质和职能的理解和看法也并不统一"。[3] 因此,从目前情况来看,社会保险公共服务的职能机构由于其本身性质和职能的模糊混乱状态,很难在短期内实现清晰化,难以提供有效的社会保障专业化服务。

从各类社会保障相关从业人员的人数和专业水平来看,"目前,我国在各行各业从事劳动保障工作人员大约有100多万人,而且大部分是'半路出家',劳动与社会保障科班毕业的不到百分之一,目前在岗的从

---

[1] 张爱:《国外职业资格体系研究》,《世界标准化与质量管理》2005年第3期。
[2] 王洪春:《日本劳动与社会保障专业的职业资格考试及其启示》,《中国社会保障》2004年第9期。
[3] 叶静漪、肖京:《社会保险经办机构的法律定位》,《法学杂志》2012年第5期。

事劳动保障工作的人员大部分是以前从事劳动、人事等方面工作转行的，虽然不少人也经过培训，但仍缺乏专业化的素质"①。因此，在当前情况下，社会上相关社会保障机构也很难为社会公众提供有效的社会保障专业化服务。

由以上分析可以看出，社会保险服务专业化的滞后将会成为制约我国社会保险制度进一步发展的瓶颈。在社会保险服务专业化已经成为世界潮流与国内社会公众对社会保险服务专业化水平要求不断提高的背景下，这一问题的解决更加具有紧迫性。从日本《社会保险劳务士法》出台的历史背景来看，20世纪60年代，日本通过建立社会保险劳务士法律制度的方式有效解决了这一问题。日本《社会保险劳务士法》的发展历程启示我们，在我国当前面临类似问题的时候，也必须认真对待社会保险服务专业化和职业化这一客观趋势。由此可见，在当前形势下，建立社会保险师制度，充分发挥社会保险师的重要作用，是实现我国社会保险服务专业化的重要途径。一方面，建立社会保险师制度，有助于提高社会保险服务的水平和质量；另一方面，完善的社会保险师制度也有助于吸引更多的人才进入到社会保险服务职业之中，规范社会保险服务人员的管理。

3. 日本《社会保险劳务士法》资格管理制度对我国的启示

日本的《社会保险劳务士法》中有关资格管理制度的相关内容启示我们，建立我国社会保险师制度需要准确定位我国社会保险师的性质和职能，完善社会保险师资格考试制度至关重要。

在整个社会保险师制度中，对社会保险师的性质和职能进行准确定位至关重要，在此前提下，严格规范的考试制度是保证社会保险师制度顺利运行的必要条件。日本的社会保险劳务士考试十分正规，通过这些严格的考试和认定程序，充分保证了社会保险劳务士专业化和职业化，推动了日本经济社会的繁荣和可持续发展。

我国当前存在的劳动和社会保障岗位资格证书考试（CLSSEP）虽然具有社会保险师资格考试的初步功能，但在性质和职能定位方面是很不准确的，在资格考试方面也是很不完善的。根据官方考试网站介绍，"劳动和社会保障岗位资格证书考试（CLSSEP）是根据劳动和社会保障实际工

---

① 安华、张笑会：《劳动与社会保障专业人才培养模式研究》，《人才开发》2007年第7期。

作需要，为了促进劳动和社会保障系统业务培训，提高劳动和社会保障工作人员的业务素质、管理水平和职业能力，推进劳动和社会保障岗位用人制度改革，由（原）劳动和社会保障部人事教育司、教育培训中心与全国高等教育自学考试办公室共同推出并组织实施的岗位资格证书"。①

由此可见，这种资格考试名义上是一种资格考试，但实际上却与自学考试学位相联系，不仅混淆了劳动与社会保障学位与资格证书的界限，致使该资格证书定位与职能不明，而且降低了该资格证书的层次和门槛，不利于真正实现劳动和社会保障服务的专业化。因此，很有必要借鉴日本《社会保险劳务士法》的做法，把我国社会保险师定位为提供社会保险服务的专业人士，并真正把社会保险师的考试纳入到国家职业资格考试体系之中。

4. 日本《社会保险劳务士法》中有关业务内容相关规定对我国的启示

日本《社会保险劳务士法》中关于社会保险劳务士业务内容的相关规定同样启示我们，社会保险劳务士除了提供相关社会化服务之外，还能起到预防社会保险争议发生、缓和劳动关系的重要作用。

在日本，这种作用主要体现在三个方面。第一，随着劳动社会保险制度的不断复杂化，非专业人士办理社会保险相关事务很容易出现失误，而社会保险劳务士通过专业化服务为客户办理社会保险事务，减少了社会保险业务办理中的失误概率，起到了降低社会保险争议发生率的重要作用。第二，社会保险劳务士通过企业咨询服务，使各项社会保险事务处理依法进行，有效预防了社会保险争议发生的可能性。第三，社会保险劳务士通过代理社会保险相关争议业务，可以准确高效地解决相关争议。

在我国，随着社会保障制度社会化进程的不断推进，劳动和社会保险相关争议不断增多，这使得争议的预防和高效处理意义重大。这是因为，一方面，争议的预防和高效处理可以减少司法部门的压力，有效节约司法资源；另一方面，相关争议的专业化处理可以减少劳资纠纷，缓和社会矛盾。

从劳动争议的角度来看，《劳动合同法》实施之后的第一年，我国劳

---

① 参见中国教育考试网，http://www.neea.edu.cn/hzrz/ldshbz/show_sort_ldshbz3.jsp?class_id=02_22_03_01，2013年2月1日访问。

动争议案件大幅度增长。据官方统计，2008年我国劳动争议当期案件受理数达到了693465件，比起2007年受理数350182件，几乎增长了一倍，呈现出了井喷式的爆发。[①] 这种情况使劳动争议的预防和高效处理非常迫切。

从社会保险争议的角度来看，按照现行《社会保险法》的规定，社会保险争议有可能发生在社会保险缴费、待遇支付、账户管理（信息披露、权益记录、社会保险关系转移等）等社会保险体系运行过程的各个环节，已经呈现出复杂化趋势。如何有效化解社会保险争议、缓和社会矛盾已经成为我国迫切需要面对的问题。面对这一现状，日本的《社会保险劳务士法》为我国劳动和社会保险争议的解决提供了有益的思路。通过专业化的劳动和社会保险服务，可以有效预防和化解相关争议，促进社会的和谐与稳定。

（四）小结

《社会保险劳务士法》作为日本在劳动和社会保障方面独具特色的法律制度，带给我们的启示是多方面的。该法启示我们，从社会保障服务专业化的发展趋势来看，我国需要通过相应立法予以规范；从职业资格完善的角度来看，我国亟待建立与社会保障服务相适应的职业资格制度；从提前预防和有效化解劳动和社会保障争议的角度来看，我国需要通过建立一支高效专业的社会保险师（社会保障师）队伍予以实现。这些都是我们可以通过日本《社会保险劳务士法》所直接得到的启示。但遗憾的是，长期以来，学界对这方面的研究相当缺乏。本书从日本《社会保险劳务士法》的基本内容出发，探讨该法对我国的启示和借鉴意义，以期引起学界和政府有关部门的关注和重视，从而推动我国社会保障法制建设进程。

此外需要说明的是，从我国社会保障服务体系建设的宏观架构来看，社会保障服务社会化服务体系建设不仅应当包括社会保险师制度建设，还应涉及社会保险经办机构职能的准确定位、社会保障行政机关社会保障公共服务水平的提高等其他内容和配套制度。这些方面的问题虽然与日本《社会保险劳务士法》有一定的联系，却并不能直接从该法中找到答案。

---

① 数据来源于《2010年中国劳动统计年鉴》，中国统计出版社2010年版，第418页。

同时，由于这些方面内容也更具有中国特色，因而更需要对中国国情的研究分析和实践把握。基于上述考虑，对于其他相关内容，待以后另行成文予以分析，此处不再赘述。

四　本章结语

中国社会正在经历着前所未有的社会变迁，因此从社会变迁中探寻当代中国社会保障资金法律制度完善的路径就显得尤为重要。本章从社会变迁中的社会保障制度入手，首先对我国当前社会保障处理法律制度的现状进行了大致描述。通过这些描述，为接下来社会保险争议处理体制的完善打下基础。接下来从社会变迁的视角对我国社会保险争议社会化的进程进行分析，在此基础上对现行社会保险争议处理体制进行反思并提出相应的完善建议。此外，考虑到社会保障争议的妥善处理离不开相应的配套制度，本章还结合日本《社会保险劳务士法》的相关规定对我国社会保障争议处理服务的专业化问题进行了研究。

本书结语

行文至此，恐怕是该有一个结论的时候了。但这个结论却很难说是一个最终的结论。本书从当前经济发展与民生改善双重背景出发，以当代中国社会保障资金运行的法律调整为研究对象，以经济与社会平衡为中心，以社会保障资金运行的基本环节为主线，以中国社会保障资金法律制度的完善为目标，力图构建有利于经济与社会平衡发展的社会保障资金运行法律调整体系。

本书的核心思想在于强调社会保障资金运行法律调整体系的构建应当以经济与社会的平衡为中心。为达到社会保障资金运行中经济与社会的平衡，应当分别从公平分配、可持续发展、危机应对等理论视角出发，构建社会保障资金运行的收支、营运和监管环节的法律体系。也许，这就是本书的结论。然而，这肯定不是本书研究的终结。何哉？

在本书的研究中，很多文字和内容虽说是已经进行了较为认真的琢磨，然而学问无止境，本书的研究肯定不是尽善尽美，可"商榷"的观点肯定不在少数，可"斟酌"的文字肯定不是一两句。所以，从这种角度来讲，本书的研究尚未终结，此其一。

在本书的研究中，为使研究更具有针对性，或者说为了研究的方便，仅对社会保障资金运行中的"主要问题"进行了分析和研究，有意或者无意中忽略了所谓的"次要问题"。然而何为"主要"？何为"次要"？恐怕是个智者见智、仁者见仁的视角问题。所以，从这种角度来讲，本书的研究同样并未终结。此其二。

在本书的研究中，虽然围绕社会保障资金运行的法律调整这样一个研究对象进行展开，但本书的行文在很多地方超出了社会保障资金运行甚至整个社会保障制度的范畴。在整个研究过程中，笔者对经济与社会的平衡这一重大现实问题产生了新的思路和研究视角,今后会进一步深化这方面的研究。因此,从这种角度来讲,本书的研究也还未终结。此其三。

路漫漫其修远兮,吾将上下而求索。寥寥数言,是为结语。

主要参考文献

一 专著类

Allen E. Buchanan, *Marx and Justice: The Radical Critique of liberalism*, Totowa, NJ: Rowman and Littlefield, 1982.

Andrew W. Dobelstein, *Understanding the Social Security Act: The Foundation of Social Welfare for America in the Twenty-First Century*, New York: Oxford University Press, 2009.

Encyclopedia Britannica Inc, *The New Encyclopedia Britannica*, Vol. 27, Chicago: Encyclopedia Britannica Inc, 1990.

ILO, *Introduction to Social Security*, Geneva: International Labour Office, 1984.

Melissa Hardy & Lawrence Hazelrigg, *Pension Puzzles: Social Security and the Great Debate*, New York: Russell Sage Foundation Pwblications, 2007.

NASW, *Encyclopedia of Social Work*, 19th Ed., Washington: NASW-Press, 1999.

Robert Barber, *The Social Work Dictionary*, 4th Ed., Washington: NASW Press, 1999.

Ulrich Beck, *Democracy without Enemies*, Malden, MA: Polity Press, 1998.

《2010年中国劳动统计年鉴》,中国统计出版社2010年版。

［美］阿瑟·奥肯:《平等与效率——重大抉择》,王奔洲等译,华夏出版社2010年版。

［美］阿图·埃克斯坦:《公共财政学》,张愚山译,中国财政经济出版社1983年版。

［美］艾伦·布坎南:《伦理学、效率与市场》,廖申白等译,中国社会科学出版社1991年版。

［美］保罗·萨缪尔森、威廉·诺德豪斯:《经济学》(第18版),萧琛主译,人民邮电出版社2008年版。

［美］博登海默:《法理学——法律哲学与法律方法》,邓正来译,中国政法大学出版社1999年版。

陈良瑾主编:《社会保障教程》,知识出版社1990年版。

陈燕:《公平与效率》,中国社会科学出版社2007年版。

陈银娥:《现代社会的福利制度》,经济科学出版社2000年版。

成思危主编:《中国社会保障体系的改革与完善》,民主与建设出版社2000年版。

当代社会科学大辞典编委会:《当代社会科学大辞典》,南京大学出版社1995年版。

邓大松、刘昌平主编:《社会保障管理》,中国人民大学出版社2011年版。

董保华等:《社会保障的法学观》,北京大学出版社2005年版。

董保华等:《社会法原论》,中国政法大学出版社2001年版。

段先盛:《收入分配对经济发展方式的影响:理论与实证》,人民出版社2011年版。

方福前:《公共选择理论——政治的经济学》,中国人民大学出版社2000年版。

［法］弗雷德里克·巴斯夏:《财产、法律与政府——巴斯夏政治经济学文粹》,秋风译,贵州人民出版社2003年版。

［法］弗雷德里克·巴斯夏:《财产、法律与政府——巴斯夏政治经济学文粹》,秋风译,贵州人民出版社2003年版。

付子堂:《法律功能论》,中国政法大学出版社1999年版。

高霖宇:《社会保障对收入分配的调节效应研究》,经济科学出版社2009年版。

高培勇:《西方税收——理论与政策》,中国财政经济出版社1993年版。

贡森、葛延风等:《福利体制和社会政策的国际比较》,中国发展出版社2012年版。

郭曰君：《社会保障权研究》，上海人民出版社 2010 年版。

何建华：《社会正义论》，人民出版社 2007 年版。

计金标：《生态税收论》，中国税务出版社 2000 年版。

贾俊玲主编：《21 世纪亚太地区劳动法与社会保障法发展趋势》，中国劳动社会保障出版社 2001 年版。

姜明安主编：《行政法与行政诉讼法》，北京大学出版社、高等教育出版社 2007 年版。

经济合作与发展组织：《税收与环境：互补性政策》，中国环境科学出版社 1996 年版。

［日］井手文雄：《日本现代财政学》，陈秉良译，中国财政经济出版社 1990 年版。

景枫：《社会诚信研究》，中国社会科学出版社 2005 年版。

［美］劳伦斯·M.弗里德曼：《法律制度——从社会科学角度观察》，李琼英等译，中国政法大学出版社 1994 年版。

李迎生：《社会保障与社会结构转型：二元社会保障体系研究》，中国人民大学出版社 2001 年版。

林嘉：《社会保障法的理念、实践与创新》，中国人民大学出版社 2002 年版。

林义主编：《社会保险基金管理》，中国劳动社会保障出版社 2007 年版。

林羿：《美国企业养老金的监督与管理》，中国财政经济出版社 2006 年版。

林毓铭：《社会保障可持续发展论纲》，华龄出版社 2005 年版。

林治芬、高文敏：《社会保障的预算管理》，中国财政经济出版社 2006 年版。

林治芬、高文敏：《社会保障预算管理》，中国财政经济出版社 2006 年版。

林治芬主编：《社会保障资金管理》，科学出版社 2007 年版。

刘诚：《社会保障法比较研究》，中国劳动社会保障出版社 2006 年版。

龙菊编著：《社会保障基金营运管理》，中国劳动社会保障出版社 2007 年版。

鲁毅：《中国社会保险基金监管研究》，武汉大学出版社 2003 年版。

吕学静主编：《社会保障基金管理》，首都经贸大学出版社 2010 年版。

［美］马丁·布朗芬布伦纳：《收入分配理论》，方敏等译，华夏出版社 2009 年版。

马克思：《〈政治经济学批判〉导言》，《马克思恩格斯选集》（第 2 卷），人民出版社 1972 年版。

［美］米尔顿·弗里德曼：《自由选择——个人声明》，胡骑等译，商务印书馆 1982 年版。

穆怀中主编：《国际社会保障制度教程》，中国人民大学出版社 2009 年版。

穆怀中主编：《社会保障国际比较》，中国劳动社会保障出版社 2007 年版。

［英］内维尔·哈里斯等：《社会保障法》，李西霞、李凌译，北京大学出版社 2006 年版。

欧洲环境局：《环境税的实施和效果》，中国环境科学出版社 2000 年版。

潘锦棠：《社会保障通论》，山东人民出版社 2012 年版。

潘锦棠：《社会保障学概论》，北京师范大学出版社 2012 年版。

彭高建：《中国养老保险责任问题研究》，北京大学出版社 2005 年版。

彭丽萍：《社会保障基金信托法律问题研究》，法律出版社 2013 年版。

漆多俊：《论转型时期法律的控权使命》，载漆多俊主编《经济法论丛》，中国方正出版社 2005 年版。

［美］乔治·恩德勒等主编：《经济伦理学大辞典》，李兆荣等译，上海人民出版社 2001 年版。

［美］乔治·E. 雷吉达：《社会保险和经济保障》（第六版），陈秉正译，经济科学出版社 2005 年版。

青连斌等：《公平分配的实现机制》，中国工人出版社 2010 年版。

人力资源和社会保障部组织编写：《中华人民共和国社会保险法讲座》，中国劳动社会保障出版社 2011 年版。

《社会保障资金财政监督》编委会：《社会保障资金财政监督》，中国财政经济出版社 2005 年版。

史探径：《社会法学》，中国劳动社会保障出版社 2007 年版。

宋惠昌：《权力的哲学》，中共中央党校出版社 2014 年版。

宋新生：《当前财政改革发展问题解析》，经济科学出版社 2013 年版。

苏力：《制度是如何形成的》，北京大学出版社 2007 年版。

孙祁祥：《保险学》（第四版），北京大学出版社 2009 年版。

唐明勇、孙晓晖：《危难与应对》，中共党史出版社 2010 年版。

王宁主编：《社会管理十讲》，南方日报出版社 2011 年版。

［德］乌尔里希·贝克：《风险社会》，何博闻译，译林出版社 2004 年版。

［美］乌戈·马太：《比较法律经济学》，沈宗灵译，北京大学出版社 2005 年版。

谢圣远：《社会保障发展史》，经济管理出版社 2007 年版。

姚玲珍：《德国社会保障制度》，上海人民出版社 2010 年版。

于洪：《社会保障筹资机制研究》，上海人民出版社 2008 年版。

［英］约翰·伊特韦尔等编著：《新帕尔格雷夫经济学大辞典》第 2 卷，陈岱孙主编译，经济科学出版社 1992 年版。

张守文：《财富分割利器——税法的困境与挑战》，广州出版社 2000 年版。

张守文：《财税法疏议》，北京大学出版社 2005 年版。

张守文：《财税法学》，中国人民大学出版社 2010 年版。

张守文：《经济法总论》，中国人民大学出版社 2009 年版。

张守文：《税法学》，法律出版社 2011 年版。

张树义：《中国社会结构变迁的法学透视——行政法学背景透视》，中国政法大学出版社 2002 年版。

张维迎：《信息、信任与法律》，生活·读书·新知三联书店 2003 年版。

张文显：《法哲学范畴研究》，中国政法大学 2001 年版。

张新民：《养老金法律制度研究》，人民出版社 2007 年版。

郑功成：《从企业保障到社会保障》，中国劳动社会保障出版社 2009

年版。

郑功成：《中国社会保障三十年》，人民出版社 2008 年版。

郑木清：《养老基金投资监管立法研究》，中国法制出版社 2005 年版。

中国现代国际关系研究所危机管理与对策研究中心编著：《国际危机管理概论》，时事出版社 2003 年版。

周弘主编：《125 国（地区）社会保障资金流程图》，中国劳动社会保障出版社 2011 年版。

周毅：《中国社会可持续发展——社会稳定机制对策研究》，四川教育出版社 1999 年版。

二 期刊论文类

安华、张笑会：《劳动与社会保障专业人才培养模式研究》，《人才开发》2007 年第 7 期。

本书此部分的相关内容曾以《公平分配视角下的社会保障税》为题目发表在《河南师范大学学报》（哲学社会科学版）2012 年第 4 期。

常凯：《论社会保险权》，《工会理论与实践》2002 年第 3 期。

崔军：《西方国家的社会保障税制》，《税务研究》2002 年第 3 期。

邓大松：《美国社会保障信托基金的运行和启示》，《中国保险干部管理学院学报》2001 年第 2 期。

丁元竹：《中国社会管理的理论建构》，《学术月刊》2008 年第 2 期。

樊纲：《危机应对的经济学原理》，《北京社会科学》2003 年第 3 期。

伏晓：《和谐社会视角下的社会管理体制创新》，《产业与科技论坛》2009 年第 9 期。

葛延风：《我国社会管理体制改革与创新》，《中国机构改革与管理》2011 年第 2 期。

龚维斌：《公共危机的内涵及特点》，《西南政法大学学报》2004 年第 5 期。

郭传章等：《开征社会保障税是我国经济发展的必由之路》，《税务研究》2001 年第 11 期。

郭捷：《集体劳动关系的协调机制》，《温州大学学报》（社会科学版）2011 年第 6 期。

郭捷：《论社会保险权的司法救济》，《法治论坛》2009 年第 4 期。

郭庆旺、张德勇：《开征社会保障税的深层次思考》，《税务研究》2002 年第 3 期。

过佳佳：《环境税及我国环境税收体系的构建》，硕士学位论文，复旦大学，2010 年。

［德］汉斯·F．察哈尔：《德意志联邦共和国的社会法》，《国外法学》1982 年第 1 期。

黄旭明：《试论加快开征社会保障税》，《涉外税务》2001 年第 1 期。

黎昕：《改革创新社会管理体制的若干思考》，《福建论坛》（人文社会科学版）2007 年第 11 期。

李昌麒、甘强：《经济法与社会法关系的再认识——基于法社会学研究的进路》，《法学家》2005 年第 6 期。

李长勇、吴继刚：《社会保障概念考察》，《黑龙江社会科学》2001 年第 5 期。

李葱葱：《日本、韩国资格考试制度考察报告》，《中国人力资源开发》2001 年第 7 期。

李更生：《经济形视角下的诚信缺失与社会诚信建设》，《理论与当代》2009 年第 12 期。

李林木：《发达国家税制结构变迁轨迹与未来走向》，《涉外税务》2009 年第 7 期。

李凌云：《论公益信托在社会保险基金管理中的作用》，《湖北行政学院学报》2007 年第 2 期。

李胜利：《分配法与再分配法》，《法学评论》2008 年第 2 期。

李文：《优化税制结构的制约因素分析》，《税务与经济》1997 年第 5 期。

厉以宁：《我国经济社会可持续发展的四大问题》，《改革与开放》2008 年第 3 期。

林毅夫：《从经济学角度看可持续发展》，《甘肃环境科技纵横》2002 年第 4 期。

刘斌：《马克思主义公平分配观的形成及其核心思想研究》，《当代经济研究》2005 年第 3 期。

刘斌：《马克思主义公平分配观与和谐社会建设》，《武汉大学学报》

2010年第5期。

刘福森：《可持续发展观的哲学前提》，《人文杂志》1998年第6期。

刘青峰、巩建华：《公益信托：社会保险基金运营管理的全新模式》，《行政论坛》2011年第2期。

刘志松、于语和：《日本人中国法律观的历史考察》，《日本问题研究》2011年第1期。

蒙培元：《中国天人合一哲学与可持续发展》，《中国哲学史》1998年第3期。

庞凤喜：《开征社会保险税相关问题研究》，《税务研究》2003年第5期。

齐海鹏、付伯颖：《社会保障筹资管理与开征社会保障税》，《税务研究》2000年第7期。

秦伟：《透过"面霸"现象看毕业生就业中的诚信危机》，《出国与就业》2010年第10期。

若地：《"社会诚信体系建设研讨会"综述》，《社会科学研究》2004年第1期。

沈琴琴：《基于制度变迁视角的工资集体协商：构架与策略》，《中国人民大学学报》2011年第5期。

舒建华：《〈安全生产法〉修订建议》，《劳动保护》2012年第1期。

唐军等：《社会管理体制改革与创新的理论思考》，《北京工业大学学报》（社会科学版）2011年第4期。

唐腾翔：《外国社会保障税的比较研究》，《涉外税务》1989年第4期。

王洪春：《日本劳动与社会保障专业的职业资格考试及其启示》，《中国社会保障》2004年第9期。

王慧：《环境税如何实践？——环境税类型、功能和结构的考察》，《甘肃政法学院学报》2010年第5期。

王京星：《环境税收制度的价值定位及改革方向》，《西南政法大学学报》2005年第5期。

王林燕：《中国经济社诚信缺失现象的文化因素分析》，《河南社会科学》2010年第1期。

王全兴：《社会法学的双重关注：社会与经济》，《法商研究》2005

年第 1 期。

王小康:《我国社会保障税税制设计若干问题的分析》,《税务研究》2002 年第 3 期。

伍克胜:《对社会保障税税制基本框架的构想》,《税务研究》2003 年第 11 期。

肖京:《西部社会建设及其社会法保障》,《新西藏》2012 年第 4 期。

肖京、朱洵:《我国当前工资立法的困境与出路》,《中国劳动关系学院学报》2012 年第 1 期。

谢旭人:《坚定不移深化财税体制改革》,《求是》2010 年第 7 期。

谢志强:《当前社会管理体制创新的三个着力点》,《理论前沿》2005 年第 13 期。

许建国:《社会保险费改税的利弊分析与及改革设想》,《税务研究》2001 年第 4 期。

许建宇:《社会保险法应以保障社会保险权为核心理念》,《中国劳动》2010 年第 3 期。

闫泽滢:《环境税问题:文献综述》,《经济》2010 年第 3 期。

阎坤、曹亚伟:《我国社会保障税制设计构想》,《税务研究》2003 年第 5 期。

杨冬梅:《加强工资集体协商立法的几点思考》,《中国工人》2011 年第 10 期。

杨冠琼:《危机事件的特征、类别与政府危机管理》,《新视野》2003 年第 6 期。

杨志荣等:《开征社会保障税是完善社会保障制度的必要条件》,《税务研究》1996 年第 1 期。

叶静漪:《转型期的社会保障法制建设》,《人民论坛》2009 年第 22 期。

余谋昌:《可持续发展观与哲学范式的转换》,《新视野》2001 年第 4 期。

张爱:《国外职业资格体系研究》,《世界标准化与质量管理》2005 年第 3 期。

张淳:《论社会保障基金投资信托受托人的特殊义务》,《中州学刊》2009 年第 3 期。

张淳:《论我国〈信托法〉适用于社会保障基金投资信托的障碍及其排除》,《政治与法律》2008年第11期。

张淳:《我国社会保障基金投资信托法律规制研究——兼论有关信托特别法的制定》,《江西社会科学》2009年第1期。

张江明、刘景泉:《人、自然与社会的辩证关系:可持续发展的哲学基础》,《学术研究》2003年第3期。

张磊:《设立社会保障税提高社会保障水平》,《税务研究》2006年第12期。

张琳:《我国工资集体协商制度的完善建议》,《陕西教育》2011年第12期。

张守文:《分配结构的财税法调整》,《中国法学》2011年第5期。

张守文:《贯通中国经济法学发展的经脉——以分配为视角》,《政法论坛》2009年第6期。

张守文:《论经济法与宪法的协调发展》,《现代法学》2013年第4期。

张守文:《社会法论略》,《中外法学》1996年第6期。

张姝:《论就业歧视的狭义界定——我国就业歧视法律规制的起点》,《现代法学》2011年第4期。

张树骅:《儒家诚信观与现代社会诚信建设》,《发展论坛》2003年第8期。

张震:《"市场经济道德建设与社会诚信机制研究"理论研讨会综述》,《道德与文明》2003年第6期。

赵建军:《可持续发展理论形成的背景透视》,《自然辩证法研究》1999年第1期。

周利芳:《谁在骗取"低保"救命钱》,《西部大开发》2006年第5期。

周旺生:《法的功能和法的作用辨异》,《政法论坛》2006年第5期。

朱建文:《我国社会保障税制的设计构想》,《税务研究》2005年第10期。

卓武扬:《社会捐赠的公益信托模式及现实途径》,《特区经济》2009年第12期。

左强:《当代中国社会诚信缺失问题研究》,《黑河学刊》2012年第

1期。

三 报纸文章类

邓子庆：《政府诚信是社会诚信之基》，《光明日报》2010年4月2日。

丁竹元：《社会管理体制创新需完善四个机制》，《文汇报》2005年11月10日。

国家发展与改革委员会经济体制综合改革司：《创新社会管理体制——新形势下改革新任务》，《中国经济导报》2011年7月9日。

李国、李建：《重庆大学生就业合同遭遇诚信危机》，《工人日报》2003年12月23日；

李英峰：《法治诚信是社会诚信的根基》，《光明日报》2012年5月7日。

《垄断行业员工的收入有多高》，《人民日报》2006年6月5日。

孟庆丽：《社会保障税影响我国税负水平和税制结构》，《市场报》2004年4月6日。

王建新：《北京首次追回骗购经济适用房》，《人民日报》2007年4月4日。

魏雅华：《总理为农民工讨债彰显了什么？》，《经济日报》2003年11月11日。

吴晓向：《北京四年追缴七亿漏逃社会保险费》，《工人日报》2006年3月1日。

吴志攀：《社会诚实信用法律制度亟待建立》，《人民日报》2007年9月5日。

张牡霞：《上半年税收超5万亿 税制结构亟需优化》，《上海证券报》2011年7月20日。

郑新立：《改革和创新社会管理体制》，《中国社会科学报》2010年1月5日。

《最新数据显示我国行业收入差距扩大至15倍》，《经济参考报》2011年2月10日。

四 网站资料

海南省人事劳动保障厅网站：http://hi.lss.gov.cn/

全国社会保障基金理事会网站：http：//www.ssf.gov.cn/
人力资源和社会保障部网站：http：//www.mohrss.gov.cn/
中国教育考试网站：http：//www.neea.edu.cn/
中华人民共和国财政部网站：http：//www.mof.gov.cn/

后 记 一

本书是在我博士学位论文的基础上修改完成的。我想把博士论文的后记作为本书的后记之一，一方面是作为一种纪念，另一方面也是对本书内容可以解读与说明。现将其原文抄录如下：

毕业论文的完成，预示着三年的学生生涯即将画上句号，心中的感慨自是难以言表。我相信，对于任何博士毕业生而言，毕业论文的写作都是十分难忘的人生经历，其中的苦乐，如鱼饮水，冷暖自知。毕业论文开题时，我把选题放在了社会保障资金运行的法律调整方面。之所以如此，一方面与我硕士期间对社会法的学习和感悟有关，另一方面也与我对中国经济与社会问题的关注有很大关系。通过硕士阶段对社会法的学习和研究，我初步认识到，在经济问题与社会问题交织的中国，只有经济法与社会法的综合调整才有助于解决这些问题。通过对中国经济社会中现实问题的密切关注，我进一步认识到，构建经济法与社会法之间的桥梁，是深入研究经济法和社会法的有效路径，这方面的研究更具有现实意义。因此，我把研究的切入点放在了社会保障资金运行的法律调控层面，希望通过这样一个切入点打通经济法与社会法的研究。

如意算盘虽然打得很好，但论文的撰写却并非一帆风顺。论文写作初期，我曾经简单地认为既然有了明确的规划和提纲，就完全可以按照提纲的脉络进行填充，后来才发现这简直是大错特错。论文的写作正如人生的历程，很多时候只能看到起点，却很难预测到终点。在实际的写作中，我的思路也在不断改变，写作也时断时续，有时候仿佛进入了迷宫，似乎到处是出口，但好像又都不是出口，让人无所适从。期间，我也参与了几个国家级、省部级科研项目，促使自己撰写并发表了十几篇论文。在参与项目研究的过程中，我结合中国经济社会中的热点问题进行了一定的思考，突然有一种豁然开朗的感觉。我逐渐清晰地认识到，经济与社会的平衡是当代中国经济法与社会法研究需要迫切面对的问题，而社会保障资金运行恰好又是研究经济与社会平衡的一个很好载体。社会保障资金运行只是经济法与社会法综合调整的一个切面，实际上经济与社会的平衡才应该是综合研究的重心，也是联系经济法与社会法的关键点。因此，我这篇论文虽然是在写社会保障资金运行的法律调整，以社会保障资金运行为研究主线，但把研究的重心提升到了经济与社会平衡这个层面。

回首论文写作的过程，主要有三点体会。其一，论文写作中驾驭能力至关重要。一篇博士论文，少则十万字，多则几十万字，谋篇布局、有效组合，驾驭能力十分关键。从这种意义上讲，论文的写作实际上也是驾驭能力的培养过程。其二，论文写作中专注力很重要。论文写作千头万绪，必须静下心来认真思考才行，因此，论文的写作也是修身养性的过程。其三，论文写作中琢磨和语言锤炼很重要。有了好的想法还必须进一步深入思考、仔细揣摩、举一反三，最后用合适的语言表达出来，如此看来，论文的写作过程又是思维和语言修炼的过程。经此种种，虽觉身心疲惫却能豁然开朗，实为人生难得经历。

论文的顺利完成，首先要归功于我的博士学习阶段导师张守文教授。从论文的选题到写作的完成，张老师对我进行了全方位的指导。三年前我重返北大读书，有幸师从法学名家张老师。他学识卓越、视野开阔、为人谦和，对学生严肃中饱含亲切，温和中坚守原则，在教育方面擅长因材施教。在张老师的言传身教下，我自认为在各个方面都有了较为明显的提高。因此，我要感谢张老师！在博士论文写作中，北京大学法学院贾俊玲教授、叶静漪教授也对我进行了重要的指导，特致以敬意和谢意！贾老师是社会法学界的泰山北斗，学术造诣深厚，在校期间，我有幸多次参与贾老师主持的科研项目和学术研讨会，论文写作中的很多思路直接受教于贾老师。叶老师是我硕士阶段的授业恩师，在博士学习阶段在学习和生活等方面对我多有关照和提携，对论文的写作多有帮助。在博士论文的开题和预答辩阶段，北京大学法学院甘培忠教授、刘剑文教授、刘燕教授、蒋大兴教授、郭雳教授等几位老师提出了十分宝贵的意见，特此致谢！此外，博士学习期间，曾有幸全程旁听了中国著名经济学家、北京大学经济学院孙祁祥教授的《风险管理与保险》全英文课程，这直接启发了我对风险问题的思考与探讨，特此致谢！感谢北京大法学院的各位老师和同学，他们在课堂授课与讨论中给予我论文写作的灵感！

最后，我想把我的感谢送给我的家人。感谢远在家乡的父母，给予我生命，培育我成长，支撑我前进！感谢怀孕中的妻子刘利娟博士，给予我心灵的支持，并主动承担了家务劳动和胎儿教育的重任！感谢即将来到这个世界的宝宝，给予我快乐和安慰，让我在漫长的写作论文过程中进一步感悟人生的短暂与永恒！

肖　京
农历癸巳年正月初九凌晨三点于北京大学畅春园宿舍

后 记 二

时光总是在不经意间溜走。博士毕业至今，已经一年有余。北京大学法学院博士毕业之后，我进入中国社会科学院法学研究所经济法研究室工作，完成了从学生到专职研究人员的身份转变。专职研究人员身份的定位，让我能够有较为充足的时间和平和的心态去审视自己的博士论文，思考其中一些深层次的学术问题，从更加长远的角度来规划自己的学术职业生涯。

博士论文选题之初，我便认定研究"社会保障资金运行的法律调整"这一横跨经济法与社会法的重要问题具有独特的理论和现实意义。近一年来，理论和现实的需要使"社会保障资金运行的法律调整"具有更加重要的研究价值。近期中央出台的一系列相关决议也为该选题的进一步深入研究提供了良好契机。党的十八届三中全会指出，要"建立更加公平可持续的社会保障制度"，"健全社会保障财政投入制度，完善社会保障预算制度"，"加强社会保险基金投资管理和监督，推进基金市场化、多元化投资运营"。党的十八届四中全会则明确提出"加强重点领域立法"。由此可见，在当前社会背景下，如何构建科学合理的社会保障资金运行法律调整体系，已经成为经济法学与社会法学研究中重要而迫切的现实问题。

需要说明的是，正如本书结语中所说，本书的研究肯定不是尽善尽美的，可"商榷"的观点肯定不在少数，可"斟酌"的文字肯定不是一句两句。此话绝非自谦，敬请学界同人不吝批评指正！

本书的出版得到了中国社会科学院创新工程学术出版资助项目的资助。感谢经济法研究室席月民主任对本书出版的指导和督促，感谢经济法研究室各位同事对本书出版的关心和支持！

本书在申请出版资助的过程中，受到了北京大学贾俊玲、张守文两位教授的大力推荐，特此致谢！中国社会科学出版社对本书的出版予以大力支持，出版社政法中心部任明主任为本书的出版尽心尽责，出版社的其他编辑同志也付出了辛勤劳动，在此深表感谢！

肖　京

农历甲午年闰九月初八下午四点于北京大学图书馆二楼